KB062510

당신의 아이가
수학을 못하는
진짜 이유

당신의 아이가 수학을 못하는 진짜 이유

교육전문가 박영훈의 수학·수학 교육 이야기

© 박영훈, 2015

초판 1쇄 펴낸날 2015년 11월 5일

지은이 박영훈
펴낸이 이건복
펴낸곳 도서출판 동녘

전무 정락윤
주간 곽종구
책임편집 사공영
편집 이정신 최미혜 박은영 이환희
미술 조하늘 고영선
영업 김진규 조현수
관리 서숙희 장하나 김지하

인쇄·제본 영신사 **라미네이팅** 북웨어 **종이** 한서지업사

등록 제311-1980-01호 1980년 3월 25일
주소 (10881) 경기도 파주시 회동길 77-26
전화 영업 031-955-3000 편집 031-955-3005 **전송** 031-955-3009
블로그 www.dongnyok.com **전자우편** editor@dongnyok.com

ISBN 978-89-7297-743-8 03300

당신의 아이가 수학을 못하는 진짜 이유

박영훈 지음

교육전문가 박영훈의 수학·수학 교육 이야기

동녘

일러두기

1. 맞춤법과 띄어쓰기는 '한글 맞춤법'에 따랐다.
2. 본문에 사용한 기호의 쓰임새는 다음과 같다.
    《》: 단행본
    〈〉: 잡지, 논문, 영화명, TV 프로그램명 등

여러분 덕택에

몇 년 전부터 현직 교사들에게 수학 교육에 대한 강의를 해오고 있다. 온라인으로 진행되는 강의지만 강의를 통해 다양한 교사들을 만났고 그들로부터 많은 지지와 호응을 얻기도 했다. 때로는 전혀 예상하지 못했던 수강생을 만나 도리어 내가 배우는 일도 있었다. 언젠가 그중 한 명이 나에게 과제를 제출하며 이런 글을 전했다.

저는 현재 특수학급에서 장애아들을 지도하는 교사입니다. 강의를 들으면서, 교사의 조급함으로 학생들 스스로 생각하고 발견할 수 있는 기회를 빼앗았다는 생각이 들어 마음이 무거웠습니다. 장애아들에게 너무 많은 반복적 연산 연습을 강조했던 것이 오히려 아이들의 집중력을 떨어뜨리고, 학습의 어려움도 가중시킨 것 같아 아차 싶었습니다.

강의를 듣고 보니 장애학생들을 위한 수학 교수법이 따로 있는 것은 아니더군요. 일반학생들보다 진도는 많이 늦더라도 수학에 대해 거부감은 느끼지 않도록 가르치는 것이 더 중요하다는 것을 깨달았습니다. (…) 강의하신대로 수 구슬과 수직선 모델을 사용해 수의 배열 시각화를 지도했더니, 지적장애 2급 학생이 배운 것을 기억하고 쉬는 시간에 교구를 꺼내와 스스로 배운 것을 복습하는 모습을 목격할 수 있었습니다. 늘 역할 놀이만 하던 학생에게 수학적 호기심이 생긴 것을 보고 저 또한 큰 성취감을 느낄 수 있었습니다.

부끄럽게도 이 후기를 접하기 전까지는 일반 학교 내에 특수학급이 있어 장애아들이 그곳에서 함께 교육을 받고 있다는 사실조차 알지 못했다. 일반 교사들만을 떠올리며 진행했던 강의가 특수학급의 교사들, 나아가 그들이 가르치는 장애아들의 학습에도 도움을 줄 수 있었다니 오히려 나 자신이 감사할 따름이었고 결과적으로 이를 비롯한 여러 현장 교사들의 응원과 지지가 내가 세상에 이 책을 내놓을 수 있게 된 계기로 이어졌다.

책의 첫머리에 감사의 글을 적는 관례를 상투적이라 여겨 평소에는 이 일을 그리 내키지 않아했지만, 이 책에서도 그것을 상투적인 일로 여겨 그냥 건너뛴다면 오만함을 넘어 무례를 범하는 일이 될 것 같다는 생각을 했다. 그래서 이번에는 이 책이 세상의 빛을 보기까지 기꺼이 노력을 보태준 많은 사람들의 도움을 이 귀중한 지면을 할애해 밝히려 한다.

우선 언급했듯이, 수강 후 보내온 과제를 통해 자신들의 어려움과 깨달음을 나눠준 현장의 교사들에게 감사함을 전한다. 그들이 아니었다면 이 책의 많은 부분을 이어갈 수 없었을 것이다. 그리고 그들을 만날 수 있었던 기회를 얻은 것은 아이스크림 연수원의 이

상학과 오인진이 과감한 결단을 내려준 덕분이었다. 두 사람에게 역시 감사함을 전한다. 또한 대안 없는 비판을 할 수는 없기에, 이 책에 담긴 관점을 토대로 새로운 대안을 마련하느라 여름방학과 겨울방학을 모두 반납했던 이들이 있다. 이미경, 최효진, 송선미, 김미선, 한송이 선생의 노력이 이 책의 곳곳, 제시된 여러 문제들에 고스란히 담겼다.

책에서 인용한 여러 수학자들과 교육학자들의 글은 비단 이 책을 넘어 나의 삶 전체에 영감과 아이디어를 주었다. 특히 서울교육대학교의 오성철에게는 정말 많은 지적 자극을 받았음을 밝힌다. 사실 이 책에 담은 내용들은 쉰이 넘은 나이에 어쭙잖게 학위논문을 작성하느라 모았던 자료들이 기반이었다. 그런데 연구를 하며 그 자료들이 다루고 있는 주제와 내용들이 보다 많은 사람들과 함께할 만한 것이라는 생각이 들었다. 그렇다면 군이 학위라는 타이틀에 연연해 학자의 대열에 진입하기 위한 글을 쓸 필요는 없다고 느꼈다. 그래서 주제의식은 그대로 둔 채 논문의 형식과 문법에서만 벗어나 그것들을 토대로 이런 글을 쓰게 된 것이다. 하지만 그럼에도 사실 관계의 엄격함과 논리적 일관성의 중요함에 대해서는 생각하지 않을 수가 없었고, 그런 나에게 그의 글쓰기 태도는 집필하는 내내 자기 검열의 기준이 되었다. 더불어 뒤늦게나마 다시 공부의 세계를 접할 수 있도록 안내해주었던 서울대학교의 우용제에게도 고마움을 표하고 싶다.

나의 글도 누군가에게 그런 역할을 하여 내가 받은 혜택들을 되돌려 줄 수 있게 된다면 더할 나위가 없겠다. 더불어 가르침은 곧 배움임을 다시 한번 확인하게 해준 서울대학교와 서울교육대학교 학생들에게도 작은 고마움을 표하고자 한다.

마지막으로 난삽하고 작위적으로 전개되었던 형편없던 글을 사람들이 쉽게 읽을 수 있게끔 곱게 수정하는 수고를 아끼지 않은 동녘의 편집자 사공영에게 깊은 감사를 드린다.

2014년 9월 13일 저녁, 한 TV 채널의 뉴스가 내 이목을 끌었다. 화면 속의 앵커는 오랜만에 기쁜 소식을 전하게 되었다는 듯 약간의 들뜬 목소리로 밝은 표정을 지으며 소식을 전하고 있었다. 뉴스 기사의 제목은 '수학, 한국어 유리한 이유'였고 내용을 간단히 요약하자면 '알고 보니 한국어는 수학 학습에 유리한 언어였고 그 이유는 한국어가 과학적인 언어이기 때문이다'는 것이었다. 다음날 일간지들도 일제히 그 소식을 다루었고 사람들도 별다른 의심 없이 이를 사실처럼 받아들였다. 심지어 '수학, 한국어 유리한 이유, 세종대왕 업적 새삼 눈길'이라는 제목으로 세종대왕까지 거론한 기사도 있었다.

하지만 쉽게 수긍이 가지 않아 뉴스의 근원을 추적해보았더니, 이틀 동안 그 많은 언론들이 다루었던 기사가 모두 〈월스트리트 저널〉에 게재된 '수학에 가장 적합한 언어'라는 제목의 기사*에 근원을 두고 있었다. 세계적인 일간지의 권위를 맹종한 것인지, 아니면 모처럼 우리 민족의 우수성을 보여준 기사 덕에 민족주의 이데올로

---

* 'The Best Language for Math', 〈월스트리트 저널〉, 2014년 9월 15일자

기 속에서 '진실'에 눈감아버린 것인지, 다들 내용의 진위도 파악하지 않은 채 그것이 사실인 것처럼 국민들에게 전하는 데만 급급한 것 같았다. 사실 그 기사는 오보였는데 말이다. (이에 대한 근거는 이 책의 2부 뒷부분에 제시해두었다.)

우리 언론이 그 기사를 그대로 옮겨온 것은 우리 교육에 대한 나름의 선입관이 있었기 때문이다. 즉 '한국 아이들은 원래 수학을 잘한다'는 믿음을 전제로 진위 파악도 하지 않은 채 당연히 맞는 말이겠거니 여겼던 것이다. 기사를 본 사람들도 "정말?"이라는 반응보다는 "역시!"라는 반응을 보였을 가능성이 많다. 대부분의 한국 사람들은 우리 아이들이 공부를 잘한다고 믿고 있기 때문이다. 아니 믿고 싶어 하는 것인지도 모르겠다.

그런데 나는 바로 이 지점에 의문을 제기하려 한다. 정말 우리 아이들이 '공부' 특히 '수학 공부'를 잘 하는 것일까라고 되묻는 것이다. 너무나 일반적인 믿음이 되어버려 누구도 잘 의심치 않지만 사실은 매우 의심스러운 이 지점에 동의할 수 없다는 주장을 펼쳐나가려는 것이다. 이 과정에서 우리 아이들이 세계 그 어느 나라의 아이들보다도 열심히, 처절할 정도로 많이 하는 그 '공부'가 겉으로는 공부인 듯 보이지만 기실 공부라 할 수 없는 '공부 비슷한 그 무엇인가'라는 점 역시 보일 것이다. 지금 공부를 하고 있는 아이들뿐만이 아니라 과거에 공부를 한 경험이 있고, 지금은 공부를 시키는 우리 역시도 사실 공부라는 이름으로 헛짓거리를 하였고 이를 위해 너무나 값비싼 대가를 치렀다는 점 역시 밝힐 것이다.

이미 기정사실화 된 편견을 뒤엎기 위해서는, 그 총체적인 헛짓거리가 언제부터 어떻게 형성되었는지 그리고 왜 아무도 이제껏 이를 지적하지 않았는지에 대한 논의까지 전개해야 설득력이 생기기 때문에, 논의가 다소 극단적으로 흐를 수도 있지만, 이를 회피하지는 않을 것이다. 다만 이를 수학이라는 특정 과목을 소재로 풀어나갈 텐데, 만일 그 이야기들이 설득력을 가진다면 응당 다른 과목으로까지 확장시켜 적용할 수 있을 것이라 생각한다. 특별히 수학이라는 과목을 선택한 이유는 이 과목이 나의 전공이었던 탓도 있지만, 다른 과목들과 비교할 때 유별난 면이 있기 때문이다.

'수학을 못하면 바보인가?'

종종 그렇다고 여기는 이들이 있는 것 같다. 하지만 영어나 국어를 못한다고 해서, 혹은 음악을 못한다고 해서 바보라는 비난을 하는 이들은 거의 없다. 왜 그럴까? 왜 수학은 다른 과목과 달리 지적 능력과 깊게 연관 있는 과목이라는 인식이 생긴 걸까?

나는 이 책을 통해 이 보편적인 인식부터 바꾸어보려 한다. 이제는 일반적인 믿음이 되어버린 '수학을 잘하는 아이는 머리가 좋다'는 편견에 의문을 제기할 것이다. 수학 시험 성적으로 한 아이의 수학 실력을 속단하고 나아가 지적 능력까지 재단하는 오래된 관행에 제동을 걸겠다는 말이다. 나아가 수학을 못하는 것을 오로지 개인의 능력과 관련지어, 아이 탓으로만 돌리는 풍토에도 의문을 제기할 것이다. 아이의 문제가 아니라 교육이라는 이름으로 행해지는 모종의 행위에 문제가 있음을 밝히고자 한다. 우리는 어쩌면 풍부한 수학적 사고력과 뛰어난 문제 해결 능력을 지닌 잠재력 있는 아이를 수학에서 멀어지게 하는 '교육'을 하고 있었던 것 아닐까? 학교 교육을 포함한 우리의 교육이 아이의 잠재력을 펼치게 하는 것이기보다 이를 억제하거나 방해하는 걸림돌이 되고 있었던 것은 아닌지, 우리의 교육 현실을 되돌아보려는 것이다.

다만 본격적인 논의에 앞서 오래된 착오 한 가지를 바로잡고 가야 할 것 같다. 앞서 말한 바와 같이 우리 아이들은 공부가 아니라 공부 비슷한 것에 목을 매고 있다. 즉 아이들이 수학 공부라 알고 하는 것도 사실 수학 공부가 아니라 단지 수학 시험을 대비하는 훈련이다. 이는 진짜 수학 공부와는 반드시 구별되어야만 하는 것이고 아이의 수학 실력을 재단하는 절대적인 잣대일 수도 없다. 시험 점수와 수학 실력을 동일시 할 수 없다는 것이다. 이후 전개되는 본문에서 둘의 차이를 보다 분명하게 설명하겠지만, 낮은 수학 시험 점수가 아이의 실력을 낮게 평가하는 지표가 될 수 없음은 물론 높은 점수가 곧 실력을 보증하는 것이 되어서도 안 된다. 따라서 앞의 질문은 다음과 같이 수정한 후에 논의되어야 마땅하다.

'수학 시험에서 높은 성적을 받지 못하면, 아이의 지적 능력이 부족한 것일까?'

이 책은 이렇게 시작되어 총 3부로 구성되어 있다. 1부에서는 수학이 무엇인지에 대해 알아볼 것이고, 2부에서는 1부를 토대로 우리가 수학을 어떻게 가르치고 배우고 있는지를 되돌아볼 것이다. 그리고 3부에서는 가르치고 배우는 것, 즉 교육을 둘러싼 여러 세력들의 힘겨루기를 살펴볼 것이다.

역사를 공부한다고 어떤 사건의 날짜와 사건에 등장한 인물의 이름을 외운다거나 문학을 공부 한다면서 소설이나 시의 제목, 필자, 사조 등을 암기하는 것은 역사와 문학을 오해했기에 비롯된 학습법이다. 마찬가지로 수학을 공부한다면서 공식에 들어있는 숫자나 기호에만 집착하고 그것을 암기하는 것, 그리고 문제의 풀이 절차에만 몰두하는 것은 수학이라는 과목을 잘못 알고 있기 때문이다. 그러니 수학 교육을 논하기 위해서는 먼저 수학이라는 학문, 또는 과목을 어떻게 보아야 하는지부터 설명해야 한다고 생각했고, 이 설명은 이후 전개되는 논의의 시발점 역할을 하게 될 것이다.

2부에서는 현재 우리나라 교실에서 진행되고 있는 수학 수업 모습을 관찰할 것이다. 교육, 즉 가르치고 배우는 행위는 결코 단순하지 않다. 우리 교육의 현상을 드러내어 보여주는 실제 수업 장면과 학습 행위 그리고 이때 사용하는 교과서를 비롯한 학습서에는 우리가 암묵적으로 동의한 교육에 대한 관점이 담겨있다. 이 관점, 즉 교육관에 대해 살펴볼 것이고, 이를 깊이 다루면 자연스럽게 학습자인 우리 아이들에 대한 관점은 어떤지, 가르치는 교사에 대한 관점은 어떤지까지 새삼 드러날 것이다. 나아가 이 논의가, 현상을 단순하게 기술하는 것에 그치는 일간지나 월간지의 탐사 기사에 머무르지 않게 하기 위해, 시간과 공간을 넘나들며 다양한 이야기를 전개해 그런 현상이 나타날 수밖에 없었던 필연적 원인까지 밝히려 한다.

3부에서는 다소 생소하게 여길 수도 있겠지만, 교육이라는 현상을 둘러싸고 보이지 않는 세력들이 어떻게 자신들의 힘을 과시하는지를 살펴보려 한다. 교육부와 교육전문가들, 각종 학습서를 출판하는 출판사와 사교육 담당자, 그리고 교육 문제에 목소리를 높이는 시민단체들까지, 다양한 세력들이 보이는 힘겨루기의 정체가 드러날 것이다.

나는 이 책을 통해 감히 '수학 공부, 이렇게 하라'와 같은 강요를 하려는 것이 아니다. 오히려 그런 뻔뻔한 강요의 정체도 드러내어, 어쩌면 그러한 선전과 강요가 아이들로 하여금 수학을 못하게 하고 포기하게 하는 요인이 될 수도 있음을 보일 것이다. 하지만 그렇다고 하여 '수학을 못하는 것은 네 탓이 아니란다'와 같은 면죄부를 주고 요즘 유행하는 달콤한 사이비 힐링을 시도하고 싶지도 않다. 단지 수학을 가르치고 배우는 행위에 담겨있는 전제와 믿음이 무엇인지를 제대로 드러내 보이는 것에 주력하려 한다. 만일 이 제안을 통해 가르치는 교사와 배우는 아이가 수학 교육의 본질에 다가갈 수 있는 방안을 찾아보려는 시도를 할 수 있게 된다면, 책을 집필하며 가졌던 기대 이상의 성과는 거두었다고 말할 수 있다.

그리고 의도대로만 된다면, 부수적으로 우리 사회에 팽배해 있는 믿음, 즉 '우리 아이들이 공부를 잘한다'는 믿음에도 정면으로 도전할 수 있을 것이다. 그런 근거 없는 믿음이 '대한민국은 학문을 숭상하는 나라'라는 신화를 꾸며냈고 때문에 아이들에게 공부를 많이 하도록 강요하는 것이 묵인되어 왔다는 것 역시 밝혀낼 수 있으리라 생각된다. 그렇게 되면 우리 아이들은 더 이상 그 헛된 믿음을 충족시켜주기 위해 공부 아닌 공부를 하는데 삶의 대부분을 허비할 필요가 없을 것이다.

물론 우리가 사는 세상이 하루아침에 변화될 것이라는 순진한 기대를 할 때는 지났지만, 그럼에도 이 책에서 전개하는 논의가 아이들의 삶을 조금이라도 변화시킬 수 있게 된다면 그런 순진한 기대도 한 번 해볼 만하지 않을까.

감사의 글 ———————————— 5
프롤로그 ———————————— 9

① 수학에 대하여

수학은 ☐이다 ———————————— 21
남다른 초등학생 가우스의 발견 | 수학의 탄생 | 수학자의 기질 | 반항의 학문, 수학 | 새롭게 정의하는 수학

수학을 배우면 무엇을 얻을 수 있나요? ———— 39
현대사회에 유용한 수학 | 수학은 심성도, 정신 능력도, 국가도 발전시킨다? | 한국 학부모들의 대답 | 정말 수학은 왜 배우는가?

수학은 왜 어려운가? ———————————— 75
수학식 | 수학의 추상성

② 수학 교육에 대하여

우리나라의 수학 수업 풍경 ───────── 89

국적 불문! 모든 나라에서 통하는 수학 | 각양각색! 나라마다 다른 수학 수업 | 학생들에게는 가장 어렵고 교사에게는 가장 쉬운 과목 | 암죽식 수업 | 내비게이션 학습

평가 위주의 공부를 만들어낸 원인들 ───── 130

과거시험 때부터 전해 내려온 '전통' | 무즙 파동과 창칼 파동 | 일본이 주입한 '일본인 만들기 교육' | 미국에서 건너온 '교육의 과학화' | 타일러의 행동 목표

아무도 보지 않는 수학 교과서 ───────── 166

참고서라는 이름의 시험 문제집 | 《수학의 정석》은 어떻게 만들어졌을까? | 바둑처럼 수학에도 정석이 있어야 할까? | 수학다운 수학 | 사실 《수학의 정석》은 서울대 합격을 목표로 하는 수험생들을 위한 책이었다?! | 참고서의 진화

공부의 완성은 암기 ──────────── 202

덧셈도 암기, 뺄셈도 암기 | 개념 없는 수학 | 수학적 사고를 감당하지 못하는 수학 교과서

맥락 없는 한국 교육 ──────────── 224

시를 이해하는 또 다른 방식 | 영어도 암기부터 | 모든 학문의 시작점에는 개론서 암기가 있다

'점수 맛'에 중독된 사람들 ──────── 243

약물에 의한 성적 증강 | 공부 잘하는 한국 아이들, 똑똑하지는 않다

③ 해법은 있는가

교육을 둘러싼 여러 세력들 ──────── 263

실패할 수밖에 없었던 교육 정책들 ──────── 268

닫혀버린 열린교육 | 학부모의 숙제가 된 수행평가 | 동화책을 읽어주
며 수학을 가르쳐라? | 경제개발 계획을 연상시키는 '제2차 수학교육
종합계획'

권력에 포섭된 학계 ──────── 285

지적으로 정직한 논문은? | 수학적 오류를 담은 스토리텔링

사교육과 새로운 시민단체의 목소리 ──────── 298

시민단체의 때아닌 출현

저 깊은 심연에 가라앉아 있는 교사들 ──────── 307

어떻게 할 것인가 ──────── 316

비법과 비결을 모색하는 이들에게 | 새로운 패러다임의 교육 | 생각하
는 지적 존재들

에필로그 ──────── 326
참고문헌 ──────── 330

1

수학에
대하여

수학은 □이다

수학과 관련된 일을 하는 사람이면 종종 곤혹스러운 질문을 받는다.

"수학을 왜 배우나요?"

"어떻게 하면 수학을 잘하나요?"

"수학은 무엇인가요?"

이 책의 1부에서는 이 곤혹스러운 질문들에 대하여 나름의 답을 제시해보려 한다. 답하는 과정에서 **수학에 대한 관점**과 **수학을 가르치고 배운다는 것**의 개념이 자연스럽게 드러날 것이다. 그것들은 어쩌면 수학에 대한 일반인들의 보편적 생각과는 많이 다를 수 있고, 논쟁을 촉발할 소지도 있다. 하지만 만일 정말 그런 소동이 일어난다면 이 책을 집필한 의도는 성공한 것이다. 그 모든 과정 속에서 수학과 수학 교육에 대한 관점을 재정리할 수 있게 될 것이기 때문이다.

앞의 질문 가운데 세 번째 질문인 "수학은 무엇인가요?"부터 차례로 살펴보자. 사실 필자는 이런 질문을 종종 받는다. 이와 유사하게 "수학은 한마디로 무엇이라 말할 수 있나요?"와 같은 질문도 받고, "수학은 ☐이다"라는 문장의 빈칸을 채워달라는 주문도 받아보았다. 그럴 때마다 마음이 편치 않기에 짐짓 모른 체하며 슬쩍 넘어가기가 일쑤였는데, 아마 속으로는 이렇게 투덜대었던 것 같다.

'겨우 한 단어 들어갈 칸을 채워서 수학을 설명하라고? 바보들……. 그건 수학이라는 학문에 대한 모독이야. 세상에 존재하는 그 어떤 것도 단 한마디, 한 줄로 요약할 수는 없어. 그렇게 단순한 것이 어디 있단 말이야? 말한다 해도 결국 장님 코끼리 말하는 격이 될 뿐일 텐데…….'

하지만 이런 나의 반응도 사실 오만한 것이었다. 물론 그때의 태도가 참으로 방자한 것이었다는 것을 깨닫기까지는 꽤나 오랜 시간이 걸렸지만 말이다.

물론 "수학이란 ☐이다"라는 간단한 말로 수학을 정의할 수 있다는 의견에 동의하게 되었다는 말은 아니다. 세상의 그 어떤 대상, 그것이 학문이건 인격체이건 아니면 집에서 키우는 애완견이건 장미꽃이건 간에, 이를 단 하나의 문장으로 묘사하는 것은 그 대상에 대한 예의가 아니라고 생각하기 때문이다. 하지만 이제는 수학을 한마디로 정의해달라는 사람들의 심정을 외면하는 것 또한 예의가 아니라 생각하게 되었다. 수학이 얼마나 어려웠으면 그리고 오죽 답답했으면 그런 질문을 하는지 충분히 이해하니까.

그래서 이제부터 수학이 무엇인지 한마디로 요약해보려 한다. 이 시도가 수학에 대한 일반인들의 오해를 해소하는 데 조금이나마 도움이 되기를 내심 기대하면서.

남다른 초등학생 가우스의 발견

대다수의 사람들은 '수학'이라는 단어를 들으면 암호와도 같은 난해한 수식으로 이루어진 공식, 엄격한 문법을 따라 무미건조한 단어들을 나열해놓은 듯한 정리나 정의, 복잡하기 그지없어 눈을 어지럽히기만 하는 표와 그래프를 떠올리는 것 같다. 일반인들이 이런 이미지를 떠올리는 것은 어찌 보면 지극히 당연하다. 학교 수업 시간에 사용한 수학 교과서가 온통 이런 것들로 채워져 있었으니 말이다. 하지만 교과서에 반듯하게 정리된 지식들을 모아 수학이라고 말하는 것은 악보 위 오선지에 그려져 있는 음표들을 모아 음악이라고 말하는 것과 다르지 않다.

그렇다. 보이는 것이 전부가 아니다. 수학을 공부하면 자연스럽게 눈에 들어오는 책 속의 정의나 정리, 공식, 그래프를 수학이라고 말할 수는 없다. 종이 위에 인쇄된 악보는 그 자체로 음악이 아니다. 악보는 단지 음악을 표상表象한 것일 뿐인 것처럼, 교과서에 기술된 여러 정의와 정리, 공식, 그래프도 단지 수학을 표상한 것이지 수학 그 자체는 아니다. 악보는 누군가가 불러내거나 연주해낼 때 비로소 음악이 되고, 책 속의 기호들은 누군가가 이해하고 읽어낼 때, 그래서 그 사람의 정신세계 속에서 구현될 때 비로소 수학이 된다. 그러면 이 수학을 한마디로 무엇이라 표현해야 좋을까?

지나치게 단순화하는 것은 무모한 일이라는 것을 잘 알면서도 굳이 답을 하자면, 수학은 **패턴의 발견**이라 말할 수 있다. 수학책 속에 반듯하게 정리된 공식이나 정리는 모종의 '패턴'을 드러내는 것으로, 우리가 살고 있는 이 복잡한 세계의 한 단면을 들여다보고 그 내부에 숨어있는 비밀스러운 골격을 드러내 보여주고자 했던 이들이 행한 노력의 결과물이다. 잠깐 수학사에서 전해 내려오는 다음 일화를 살펴보자. 이야기 속에 등장하는 꼬마 아이는 훗날 유명한 수학자가 되어 대수학, 기하학 등 여러 방면에 걸쳐 뛰어난 업적을 남겼다.

지금으로부터 200년도 더 이전의 일이다. 독일의 어느 학교 교실에서 수학 수업이 시작되었다. 그런데 그날따라 웬일로 선생님이 평소처럼 수업을 진행하지 않고 문제를 주며 정답을 구하라고 했다. 그것도 그지없이 따분한 문제인, 1부터 100까지의 자연수를 모두 더한 값은 얼마인지 구하라는 문제였다. 아마도 선생님은 뭔가 급한 업무가 있어 일할 시간을 필요로 했고, 아이들이 그 문제의 정답을 구하기까지는 상당한 시간이 걸릴 것이라 생각했던 것 같다. 이윽고 아이들 모두가 고개를 책상에 처박고 1부터 차례로 자연수를 더하기 시작했다.

"1 + 2 + 3 + 4 + 5 + 6 + 7 + 8 + 9 + 10 + (…) + 100"

교실에는 실수 없이 정확한 답을 구하기 위해 계산에만 열중하며 연습장을 가득 채워나가는 아이들의 연필 소리만이 들렸다. 그런데 그 가운데 다른 아이들과는 달리 가만히 앉아있는 한 아이가 있었다. 요한이라는 이름의 이 아이는 잠시 후 연습장 한 귀퉁이에 몇 개의 숫자만을 끄적거리더니 정답을 얻었다며 손을 번쩍 들었다. 그리고는 1부터 100까지의 수를 모두 더하면 5,050이라는 수가 나온다는 정답을 말했다. 어떻게 그렇게 순식간에 그 많은 숫자들을 더해 답까지 찾아냈는지, 모두가 믿을 수 없다는 듯 그를 쳐다보았다. 깜찍하다 못해 비할 데 없이 당돌한 행동을 해 교실 안 아이들을 놀라게 했던 아이, 이 아이가 바로 수학사상 가장 많은 업적을 남긴 위대한 수학자 중의 한 명, 요한 프리드리히 가우스다.

나머지 아이들은 그저 선생님이 시키는 대로 계속해서 덧셈만을 반복했다. 1과 2를 더한 값 3에 그 다음 수인 3을 더하여 6을 얻고, 그 6에 다시 그 다음 수인 4를 더하고……. 이와 같이 덧셈을 반복하며 100까지의 수를 더해가고 있었다. 20이 넘는 수를 더할 무렵에는 너무 많은 계산을 한 탓에 연필을 쥔 손가락에 통증을 느끼는 아이들도 생겨났고 혹시 중간에 빼먹은 수는 없는지 불안감을 느껴 새로 계산을 시작하는 아이들도 보이기 시작했다.

그런데 어린 가우스는 이런 아이들과는 달리 그냥 가만히 앉아 덧셈 식을 쳐다보고만 있었다. 골똘히 혼자만의 생각에 잠기더니 이내 앞에 있는 숫자와 뒤에 있는 숫자를 연결하여 1과 100, 2와 99를 더한 값이 똑같이 101이 된다는 사실을 **발견**했다. 물론 이 정도 계산은 굳이 연필을 쥐지 않고 머릿속 암산만으로도 충분히 가능했다. 그리고 다음 단계로 그 사실이 다른 수에도 적용이 되는지 검증해 보았다. 2보다 1 큰 수인 3과 99보다 1 작은 수인 98이라는 두 수를 같은 방식으로 더했다. 그러니 역시 똑같은 값 101이 나오는 것이 아닌가! 가우스는 더 이상 셈을 할 필요가 없다는 것을 깨달았다. 3보다 1 큰 수인 4와 98보다 1 작은 수인 97은 굳이 더해볼 필요도 없었다. 앞에 있는 수가 1 커지면 뒤에 있는 수는 1만큼 작아지니 상쇄되면 더한 값에 변화가 생기지 않기 때문이다. 결국 앞뒤로 이어지는 수를 이와 같은 방식으로 짝지어가며 더하면 그 합이 변하지 않고 항상 일정하다는 **새로운 패턴**을 발견했다. 1부터 100까지의 수를 이렇게 두 개씩 짝지으면 모두 50쌍 만들 수 있으니 이는 결국 101을 50번 더하면 되는 문제, 즉 101 곱하기 50이라는 곱셈 문제로 변형해 풀면 간단히 해결될 문제였다.

가우스가 이렇게 덧셈 대신 곱셈을 하는 동안 다른 아이들은 오로지 선생님이 가르쳐준대로 덧셈 계산에만 열중했다. 이 아이들의 이런 모습은 마치 오늘날 계산 문제가 빽빽이 적힌 일일학습지 또는 월간학습지를 푸는 우리 아이들의 모습을 연상케 한다. 우리는 그것을 가리켜 **산수 공부**를 하는 것이라고 말한다. 반면 가우스의 풀이를 보면서는 **수학 공부**를 했다고 한다. 산수와 수학의 차이, 그 차이의 핵심은 바로 **패턴의 발견**에 있다.

수학의 탄생

어린 가우스의 일화는 수학을 한다는 것이 곧 패턴을 발견하는 것임을 보여주는 일화다. 그런데 누군가는 혹 이런 반론을 제기할 수도 있겠다.

'가우스는 천재 수학자였기에 패턴을 발견하여 수학을 했지만 일반인들이 그런 특별한 능력을 발휘하기는 어렵다. 수학은 패턴의

발견이라는 말을 일반인들에게도 적용할 수 있을까?'

패턴의 발견이 수학이 본질임을 거듭 강조하기 위해 또 하나의 사례로 수학적 지식이 만들어지는 과정을 살펴보자. 원주율 π(파이) 의 발견 과정이다.

학교에서 수학을 배웠다면 원주율 π의 근삿값이 3.14임을 모르 지는 않을 것이다. 원 둘레의 길이를 구하는 공식 '지름×3.14'와 넓 이를 구하는 공식 '반지름×반지름×3.14'를 외우며 여러 번 되뇌었 던 수이기 때문이다. 하지만 정작 π의 근삿값 3.14가 무엇을 뜻하며 어떻게 구한 값인지를 제대로 알고 있는 사람은 그리 많은 것 같지 않다. 당신은 알고 있는가? 다음 문제를 통해 이를 확인해보라.

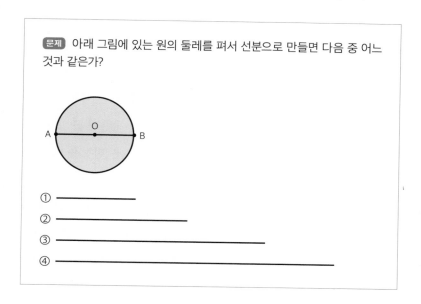

정답은 3번이다. 원주율은 원둘레와 원지름의 비를 말하므로 원 둘레를 곧게 펴면 지름 길이의 3.14배에 해당하는 선분이 나온다. 원

주율의 정의만 알면 아주 쉽게 풀 수 있는 문제다.

하지만 뜻밖에도 이 단순한 문제의 답을 쉽게 내놓지 못하는 사람들이 의외로 많다. 3.14라는 값이 들어있는 공식은 그렇게 외우고 써먹었는데 정작 3.14가 어떤 의미인지는 잘 모르는 것이다. 왜, 무엇 때문에 이런 현상이 나타나는 것일까?

이 기막힌 현상의 원인은 앞으로 차차 밝혀지게 될 것이다. 그러니 일단 여기서는 그 원인 탐구 대신 3.14라는 수치가 탄생하게 된 배경과 과정부터 살펴보자. 살펴보는 동안 수학의 형성 과정, 즉 '수학은 정말 패턴의 발견이구나, 발견된 여러 패턴들이 모여 결국 수학을 이뤘구나' 하는 것을 느낄 수 있을 것이다. 원주율이라는 수학의 작은 파편을 추적해 수학의 형성 과정, 수학의 진짜 본질을 찾아내 보자.

그러니까 먼 옛날, 바퀴가 발명되기 훨씬 이전에 인간은 신기하게도 여러 개의 원들이 일정한 형태를 갖고 있음을 인식했다. 추측하건대 다른 사람의 눈동자나 기르던 동물들의 눈동자를 보며, 하늘에 떠 있는 달이나 태양을 바라보며, 냇가에 돌을 던졌을 때 퍼져가는 물결의 모양을 관찰하며, 그 각각이 크기는 다르지만 일정한 형태, 즉 원 모양의 패턴을 가지고 있다는 것을 자연스럽게 발견하지 않았을까? 혹은 모래밭에 앉아 그것들의 모양을 막대기로 그려보며, 우연히 모든 원이 크기만 다를 뿐 똑같이 생겼다는 사실을 발견했을 수도 있다.

그리고 그 모래밭 위에서 그들은 일정한 길이의 밧줄을 잘라 모래밭에 한 쪽 끝을 고정시키고 다른 한 쪽 끝에는 막대를 꽂아 줄을

팽팽하게 잡아당긴 상태로 한 바퀴를 돌면 정확한 원이 그려진다는 사실 또한 발견했다. 원이라는 수학적 개념과 그 도형을 그리는 완벽한 방법을 여러 번의 관찰과 시행착오를 통해 숙지한 것이다.

비슷한 시기, 인류는 양量의 개념 역시 파악하기 시작했을 것이라 추측이 된다. 넓은 원이 있고 좁은 원이 있다는 사실을 인지했다면, 큰 나무와 작은 나무를 구별할 수도 있었을 것이고, 크고 무거운 돌, 조금 더 크고 조금 더 무거운 돌, 훨씬 더 크고 훨씬 더 무거운 돌을 구별할 수 있는 능력 또한 갖게 됐을 것이기 때문이다. 그리고 정말 그렇다면 그것은 매우 중요한 깨달음, 역사적인 순간이다. 이전까지는 사물을 보고 색깔이나 촉감 등으로 그것을 구별하기만 했지만 이제는 측정 개념을 수반하는 양을 파악할 수 있게 되었으니, 이는 질적 구별만을 해오던 인간이 양적 구별까지 하게 되었음을 뜻하기 때문이다. 그야말로 수학의 실체가 저 멀리 동녘에서 막 떠오르기 시작한 중요한 발견의 순간이었다고 말할 수 있다.

그 후 인간은 오랜 시간에 걸쳐 사람 수, 기르는 가축의 수, 산에서 잘라 가져온 나무들의 개수를 헤아리기 위해 양적 개념을 나타내기 위한 수 단어와 숫자를 만들려는 노력을 했다. 물론 쉽지도 짧지도 않은 과정이었고 처음에는 동물의 뼈나 나무 막대에 선을 그어 만든 탤리tally로 시작했지만 그 모든 노력들이 모여 결국 오늘날 사용하는 아라비아 숫자가 탄생했다.

어찌됐든 이 모든 추론의 과정을 거쳐 인류는 마침내 밧줄과 막대를 이용하여 원을 그릴 때,

숫자가 만들어지기 전에 사용한 탤리

밧줄의 길이를 두 배로 하여 원을 그리면 원 둘레의 길이도 두 배가 되고, 그 넓이는 네 배가 된다는 사실을 발견했을 것이다. 물론 그 중간에 덧셈 등의 사칙연산을 발견하는 과정도 있었을 테고, 계산이 시작되며 여러 다른 패턴들도 잇달아 발견됐을 것이다. 하지만 무엇보다도 한쪽의 양이나 수가 증가하는 만큼 그와 관련 있는 다른 쪽의 양이나 수도 증가한다는 비례 개념을 알게 된 것이 π로 향한 여정에 가장 커다란 진전을 이루는 기폭제가 되었을 것이다. 3.14라는 수치는 결국 아래와 같은 식을 통해 도출되었기 때문이다.

원 둘레의 길이 : 지름의 길이 = 일정한 상수의 값

고대 바빌로니아인들은 이 상수의 값을 3.125라는 근삿값으로, 고대 이집트인들은 $3\frac{1}{8}$과 $3\frac{1}{7}$ 사이의 값으로 추정했다.

2,000여 년 전에 살았던 그들은 과연 이 값을 어떻게 구했을까? 현재 우리가 사용하는 자나 컴퍼스도 없고, 십진법, 아라비아 숫자도 창안되기 전이었는데 말이다. 연필은 물론 종이조차 없었으며 구할 수 있는 것이라고는 고작 막대기, 줄, 모래가 전부였다. 그런데 어떻게 측정을 하고 계산을 해 원주율의 근삿값을 구했는지를 캐보면 아주 재미있는 이야기들이 숨어있지만 여기서는 π의 개념이 수없이 많은 관찰과 그 과정에서 이루어진 패턴의 발견에 의해 생겨났다는 점만 거듭 강조하며 이야기를 마무리하려 한다. 더 상세하고 재밌는 뒷이야기를 알고 싶으면 페트르 베크만의 《π의 역사》라는 책을 읽어보길 바란다.

그들이 발견한 일상에 숨은 **패턴**은 이렇게 수학이 되었다. π 이외에도 다양한 수학적 개념들이 대부분 이런 식의 발견에 의해 생겨났으며, 그 발견 속에는 늘 패턴이 숨어있었다.

수학자의 기질

학자들은 한동안 "수학은 무엇인가?"라는 질문에 대한 유일한 대답은 "수학자들이 생계를 위해 하는 일이다"라는 간단하고 공허한 대답뿐이라고 생각했다. (…) 오늘날 대부분의 수학자들이 동의하는 수학의 정의에 따르면, 수학은 패턴의 과학이다.

미국에서 활동하고 있는 영국인 수학자 케이스 데블린의 《수학의 언어》라는 책에 나오는 말이다. 그는 이 책에서 20세기 현대 수학자들이 어떤 일을 했는지 상세히 기술하며 수학 전체를 조망했고, 결론적으로 수학을 "패턴의 과학"으로 정의했다.

수학이 패턴의 과학이라는 그의 주장에 따르면, 수학에 다양한 분야가 존재하는 것은 결국 패턴의 종류가 다양하기 때문이다. 산술과 수 이론은 수들 사이의 관계와 셈의 패턴을 연구하는 분야이고 기하학은 도형들 사이의 형태의 패턴을 연구하는 분야이다. 미적분학은 운동의 패턴을 다루고, 논리학은 추론의 패턴을 연구한다. 이와 같이 수의 패턴, 모양의 패턴, 움직임의 패턴, 유권자의 투표 패턴, 반복되는 우연적 사건들의 패턴 등을 탐구하는 것이 수학이다. 수학의 탐구 대상은 생활 주변에서 일어나는 여러 현상들의 패턴만이 아니다. 눈에 보이지 않는 가상의 것도 그 대상이 될 수 있고, 시간과 공간을 넘어 인간의 정신세계 속에서만 작동하는, 그래서 어쩌면 전혀 실용적이지 않은 것까지 모두 대상으로 삼는다. 그래서 수학을 패턴의 발견이라 정의하는 것이고 수학자란 패턴을 발견하는 것을 직업으로 하는 사람이라 말할 수 있는 것이다.

어쩌면 수학이외의 다른 학문들, 사실상 '학문'이라 칭할 수 있는 모든 것을 패턴의 발견이라 해도 틀리지는 않을 것 같다. 예를 들어 《사회학에의 초대》라는 멋진 책을 쓴 피터 L. 버거는 사회학자를 "사람들의 행위에 집중적으로, 끊임없이 그리고 뻔뻔스럽게 관심을 보이는 사람"이라고 소개한다. 그에 따르면 사회학자가 애타게 찾고 관심을 집중하는 것은 우리 사회의 제도를 비롯한 인간의 세계에 들어 있는 모든 종류의 패턴이다. 그들은 종종 인간들이 엮어내는 비극, 성취, 희열의 순간을 그려낸 드라마에도 관심을 보이는데 그 이유는 그 이야기 속에서도 인간 사회의 패턴을 발견할 수 있기 때문이다. 수학자와 마찬가지로 사회학자도 패턴을 발견하고자 한다. 다른 점은 단지 그 대상이 인간과 사회라는 것뿐이다.

사회학에서 패턴을 발견하는 과정도 수학의 그것과 다르지 않다. 일례로 요즘 우리 사회에서 자주 거론되는 '감정노동'이라는 사회학적 개념의 탄생 과정을 살펴보자.

캘리포니아주립대학교 사회학과 교수인 앨리 러셀 혹실드는 미국 애틀랜타에 있는 델타 항공사의 승무원 훈련 과정에 참여하며 임원과 승무원들을 참여관찰 할 기회를 얻었다. 그녀는 훈련 과정의 강사였던 한 조종사의 발언을 주목했다.

"여러분, 근무할 때는 진심을 담아 웃어야 합니다. 미소는 여러분의 가장 큰 자산입니다. 나가서 그 자산을 활용하세요. 웃으세요. 진심을 담아서 웃는 겁니다. 진심으로 활짝 웃으세요."

혹실드는 이 발언에서 서구 자본주의의 한 단면을 꿰뚫어 보았다. 서비스 산업의 비중이 점점 더 증가하고 있는 오늘날, 그 산업에 종사하는 노동자들에게서 과거 육체노동자들에게는 없었던 다른 특성을 발견한 것이다.

예비 승무원들은 훈련과정에서 고객이 만족할 만한 표정이나 몸가짐을 만들어내기 위해 자신의 감정을 관리하고 통제하는 법을 배웠다. 혹실드는 그런 모습을 보고 '감정노동'이라는 새로운 개념을 창출했고 그 개념을 다음과 같이 설명했다.

"당신이 만일 서비스 산업에 종사하려면, 그 회사가 당신 몸의 움직임에 대해서뿐만 아니라 당신의 감정에 대해서도 지시를 내리는 것을 감수해야 한다. 즉, 당신이 그 회사에서 일하는 동안 회사는 당신의 미소와 감정까지 소유하는 것이다."

이후 우리는 그녀가 창출한 감정노동이라는 개념을 통해 서비스 산업의 내부를 좀 더 잘 이해할 수 있게 되었다.

원주율 π가 그렇듯이, 감정 노동이라는 사회학적 개념 또한 패턴의 발견 덕택으로 탄생했다. 수학이 숫자나 수식과 같은 상징기호를 통해 기호들 사이의 패턴이나 그것들이 표현해 낸 자연 속의 숨겨진 패턴을 발견하는 것처럼, 사회학은 사람들의 언어와 행동이라는 상징기호를 통해 사회의 권력과 구조에 숨겨진 패턴을 발견한다.

상징은 한 대상을 그것이 아닌 다른 어떤 것으로 나타내는 것이다. 숫자와 수식도 상징이지만 우리가 일상생활에서 사용하는 언어와 몸짓 등이 모두 상징기호다. 인간은 상징으로 가득 찬 세계에서 살고 있으며, 사람들 사이의 상호작용은 상징의 교환을 통해 이루어진다. 그러니 상징에 주목하고 그 속에 숨겨진 패턴에 관심을 가지는 것은 수학자의 기질이기도 하지만 학문을 연구하는 학자라면 다들 가지고 있는 이른바 학자의 기질이라 할 수 있지 않을까?

반항의 학문, 수학

피터 L. 버거는 사회학자를 "본의 아니게 가십에 귀를 기울이고 열쇠 구멍으로 들여다보고 싶은 유혹을 느끼며 다른 사람들의 우편물을 훔쳐보고 닫혀진 캐비닛을 열어보고 싶어 하는 사람"으로 표현했다. 거기에 "어쩌면 목욕 중인 가정부 아줌마를 훔쳐보고 싶은 호기심에 안달하는 사내아이들이 나중에 집념이 강한 사회학자가 될지도 모른다"는 짓궂은 말까지 덧붙였고, "사람들의 목소리가 들려오는 닫힌 문 앞에 서서 그 문 뒤에 아직 인식되지 않거나 이해되지 않은 인간생활의 새로운 측면이 있을 것이라 예상하며 그 문을 열고 싶어 어쩔 줄 모르는 호기심을 가진 사람"이 훌륭한 사회학자로서의 자질을 가진 것이라 설파했다.

수학자로서의 자질도 다르지 않다. 문제의 정답을 구하는 길을 잘 따라가는 아이가 아니라, 왜 그렇게 하면 정답을 얻는지 의문을 가지는 아이가 수학자의 자질을 더 많이 가지고 있다. 앞의 가우스 일화에서도 확인할 수 있지 않은가. 수학의 노벨상으로 불리는 필즈 상을 수상한 프랑스의 저명한 수학자 알랭 콘 역시 수학의 본질에 대하여 다음과 같이 말한다.

수학자가 되는 것은 반항을 시작하는 것이다. 수학 공부의 시작은 책에 담겨진 내용과 자신의 주관적 관점이 일치하지 않음을 깨닫게 되는 것이다.

그렇다면 이해되지 않는 공식이나 정의 또는 문제 풀이 과정을 그대로 받아들이기보다는 어떻게든 이해하기 위해 집요하게 물고 늘어지는, 지적 호기심이 충만한 아이가 수학자의 자질이 있는 아이일 것이다. 물론 그 호기심을 충족하느라 학교 시험에서는 별로 좋은 성적을 거두지 못할 수도 있지만 말이다. 하지만 당장의 '수학 영재'를 만든답시고 아이의 호기심을 억압하면 그것으로 수학을 공부하려는 호기심은 일순간 사라지고 말 것이다. 가지고 있던 지적 호기심을 조금씩 충족해 나가는 것, 그것이야말로 패턴의 발견에 이르는 길이며, 그런 경험들을 토대로 아이는 수학에는 절대적 권위가 없다는 것을 깨닫게 될 것이다. 결국 그것이 진정한 수학 공부다.

열두 살배기 학생도 자신의 주장을 증명해 보일 수만 있다면 선생님과 동등해질 수 있다.

알랭 콘이 남긴 멋진 말이다. 학생의 무지가 결코 선생의 무기가 될 수 없음을 뜻하는 말이며 수학의 특성을 여실히 드러내는 한마디다. 다섯 살배기 아이도, 아빠에게 "아빠, 세상에서 가장 큰 수는

아테네 학당

없어"라고 말하며 이를 확신한다면, 아빠와 동등한 위치에서 수의 세계를 접할 수 있다. 라파엘로의 그림 〈아테네 학당〉에서도 이를 상징하는 모습을 볼 수 있다. "진리는 저 위에 있는 이데아의 세계"라며 하늘을 가리키는 플라톤의 바로 옆에서 손가락으로 아래를 가리키며 스승의 주장에 반기를 드는 아리스토텔레스의 모습은 앎의 세계에서 지적 반항이 완벽하게 허용되어야 함을 말해주지 않는가.

새롭게 정의하는 수학

수학이란 무엇인가에 대하여 이렇게 비교적 긴 설명을 한 이유는 많은 사람들이 가지고 있는 수학에 대한 오해를 불식시키기 위함이었다. 가장 먼저 '학교에서 배우는 수학이 수학의 전부'라는 오해를 없애버리고 싶었고, 그 오해가 낳은 '모든 수학 문제의 답은 책 뒷부분에 있다'는 제한된 사고방식을 바꿔주고 싶었다. 학교에서 배우는 다른 과목들만 떠올려 봐도 잘못된 편견이고 오해란 것을 금방 알 수 있는데, 도대체 왜 이런 생각들이 수학에 관해서만은 이렇게 오래도록 없어지지 않을까?

문학 교과서에 실린 소설이나 시가 문학의 전부라고 생각하는 사람은 아마 거의 없을 것이다. 문학이란 무엇인가, 문학의 답은 어디에 있는가라는 질문에 문학 교과서를 떠올리며 그 속에서 답을 찾겠다고 하는 이들도 본 적 없다. 우리 시대의 문학을 대표하는 시인과 소설가들이 지금 여기 함께 사는 우리들에게 던져주고 싶어하는 가장 뜨거운 메시지는 교과서 밖에서 더 활발하게 전해지고 있기 때문이다. 교과서만 보고 문학 전체를 판단하는 것이 어리석은 일이라는 것은 모두가 알고 인정하는 바다.

과학 교과서의 과학도 과학의 전부가 아니다. 과학 교과서 속의 지식은 기초과학 중에서도 극히 일부에 지나지 않으며, 연구가 한참 진행 중인 최첨단 과학지식과 모두의 관심사인 새로운 발견들은 교과서에서 그림자조차 찾아볼 수가 없다. 음악에 대해 말한다면 고전 음악도 중요하지만 지금 우리와 더욱 가까운 여러 현대 음악들, 가령 재즈나 록, 팝 등을 이야기하는 것이 더욱 당연한 일인데 지금 우리 음악 교과서에는 그 흔한 재즈곡 한 곡, 영국 록 음악 역사의 한 페이지를 차지한다고 보아도 될 비틀즈의 음악도 한 곡 없다. 그러니 아무도 음악 교과서 속 음악을 음악의 전부라 생각하지 않는다. 그런데 왜 유독 수학만 교과서에 담긴 수학이 수학의 전부라는 오해와 편견 속에서 논의 되어야 하나?

앞으로의 여정을 위해 일단 이 편견부터 걷어내자. 수학은 따분하고 경직된 학문이 아니다. 기계적인 반복만을 되풀이하게 하는 로봇에게나 적합한 공부도 아니다. 정답과 오답으로 명확히 갈리니 융통성이나 창의력을 허용치 않는 영역이라고도 단정할 수 없으며 단순히 수를 다루는 학문, 수학책에서 볼 수 있는 공식들을 모아 놓은 학문이라 판단하는 것도 엄청난 오해고 편견이다. 전적으로 동의할 수는 없더라도 일단 수학을 패턴의 과학으로 재정의하고 그 시각으로 수학을 생각하자. 그 관점으로 수학을 보아야만 앞으로의 이야기들을 받아들일 수 있을 것이다. 그리고 그렇게 받아들일 이 책의 내용은 장차 수학을 가르치고 배우는 데 새로운 안목을 갖게 하고 패러다임을 바꾸는 데 중요한 기여를 할 것이다.

수학을 배우면
무엇을 얻을 수 있나요?

앞에서 제기한 '수학이란 무엇인가?'라는 질문은 사실 수학자들에게도 그리 편한 질문은 아닌 것 같다. 오죽하면《플라톤 시대 수학의 탄생》이라는 책의 저자 프랑수와 라세르가 이런 말을 했을까.

철학자들에게 철학이 무엇인지 물어보라. 아니면 역사학자들에게 역사가 무엇인지 물어보라. 아마 그들은 주저 없이 대답할 것이다. 실제로 그들은 자신이 공부하고 있는 대상을 모르고서는 어떠한 연구도 할 수 없기 때문이다. 그러나 수학자들에게 수학이 무엇인지 물어보면 그들은 태연하게 모른다고 대답할 것이다. 하지만 그렇다고 그것이 수학을 연구하는 그들의 열정에 방해가 되는 것은 아니다.

누군가에게는 수학자를 위해 고상하게 꾸민 한마디 변명으로 들릴지도 모르겠지만 변명치고도 꽤 맞는, 멋진 말인 것 같다.

그런데 수학이란 무엇인가라는 질문보다 더 자주 그리고 더 많이 수학자를 곤혹스럽게 하는 질문이 있다. "수학을 배우면 무엇을 얻을 수 있나요?", "수학은 왜 배우나요?", "수학을 배워 어디에 써 먹을 수 있나요?"와 같은 질문들이다.

이런 종류의 질문들은 뜻밖에도 유독 수학에 대해서만 많이 제기된다. 좀 이상하지 않은가? "음악은 왜 배우나요?", "과학을 배우면 무엇을 얻을 수 있나요?", "국어를 배워 어디에 써먹을 수 있나요?"와 같은 질문들은 좀처럼 접하기 어려운데 말이다.

사람들은 보통 불편하거나 생각하고 싶지 않은 대상을 접할 때만 그것의 가치에 대해서 의문을 제기한다. 즐거운 것과 즐기며 할 수 있는 것들의 가치는 굳이 물어볼 필요도 없이 그저 즐길 수 있다는 것만으로도 충분하기 때문이다. 즉 즐거운 대상에 대해 이런 질문을 던지는 것은 자신이 하고자 하는 일의 의미를 확인하고 그것에 더 큰 애정을 갖기 위한 의도이지만, 불편한 것에 이런 질문을 던지는 것은 위안거리, 핑계거리를 만들어보겠다는 의도일 수 있다. 별로 시원치 않은 답을 얻기만 하면 그것은 언제든 수학 공부를 그만해도 되겠다는 결단의 핑계거리로 삼을 수 있기 때문이다.

하지만 쉽지 않은 것은 다른 과목도 매한가지다. 영어도 과학도 공부하는 아이들에게는 수학만큼 큰 골칫거리다. 그런데 왜 유독 수학에만 이런 질문들을 던지는 걸까? 수학이 다른 과목과 어떤 차이점이 있기에? 수학을 못하는 사람이 유독 많아서? 정말 수학 공부가 다른 공부보다 어려워서? 이 질문을 개인의 성향이나 능력과 관련짓지 않고 한번 다른 각도에서 바라보고 생각해보자. 혹시 나 자신에게 문제가 있는 것이 아니라 학교 수업 내용에, 아니면 그것을 가르치는 교수 방식에 문제가 있는 것은 아닐까? 혹 그런 수학의 외적 요인들이 학습자로 하여금 수학 문제 풀이에 흥미를 갖게 하기는커녕 무미건조함이나 지루함을 느끼게 하여, 문득 혹은 자주 '내가 왜 이것을 해야 하지?'라는 회의적인 질문을 하게 한 것은 아닐까?

자신의 삶과 전혀 관련이 없다고 느껴지는 일을 묵묵히 계속 할 수 있는 사람은 드물다. 그럴 바에는 차라리 말도 안 되는 핑계라도 대 그 일을 자신의 영역에서 지워버리고, 그 핑계를 근거로 그렇게 지워버린 자신의 행동마저 합리화하고 싶다는 생각을 하는 것이 훨씬 자연스럽다. 따라서 수학이 재미도 없고, 내 삶과 전혀 관련이 없다고 생각한다면 '학교교육 과정에 포함되어 있으니 어쩔 수 없이 강제로 공부는 하고 있지만, 언제든 위와 같은 질문을 던져 그 질문의 답을 핑계거리로 수학을 영원히 멀리하고 싶다'고 생각하는 것이 당연하다. 그런데 재미있게도, 참 다행스럽게도 '수학을 배우면 무엇을 얻을 수 있나요?'라는 질문에 명쾌하고 속 시원한 답을 제공한 사람이 아직 한 명도 없으니, 변명거리를 찾으려 한다면 충분히 그 질문을 던져볼 수 있을 만하다. 작지만 충분한 핑계거리를 만들어 줄 수 있는 질문이니 말이다.

그런데 역사 속에도 이 질문과 이 질문을 던진 학생이 등장한다. 수학자들의 일생과 그들의 학문적 자취를 기록한 수학사 속에 말이다. 누가 언제 어떤 상황에서 이런 질문을 했는지, 그리고 어떤 답변으로 그 질문을 해결해줬는지 잘 살펴보자.

오늘날 세계적인 베스트셀러 중의 하나이며 수학이라는 학문의
체계를 보여준 《원론》을 집필한 유클리드에게는 제자들이 아주
많았다고 한다. 어느 날 한 학생이 이런 질문을 했다.

"선생님, 수학을 배우면 무엇을 얻을 수 있나요?"

그러자 유클리드는 발칵 화를 내며 하인을 불러 이렇게 지시
했다.

"저 친구에게 동전 한 닢을 주어라. 저 놈은 자기가 배운 것에
서 반드시 무엇인가를 얻어야 하니까."

그리고는 그 질문을 한 학생을 쫓아버리고 앞으로는 자신의
학교 근처에 얼씬도 하지 못하게 했다.

실제로 그랬을 수도 있고 아니면 후세의 누군가가 꾸며낸 이야기
일 수도 있으니, 믿거나 말거나. 그런데 필자는 유클리드가 제자의
질문에 왜 그렇게까지 예민한 반응을 보였을지가 자못 궁금했다. 그
리고 후세의 수학자들이 유클리드의 이런 신경질적인 반응을 당연
하게 여기고 자주 인용했는데 그랬던 까닭은 도대체 무엇일지도 오
래도록 궁금했다. 확인할 수는 없으니 추측에 의존해 짐작해보자.

아마도 수학자들은 수학 공부를 속세의 활동과는 거리가 먼, 그
래서 아무나 범접할 수 없는 매우 순수하고 고상한 지적활동이라
고 생각하고, 그럼으로써 자신을 과시하고 싶어 했던 것 같다. 그렇
지 않다면 제자를 대하는 스승의 태도로는 바람직하다고 할 수 없

는 유클리드의 반응을 그렇게까지 당연하게 여길 수는 없었을 것이다. 유클리드의 반응을 당연시하면 그들은 자기들에게 그런 곤란한 질문을 던지는 사람을 바로 유클리드가 쫓아낸 제자와 동급으로 몰아세울 수 있고, 그러면 더 이상은 그런 질문을 받을 일도 답해야 할 일도 없어진다. 뿐만 아니라 이런 일화를 인용하면서 자기 자신을 유클리드와 동등한 위치에 올려놓을 수도 있으니 자기과시의 효과까지도 거둘 수 있다.

정말 그런지는 몰라도 어쨌든 수학을 연구하거나 가르치는 이들 중 많은 이들이 유클리드의 반응을 당연하게 여긴다. 내 생각에 그들은 여전히 수학이라는 학문의 세계를 선택된 사람만이 접근할 수 있는 신성불가침의 영역으로 여기는 것 같다. 그래서 수학의 유용성에 대한 의문의 제기를 마치 에덴동산의 아담과 이브가 금단의 사과를 따먹으려는 시도와 같이 자신들의 성역을 파괴하는 커다란 도전이라 여기고 아예 애초부터 그런 의문의 싹은 도려내는 것이 마땅하다고 간주하는 것으로 보인다.

현대의 수학자 중에서도 수학을 신성시하는 이런 관점을 피력한 자가 여럿 있고 대표적인 인물로 영국의 수학자 G. H. 하디를 꼽을 수 있다. 그가 부른 수학에 대한 찬양가를 들어보자.

(나는) 수학에서 심미적인 아름다움을 추구했고, 그 수학은 여타 하찮은 수학과는 달리 예술이라 할 수 있다. 내가 연구한 진지한 수학은 별 쓸모는 없지만, 유용한 학문, 즉 평범한 사람들에 의해 연구되고 평범한 가치만 발휘하는 수학은 학문으로서

함량 미달이다.

하디는 순수수학을 응용수학과 구별하고 자신이 연구하는 순수 수학만이 진정한 수학이며, 현실세계 문제를 해결하는 응용수학은 하찮은 학문이라 피력했다. 우월 의식이 정말이지 하늘을 찌를 것만 같다. 그는 거기서 멈추지 않고 한 걸음을 더 나아가 수학은 현실세계에 별로 쓸모가 없는 학문이기 때문에 더 가치 있는 것이라며 순수 수학을 한없이 치켜세웠다.

내가 한 발견, 또는 앞으로 하게 될 발견이 (…) 어떤 쓸모가 있지는 않다. 나의 어떤 발견도 직접 또는 간접으로 좋든 나쁘든 세상의 편리함이나 쓸모와는 전혀 관계가 없다.

이 정도면 '수학 순결주의자'라는 새로운 단어를 만들어 하디에게 선사해도 결코 과장은 아닐 것 같다. 위에서 인용한 글은 하디의 책 속에 있는 구절들인데, 원제는 《Mathematician's Apology》이고 우리나라에서는 《어느 수학자의 변명》이라는 제목으로 번역되어 출간되었다. 하지만 번역 과정에서 순수수학에 대한 하디의 오만함을 충분히 느꼈다면, 'apology'의 번역어로 미안과 겸손의 의미가 담긴 '변명'이라는 단어보다 자신의 주장만을 펼치겠다는 의미가 들어간 다른 단어를 택하는 편이 더 적절하지 않았을까?

물론 수학에 대한 유클리드나 하디의 반응을 아예 이해할 수 없는 것은 아니다. 수학뿐만 아니라 어떤 분야에서건 정상에 오른 사람만이 느낄 수 있는 그 무엇인가는 분명히 있게 마련이니까. 어쩌면 유클리드와 하디는 수학을 통해 자신의 삶, 그 뿐만 아니라 이 세상의 근본에 버금가는 그 무엇까지도 헤아릴 수 있었을지 모른다. 그렇기에 나는 '수학 근본주의자'라 불러도 어색하지 않을 유클리드의 수학 예찬론, 그리고 자신이 하는 순수수학을 예술의 경지에 까지 비교한 '수학 순결주의자' 하디의 열정에도 충분히 공감한다. 하지만 수학을 현실 문제의 해결 수단으로 사용했다고 해서 응용수학을 폄훼하고 비난한 하디의 입장은 받아들일 수 없다. 순수수학을 하는 자신만이 순수하고 다른 분야의 연구자들은 오염되었다고 착각하는 그의 오만함도 인정할 수 없다. 수학을 배워서 무엇을 얻을 수 있느냐고 묻는 학생을 호통치며 내쫓는 유클리드의 무례함까지 공감할 수 있는 아량도 나에게는 없다. 특정 분야의 전문가라면 새로이 입문하여 배우고자 하는 사람을 안내하고 인도해야 할 의무가 있지 않은가. 그것이 입문하고자 하는 사람에 대한 예의일 뿐만 아니라 자신의 연구 분야에 대한 예의니까 말이다. 다시 원래의 질문, "수학을 배우면 무엇을 얻을 수 있나요?"로 돌아가자.

현대사회에 유용한 수학

① 지도보다 노선도가 편리한 이유

순진하게도 몇몇 수학자들은 이 질문을 곧이곧대로 받아들여 "수학은 우리 생활의 이런 곳에 쓰입니다, 저런 곳에 응용됩니다" 등의 답을 하려 노력한다. 이들의 말을 듣고 있노라면 정말 일상의 모든 분야가 수학에 의존하고 있다는 생각이 들 정도다. 아마 내가 이 질문을 받았다면 질문의 답을 생각하기보다 질문자의 의도를 먼저 들여다보았을 테지만, 여기서는 나도 수학자들의 대열에 합류하여 몇 가지 예를 들어보려 한다. 나중에 궁극적으로 어떤 대답을 하게 될지는 일단 제쳐두고 말이다.

가정을 하자. 당신이 현재 서울 어딘가에 있고 한번도 가본 적 없는 장소에 혼자 찾아가야 한다고 생각해보라. 찾아가는 방법은 여러 가지가 있을 수 있겠지만, 만약 지하철을 이용한다면 다음과 같은 노선도를 펴놓고 일단 출발지와 목적지부터 탐색하기 시작할 것이다. 그런데 너무나도 흔한 이 일상에서도 당신은 최첨단의 현대 수학을 이용한다. 지하철 노선도는 위상수학을 응용하여 만들어졌기 때문이다. 위상수학은 '모든 수학을 다룬 마지막 수학자'로 불리는 19세기 프랑스의 수학자 앙리 푸앵카레의 연구를 기초로 마련된 현대 수학의 한 분야이다.

사실 지하철 노선도는 학교에서 배우는 유클리드 기하학의 눈으로 바라보면 도저히 지도라고 말할 수 없을 정도로 순 엉터리다. 흔히 접할 수 있는 지도에 들어있는 척도라는 개념이 없음은 물론, 역과 역 사이의 거리도 순전히 자기 멋대로다. 각 역 사이 거리의 길고 짧음을 전혀 신경 쓰지 않았다는 점, 노선이 다른 경우에는 서로 떨어진 역과 역 사이의 위치를 전혀 알아볼 수 없도록 배치했다는 점 등 그야말로 엉망진창인 지도라는 것을 한눈에도 알아볼 수 있다. 예를 들어 김포공항 역에서 인천국제공항 역까지는 실제로 30km가 넘는데, 지도상에서는 고작 9km도 되지 않는 이촌 역에서 왕십리

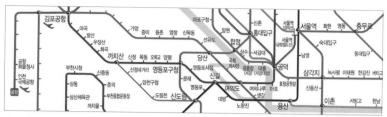

수도권 지하철 노선도

역까지의 거리보다 더 근접하게 그려져있다. 이 지도에서 올바른 것
은 오직 연결되어있는 지하철역들의 순서뿐이다. 이를 보고 우리가
알 수 있는 것은 A역에서 출발하여 B역에 도착하려면 어느 노선을
선택해야 하는지, 그리고 중간에 몇 개의 역을 통과해야만 하고 또
필요한 경우에는 어느 역에서 갈아타야 하는지가 전부다.

　하지만 누구도 이 지하철 노선도를 쓸모없는 엉터리 지도로 생
각하지 않는다. 오히려 정확한 축척이 반영된 노선도를 보는 것을 더
불편하게 생각한다. 이유는 이 지도가 서울 지하철 망의 지리적 특
성 중에서 지하철을 타는 사람이 가장 필요로 하는 중요한 **패턴**만
을 포착하여 표현한 것이기 때문이다. 이 패턴 역시 수학적 패턴의
한 종류이고, 수학자들은 이를 '위상수학적 패턴'이라 부른다.

　지금은 세계 각국에서 만들어져 이용되고 있는 위와 같은 지하
철 노선도들은 1931년 런던 지하철 회사에서 일하던 임시직 제도공
해리 베크가 그린 런던 지하철 노선도를 시초로 만들어진 것들이다.
새로운 사상이나 제도가 도입될 때는 언제나 그것을 받아들이지 않
는 인습에 사로잡힌 바보들의 저항이 있기 마련인데, 당시 이 경우도
예외는 아니었다. 상사들을 설득하여 자신이 그린 이 특이하고 새로

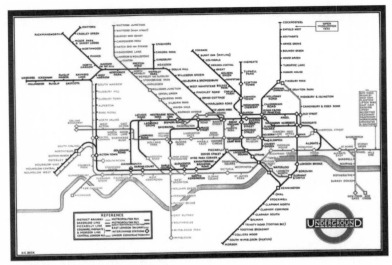

해리 베크가 그린 런던 지하철 노선도

운 지도를 대량 인쇄·배포하기까지 꼬박 2년이라는 시간을 허비해야 했으니 말이다. 허락을 하고 나서도 처음에는 극히 소량의 지도만을 인쇄하라는 지시를 내렸다고 한다. 무지한 관계자들은 일반적인 표준 지도와는 달리 정확한 거리 추정도 할 수 없게 짜인 이 지도가 당연히 이용객들에게 외면당할 것이라 판단했던 것이다. 하지만 그로부터 1년 뒤 런던 내 모든 지하철역의 안내판에 이 지도가 게시되었다. 그리고 현재는 지구 반대편의 서울이라는 도시에서도 유용한 삶의 도구로 이용되고 있다. 학교교육을 제대로 받지 못한 사람이라도, 일절의 설명이나 훈련 없이 이 지도를 쉽게 이해할 수 있다는 것은 이 노선도를 탄생케 한 위상수학의 유용성과 아름다움을 증언한다.

1부 수학에 대하여

② 도로개통이 교통체증을 줄일 수 없는 이유

교통체증은 언제나 시급히 해결해야 하는 과제이며, 교통의 흐름을 원활하게하기 위한 정책은 어느 도시에서건 우선시되는 중요사안이다. 따라서 여러 정책들이 만들어졌고 시행되고 있지만, 상식적으로 교통체증을 줄일 수 있는 가장 간단한 방법은 도로를 정비하여 확장하는 것이다. 하지만 실상은 상식과 전혀 다르다. 가까운 예로 우리나라는 면적이 99,000km²인데 전국에 깔려있는 모든 도로의 길이를 합하면 100,000km가 넘는다고 한다. 1km² 당 1km의 도로가 깔려있는 셈이다. 세계 최고의 도로 밀도를 자랑하지만 예전이나 지금이나 교통체증은 변함없이 극심하니, 상식에 반하는 실상이 나타나고 있는 것이라 할 수 있지 않을까. 이 현상을 어떻게 설명할 수 있을까? 일반적으로는 다음과 같은 추론이 가능하다.

새로운 도로를 건설하거나 차선을 확장한다고 하면 새로운 자가용 운전자들이 나타난다. 대중교통을 이용하던 사람들 중 일부가 교통수단을 자가용으로 바꾸기 때문이다. 그러면 자연히 대중교통을 이용하는 승객의 수가 줄고, 이는 바로 대중교통 운임 상승의 원인이 되어 버린다. 운임이 상승하면 대중교통 이용객은 또 한번 감소하고 결국 도시 전체의 교통 상황은 도로 확장 이전보다 훨씬 악화될 수 있다.

이 추론은 독일 보쿰루르대학교의 수학부에 있는 디트리히 브라에스 박사가 만든 정리를 토대로 확장된 것이다. 이를 '브라에스의 역설'이라 하며 간단히 말해 네트워크상의 모든 개체들이 각각 이기적으로 자신의 경로를 선택한다고 가정하면, 네트워크의 크기를 늘리는 것이 때로는 전체 효율의 감소를 일으킬 수도 있다는 주장이다. 교통 네트워크에서만이 아니라 에너지 네트워크에도 적용될 수 있으며 최근에는 컴퓨터 네트워크에까지 확장 적용되어 많은 관심을 받고 있다.

최근 한국도로공사는 2020년까지 100,000km의 도로를 더 건설하겠다는 계획을 발표했다. 정체가 극심한 도로 근처에는 차량 소통이 별로 없는 도로도 많다는 것을 전혀 고려하지 않고, 일단 새로운 도로부터 깔겠다는 것이다. 어쩌면 고속도로는 한국도로공사가, 산업도로와 일반도로는 국토해양부가, 지방도로는 지방자치단체가 관리하는 탓에 일어나는 정책시스템의 문제일 수도 있지만 이들이 브라에스의 역설이라는 그리 어렵지 않은 수학 이론을 알았다면, 조금 더 신중한 의사결정을 내리지 않았을까. 아니다, 어쩌면 그들은 이를 알면서도 모두의 이익보다는 자신들의 입지와 이익을 고려해 머릿속으로 더 복잡한 고차원의 방정식을 풀고 있을지도 모른다.

③ 법에도 정치에도 수학이 필요하다

어느새 정치 이야기까지 하게 됐다. 20여 년 전의 이야기지만 1993년 빌 클린턴이 미국의 새로운 대통령으로 선출되었던 당시 미국 여론을 들썩이게 했던 한 여성 법학자의 이야기를 살펴보자. 클린턴의 예일대학교 법과 대학 동창생이자 오랜 친구였던 라니 귀니에르는 클린턴의 당선과 함께 미국 법무부의 시민권 담당 책임자로 지명되었다. 하지만 발표 즉시 '급진주의자', '광적인 여자' 등의 인신공격성 비난을 받았고, 클린턴은 보수 진영의 격렬한 여론 몰이식

반대에 결국 지명을 철회했다. 당시 보수 세력들은 그녀의 어떤 주장과 행동에 적대감을 보였던 것일까?

사실 그때 귀니에르는 스스로 급진적인 진보주의자임을 자처하며 인종이나 성차별 등에 관한 개혁적인 입장을 표방하기도 했다. 하지만 직접적으로 보수 세력의 적대감을 유발한 것은 그녀의 "다수에 의한 통치는 실제로는 공정하지 않다. 결코 민주적이지도 않을 뿐더러 오히려 '다수의 독재'에 지나지 않기 때문에 타파해야 한다"라는 주장이었다. 사실 당시 '다수의 독재'라는 말은 결코 그녀만의 주장도 아니었고 새로운 주장도 아니었다. 미국 건국의 아버지로 불리는 제임스 메디슨도 "51%가 강요하는 '다수의 독재'는 우리 자신의 독립을 위해 피를 흘리며 저항했던 왕정 독재 못지않게 민주주의를 위협하는 요소"라고 주장한 바 있고 《자유론》의 저자 존 스튜어트 밀도 "행동의 규준을 강요하는 상황 하에서는 다수의 생각과 관습에 동조하지 않는 소수를 보호하는 것이 필요하다"고 설파했으니, 그녀에 대한 비난은 사실상 정치적인 행동이었다고 해석해야 마땅하다.

어쨌든 결과적으로 그녀는 정치적 희생양이 되었다. 하지만 당시 그 와중에 그녀를 옹호하고 나선 집단이 있었으니, 그들은 다름 아닌 수학자들이었다. 수학자들은 그녀를 비판하는 사람들이야말로 스스로 수학에 대해 얼마나 무지한가를 드러내 보이는 한심한 사람들이라고 주장하며 씩씩하게 그녀 편에 섰다. 왜 그랬을까? 결국에는 여론에 굴복하고 말 것이라는 것을 알고 있었으면서도, 정치 세계에서 별로 영향력도 발휘할 수 없었던 극소수에 불과한 이들이 왜 정치적으로 무모한 발언을 했던 것일까?

이 수학자들의 행동을 이해하기 위해서는 20년을 더 거슬러 올라가야 한다. 1972년, 노벨상 수여기관인 스웨덴 한림원은 노벨 경제학상 수상자로 케네스 애로우를 지명했다. 그러면서 '합리적 결과를 얻을 수 있는 완벽하게 공정한 민주적 투표제도는 존재하지 않는다'는 소위 애로우의 정리를 그의 대표적인 업적으로 발표했다. 그의 이론을 조금이나마 이해하기 위해 아래 가상의 투표 결과를 살펴보자.

후보	A	B	C
득표수	18	17	15

A, B, C 세 사람을 후보로 50명의 투표권자가 투표를 했다. A후보가 18표로 최다 득표를 했으니 다수결 원칙에 따르면 A후보가 당선되어야 한다. 그런데 만일 두 번째와 세 번째 선호도까지 조사하여 다음과 같은 결과를 얻었다고 하자.

후보	A	B	C
1순위 득표수	18	17	15
2순위 득표수	0	33	17
3순위 득표수	32	0	18

이 결과를 가지고 당선자를 A후보라 단정하기는 조금 꺼림칙하다. B후보의 득표 상황에 주목해보자. 비록 1순위 득표수는 A후보에 한 표가 뒤지지만, A후보와 C후보를 1순위로 투표한 사람들은 모두 2순위로 B후보를 지지했다. 반면 A후보는 자신을 1순위로 투표한

18명의 지지자를 제외한 나머지 32명으로부터 가장 낮은 선호도를 얻었다. 충분히 고려해볼 필요가 있는 결과가 아닐까? 과연 A후보를 대표로 선출한 것이 투표자의 모든 의견을 제대로 반영한 것이라 할 수 있을까? 1순위로도 17표를 확보하고 2위 선호도 조사에서도 압도적인 지지를 받은 B후보를 무시하는 것이 정말 타당하다고 할 수 있는 일일까?

1972년 최연소 노벨 경제학상 수상자가 된 애로우는 이런 가상적 상황으로부터 자신의 연구가 시작되었음을 밝혔다.

> 몇몇 구체적인 사례에서 출발했죠. 나는 이미 선거제도에 문제점이 있음을 알고 있었고 그것을 합리적으로 해결하기 위해, 나타나는 문제점들을 무효화하고 배제하게 하는 조건들을 정리·기술했습니다. 그리고 문제를 해결하기 위한 또 다른 구체적인 사례를 구성했죠. 즉 수학적 공리화라는 시도를 감행했던 것입니다.

애로우가 사용한 공리화는 고대 그리스의 수학자 유클리드가 기하학을 집대성할 때 사용했던 방식이다. 공리란 어떤 이론 체계에서 가장 기초적인 근거가 되는 명제를 뜻하며 그 자체로 다른 명제들을 증명하기 위한 전제로 쓰인다. 애로우는 가상의 투표 결과를 만들어 그 안에서 다수결 원칙의 문제점들을 찾아냈고, 그 문제점들을 근거로 공정한 선거제도에 필요한 준거, 즉 공리를 만들어냈다. 그런 방법으로 다수의 독재가 실재實在함을 증명했으니 수학자들에게 그의 정리가 설득력이 있었을 수밖에. 비록 무위無爲로 끝나기는 했지만 정치와는 아무런 관련이 없어 보이는 수학자들이 거대한 보수 진영에 맞서 귀니에르를 옹호하고 나섰던 그 특이한 일을 이 이야기를 듣고 나니 충분히 이해할 수 있지 않은가?

우리에게 너무나도 일상적인 다수결이라는 방식이 때로는 최악의 제도일 수 있으며 언제든 다수의 독재를 부를 수 있다는 것을 설명하기 위해 굳이 애로우의 정리까지 들춰낼 필요는 사실 없었을지도 모르겠다. 현상은 늘 수학을 압도하니까. 하지만 애로우의 정리는 유효하다. 그리고 이는 수학이 법과 정치의 영역에도 활용될 수 있음을 보여주는 또 하나의 증거가 된다.

✅ 공리화란?

애로우가 사용한 '공리화'는 고대 그리스의 수학자 유클리드가 기하학을 집대성할 때 사용했던 방식이다. 공리公理란 어떤 이론 체계에서 가장 기초적인 근거가 되는 명제를 뜻하는 것으로, 그 자체가 다른 명제들을 증명하기 위한 전제로 쓰인다. 유클리드가 설정한 공리 중 몇 가지만을 예로 들어보겠다.

두 점이 주어졌을 때, 그 두 점을 통과하는 직선을 오직 하나 그을 수 있다.
임의의 선분은 한 없이 직선으로 연장할 수 있다.

이 명제들이 참이라는 사실을 증명하기는 매우 곤란하다. 따라서 그냥 참이라고 받아들이기로 한다. 그리고 나면 기하학의 수많은 정리들이 이들로부터 논리적으로 추론된다. 예를 들어 '이등변삼각형의 두 밑각의 크기는 같다'와 같은 정리도 위의 공리들로부터 추론할 수가 있다.

1부 수학에 대하여

증명할 수 있게 된다는 것이다.

우리가 알고 있는 기하학에서의 모든 주요 정리가 유클리드가 설정한 공리로부터 추론되며, 그것이 바로 중등학교 기하학 학습의 요체다. 따라서 기하학적 도형의 성질을 하나의 지식으로 이해하고 익히는 것도 중요하지만, 그보다 더욱더 중요한 것은 이런 모든 도형의 성질들이 유클리드가 설정한 단 몇 개의 공리에서 추론될 수 있다는 수학이라는 학문의 특성을 이해하는 것이다.

이런 공리적 방법은 기하학에만 적용되는 것이 아니다. 쉬운 예로 대수학에는 다음과 같은 공리가 있다.

$$A=B$$이면, $$A+C=B+C$$이다.

등식의 양변에 같은 수를 더해도 등식은 그대로 성립한다는 명제다. 너무나 자명하지 않은가. 따라서 굳이 증명하지 않고 하나의 공리로 받아들인다. 그리고 나면 우리가 잘 아는 이차방정식의 근의 공식도 이 공리로부터 추론할 수 있다.

공리라는 단 몇 개의 주춧돌 위에 수학이라는 거대한 건축물을 들어서게 했다는 점에서 유클리드의 위대성이 드러난다. 애로우는 바로 이 공리적 방법을 사용하여 자신의 정리를 만들었다. 즉, 유클리드가 공리를 설정한 것처럼 선거를 공정하게 만들기 위한 몇 가지 조건들을 설정하고 그 공리조건을 만족하는 선거제도가 존재하지 않음을 증명하여, 완벽하게 공정한 민주적인 투표제도는 존재하지 않음을 입증해 보인 것이다.

④ 숨은 수학 찾기

수학이 우리 삶에 쓸모있음을 보여주기 위해 지금까지 들었던 사례는 비교적 최근에 나타난 현대사회에서의 유용성이었다. 시간을 조금 더 거슬러 더 먼 옛날로 돌아가보아도 인간의 삶과 밀접하게 관련 있는 수학의 예들을 찾아볼 수 있다.

고대 그리스의 피타고라스가 음악을 분석하고 이해하는 데 수학을 이용한 것도 그중 하나다. 피타고라스는 현의 길이에 따라 소리의 높이가 달라진다는 것을 깨닫고, 소리의 높낮이에 값을 매겨 하나의 화음을 이루는 여러 음을 2:3 혹은 2:3:5와 같은 정수의 비로 나타낼 수 있다고 설명했다. 그의 생각은 오늘날 화성학으로 발전했고 피타고라스는 음계를 처음 만들어 낸 사람, 화성학의 선구자로 평가받는다.

아리스토텔레스에게는 자연에 숨겨진 패턴만이 아니라 인간의 예술 또한 수학적 표현의 대상이었다. 그는 아름다움이란 질서와 균형이라는 형식으로부터 도출되는 것이고 음악과 시에서의 리듬·하모니·선율·운율 등도 모두 질서를 갖추기에 그 자체로 수학적 학문의 대상이 된다고 말했다.

인공위성이 발명되기 전, 위성사진 한 장 없이 지구가 둥글다는 사실을 발견해 낸 데도 수학이 활용되었다. 고대 그리스인들은 순전히 수학적 추론을 통해 지구의 형태와 지름, 둘레의 길이까지 알아맞혔다. 기원전 200년경 고대 그리스의 수학자, 동시에 천문학자이자 지리학자이기도 했던 에라토스테네스는 기하학을 이용하여 그 일들을 해냈고 그 정확도는 99%에 이른다. 오늘날 인공위성 등을 통해 측정한 결과와도 큰 차이가 없다.

비행기의 발명도 방정식을 빼놓고서는 설명할 수가 없다. 커다란 금속물체가 공중에 머무르기 위해서는 그것을 받쳐주는 무엇인가가 있어야 하는데, 그 원리를 발견한 사람이 18세기 초 스위스의 수학자 베르누이다. 양력을 설명하기 위해서는 베르누이의 방정식 외에 뉴턴의 이론도 필요한데, 작용·반작용의 원리라고 불리는 뉴턴의 제3법칙 역시 수학과는 결코 분리되지 않는다.

지구 반대편에서 벌어지는 월드컵 경기를 안방에서 감상할 수 있는 것도 수학이 가져다준 혜택이다. 바다 건너 멀리 떨어져있는 경기장의 실황을 보고 듣고 같은 시간에 함께 열광할 수 있는 것은 전자기파가 소리와 화면을 전달해주기 때문에 가능한 것이며, 그 원리는 19세기 영국의 수학자 맥스웰이 정리한 맥스웰 방정식으로 설명된다.

영화 역시 수학과 밀접한 관계가 있다. 최근에는 거의 모든 영화에 컴퓨터 그래픽이 사용되는데, 그것을 구상하려면 3차원 기하학과 보간법補間法 등이 필수적으로 쓰이니 수학 없이는 영화 제작도 할 수 없는 것이다. 〈스타워즈〉, 〈반지의 제왕〉, 〈해운대〉, 〈명량〉 등의 블록버스터 영화에는 더욱 필수적으로 수학이 응용되었다.

흔히들 수학과 가장 멀다고 여기는 언어도 실제로는 수학과 무관하지 않다. 미국의 언어학자 노암 촘스키는 현재 우리가 문법으로 인식하는 눈에 보이지 않는 단어들의 추상적 패턴을 묘사하고 설명하는 업적을 세웠는데, 그의 작업도 결국 수학을 이용해 이루어진 것이다.

확률론과 수학적 통계는 선거 결과를 정확하게 예측하는 데 쓰이고, 미적분학은 기상청에서 일기를 예측하는 데 쓰인다. 경제 연구소에서 주가 전망을 예측할 때도, 보험회사에서 미래에 발생할 사고 가능성을 예측할 때도 미적분학은 항상 필요하다. 우리가 내는 보험

료마저 모두 수학적 과정을 통해 산정된 것들이다.

이렇듯 우리의 생활에 수학이 적용되지 않는 분야는 없다. 다만 산재해 있는 수학을 우리가 인식하지 못하는 것일 뿐이다. 그러니 우리가 수학의 유용성을 인식하지 못하는 것은 사실상 매순간 숨을 쉬면서도 공기의 존재를 의식하지 못하는 것과 다르지 않다.

⑤ 사회에는 유용! 나에게는 무용?

하지만 이것만으로는 충분하지 않다. 수학의 실용성은 인식했지만, 수학 공부의 필요성은 여전히 느끼지 못하는 사람이 많을 것이다. 수학은 항상 내 것이 아닌, '가까이 하기에는 너무 먼 당신'이라는 느낌을 선뜻 지울 수 없다는 것을 잘 안다. 왜 그럴까? 왜 '수학이 적용되지 않는 삶은 상상할 수는 없다'는 설명만으로는 '필요하기는 하지만 굳이 나까지 수학을 공부해야 하나?'라는 회의적인 마음을 불식시킬 수 없을까?

좀 특이한 상황을 가정해 그 이유를 추론해보자. 사실은 전혀 그렇지 않지만, 일단 이해를 위해 자동차 운전이 우리 삶에 없어서는 안 되는 필수 능력이라고 가정하자. 그 상황에서 나에게 가장 필요하고 당장 배워야 하는 것은 무엇일까? 아마도 운전을 배워 운전 능력을 갖추는 것이 우선일 것이다. 자동차가 어떻게 작동되는지, 기계의 원리는 어떤지 알아야 할 필요는 전혀 없다. 물론 엔진의 작동 원리에 대한 기본적인 지식을 갖고 있으면 여러모로 편리하고 좋은 점이 생기겠지만 그것을 모른다고 하여 자동차를 운전하는 데에 지장이 생기는 것은 전혀 아니다. 수학도 자동차와 마찬가지 아닐까? 수학

1부 수학에 대하여

이 우리의 삶과 아무리 밀접한 관계를 맺고 있어도 우리는 수학이 가져다준 편리한 결과물을 사용하기만 할 뿐, 그 원리까지 알아야겠다는 필요성은 절감하지 못할 수 있다. 사실상 가능하지도 않고 말이다.

가령 거의 매일 사용하는 인터넷상의 비밀번호는 정수론과 선형대수의 응용으로 그 영역을 전공하는 사람이나 알 수 있는 수학으로 짜여진 암호체계다. 그 복잡한 것을 어떻게 모든 사람이 알 수 있겠는가? 알 필요도 없고 당장 숙지하는 것도 가능하지 않다. 학교 수학 시간에 배웠던 명제나 일련의 수학 공식들을 알지 못해 일상생활에서 불편함을 겪었던 일이 어디 있었던가? 계산 능력 정도는 현대의 삶에 필수적이라고는 하지만 계산기 조작법만 알면 해결되는 문제를 굳이 항등원, 교환법칙 등 연산의 성질을 공부해 풀어야 한다고 생각하는 사람은 없을 것이다.

자동차의 작동 원리를 이해하지 못해도 운전만 할 수 있으면 아무런 불편함을 겪지 않듯, 수학의 유용성은 아무리 강조해도 그 자체가 수학을 배워야 할 이유가 될 수는 없다. 수학이 없는 현대사회를 상상하기 어렵다고 백번 강조해도 그 원리를 이해해야 할 필요성이 생기지는 않는다는 말이다.

어쨌든 이렇게 많은 사례들을 보았으니 이제 수학의 유용성에 대해서 이의를 제기할 수는 없을 것 같다. 하지만 그렇다고 하여 수학의 유용성을 "수학을 배워 어디에 써먹을 수 있나요?"라는 질문에 대한 적절한 답으로 받아들이기에는 석연치가 않다. 국민 모두가 과학자나 고급 기술자인 것도 아닐뿐더러, 현재 학교에서 가르치고 배우는 초·중·고등학교의 수학은 앞에서 언급한 현대적 삶의 유용성과 거리가 멀기 때문에 그것들을 배워 유용성을 실감하기는 어렵기 때문이다. 그래서 이제부터는 조금 다른 시각에서 이 질문에 접근해보도록 하겠다.

수학은 심성도, 정신 능력도, 국가도 발전시킨다?

앞의 내용이 "수학을 배워 어디에 써먹을 수 있나요?"라는 질문에 대한 답이었다면, 지금부터의 내용은 "수학은 왜 배우나요?"에 대한 답이라고 보면 된다. 앞에서는 이 두 질문을 같은 것으로 다루었고 지금도 완전히 다른 질문이라 생각하지는 않지만, 이렇게 따로 설명을 하는 이유는 누군가는 '실용성과는 거리가 먼 유용성'을 근거로 수학 공부의 필요성을 주장하기 때문이다.

그리 흔하지는 않지만 수학 공부가 학생들의 심성 함양에 도움이 된다고 하는 사람들이 있다. 지금은 은퇴했지만 우리나라 수학교육학의 기초를 마련했다는 평가를 받는 우정호도 자신의 저서 《수학 학습》의 마지막 장에서 이런 뜻밖의 주장을 펼친 적이 있다. 그는 자신의 주장에 설득력을 더하기 위해 불교와 유교의 경전까지 들먹이고 플라톤과 칸트의 저서까지 총동원했지만, 그의 책을 전부 읽은 사람이라 할지라도 그 주장에 대해서만큼은 쉽게 수긍하지 않을 거라는 생각이 든다.

수학을 공부하면 심성 함양이 된다니! 아마 수학을 왜 배우냐고 묻는 사람들에게 이런 대답을 한다면 그들은 즉각 반감까지도 내비칠지 모른다. 자신들을 가르쳤던 유난히 깐깐했던 수학 선생님들, 늘 빈틈없어 보였지만 다정한 면이라고는 전혀 없던 수학 잘하던 친구들을 떠올리며, "그럼 수학자나 수학 교육 전문가들은 모두 성인의 경지에 올랐겠군요?"라는 냉소적인 질문을 던질 수도 있다. 그러니 그의 그런 주장이 설득력을 얻기는 어려울 것 같다. 학문적 설명이기보다는 고원한 이상적 이야기였다고 보는 편이 맞을 것 같다.

하지만 이와 비슷한 맥락으로 "수학을 공부하면 정신 능력이 연마된다"라고 주장하는 사람들도 있으니, 그들의 말은 좀 자세히 들어볼 필요가 있다. 하기 싫어하는 아이들을 억지로 앉혀놓고 〈구몬수학〉이나 〈눈높이수학〉부터 시작해 수능 참고서까지 풀게 하는 기계적인 반복학습이 바로 위의 주장을 근거로 하는 것이기 때문이다. 수학이 집중력을 향상시켜준다는 둥, 정신력을 길러준다는 둥 그런 비슷한 이야기들은 과거부터 지금까지 계속해서 우리 아이들을 괴롭혀왔다. 그러니 위의 주장은 한번은 짚고 넘어가야 할 문제다.

우리는 체력을 연마하기 위해 운동을 한다. 특히 특정 부위의 근육을 키우기 위해서 종종 바벨을 이용하는데, 하체를 고정시킨 다음에 양손으로 바벨을 잡고 엉덩이 높이까지 들어 올리는 동작을 반복하면 허벅지 앞부분과 뒷부분의 근육이 단련된다. 더불어 대둔근, 중둔근, 소둔근도 단련되며 부수적으로 복근까지 강화할 수 있다. 이때 반복 동작과 집중 훈련은 필수적이다. 그러지 않고서는 절대 근력 강화 훈련의 효과가 나타나지 않기 때문이다.

이제 우리의 정신을 근육이라고 한번 생각해보자. 추론, 판단, 주의 집중, 기억력과 같은 여러 정신 능력을 신체 각 부위의 근력으로 보자는 것이다. 지금은 생소할 수 있지만 19세기에 꽤나 유행했던 능력심리학에서는 실제로 인간의 정신 능력을 신체의 근육에 비추어보았다. 따라서 학습이란 근육을 강화하듯이 특정 능력을 연습하여 강화시키는 것이라고 간주했다. 가령 학교 교과목 중 라틴어는 기억력을, 수학은 추론 능력을 기르는 것이라 했고, 음악은 감정을 순화하는 데 필요한 것이라 주장했다. 이런 식으로 각각의 특정 교과를 정당화하는 근거를 마련했던 것이다.

그들의 주장은 '실제 수업에서 어떤 내용을 가르치느냐'와는 상관없이 특정 교과는 특정한 정신 능력을 도야陶冶한다는 믿음에 근거한 것이었기 때문에 형식도야설이라는 교육학 용어로 정립되기도 했다. 그에 따르면 정신 능력은 훈련으로 도야될 수 있으며, 도야된 정신 능력은 광범한 영역으로 전이된다. 그리고 이때의 학습 방법은 헬스 센터의 근육강화 훈련과 마찬가지로 학습자의 부단한 노력과 반복학습을 강조한다. 배우는 사람이 학습에 흥미가 있든 없든 마치 '몸에 좋은 약은 쓴 법'이라는 식으로 엄격한 훈련, 무수한 반복 연습이 따르는 엄격한 훈련을 시킨다.

지금 우리 교육 현장의 모습이 이렇지 않은가? 겉으로는 학습자의 흥미를 내세우지만, 실제로는 늘 더 많은 노력과 연습만을 강조하고 있으니, 이 현상은 200년 전의 형식도야설이 아직도 유효하고 실제로 발휘되고 있다는 증거로 보아도 무방할 것이다. 오로지 시험 준비, 높은 점수를 얻기 위한 공부만을 시키는 교육의 명분을 찾다보니 형식도야설 이외에는 딱히 마땅한 것이 없었을 터, 바로 그런 공부법을 주장하는 이들이 위와 같은 주장을 한 것인지도 모르겠다.

어쨌든 형식도야설은 "수학은 왜 배우나요?"라는 질문에 대한 답은 제공한다. 더욱이 이는 '수학은 어렵다. 그렇지만 그렇기 때문에 더 가치가 있다'는 식의 억지 논리를 끌어내기에도 적절하다. 예를 들어 무의미 철자◆를 이용한 암기는 비록 아무 쓸모가 없지만 이를 암기하는 연습을 통해 기억력이 향상되며 그 능력은 교과학습은 물론 일상생활에 까지 전이가 되는 효과가 나타난다는 것이 형식도야설의 주장이다. 그들은 이렇게 교육^{education}과 훈련^{training}을 동일시한다.

하지만 20세기에 들어서 특정 학습이 일반적인 정신 능력의 향상으로 이어지지는 않는다는 사실이 실험을 통해 밝혀졌다. 무의미 철자를 암기하는 훈련이 한 달간 지속되든 1년간 지속되든 그것이 기억력을 좋게 하지는 않는다는 것이 실험심리학에서 증명된 것이다. 이 밖에도 교과의 실용성을 강조하는 존 듀이의 비판 등에 의해 형식도야설은 더 이상 학습이론으로서의 가치를 상실한 지 오래됐다. 그리고 그 이론의 허구성, 즉 기계적인 반복이 결코 이해의 향상으로 이어지지는 않는다는 증거는, 같은 내용을 두 번 반복하여 학습한 재수생의 점수가 이전보다 항상 더 높게 나오지는 않는다는 사실이나 보충학습이나 자율학습이라는 이름으로 많은 시간을 할애해 가르치고 공부해도 결과는 늘 신통치 않다는 것에서 이미 다 드러난 것이 아닌가?

◆ 단어가 될 수 없는 자음과 모음의 배열로 이루어진 철자. 순수한 언어 기억 능력을 측정하기 위해 만들어진 의미 없는 철자다.

그럼에도 우리 교육계는 아직도 형식도야에 대한 믿음을 완전히 버리지는 못한 것 같다. 비단 교육계만이 아니다. 반복적인 연산 연습을 수학 공부라고 믿고, 여전히 훈련과 교육을 혼동하고 있는 모든 이들이 사실상 아직도 그 허구에서 빠져나오지 못하고 있는 것이다. 도대체 왜 지금도 이런 현상이 계속되는지에 대한 문제는 이어지는 2부에서 다시 다뤄보기로 하자.

마지막으로 또 하나의 황당한 답을 소개하고 수학의 유용성에 관한 이야기를 마무리하려 한다. 마지막 답은 "국가 발전을 위해 수학을 배워야 한다"라는 주장이다.

근대 이후 수학을 바탕으로 한 과학기술이 크게 발전하고, 일상생활에서 수학의 실용적 측면이 많이 드러나며 세계 각국의 학교가 수학을 필수 교과로 지정했다. 또한 한 나라의 수학 수준은 곧 그 국가의 경쟁력이라는 인식이 확산되며 수학 교육은 국가적 사업으로 여겨지기도 한 것이 사실이다.

오래전에 출판된 어떤 책은 제목에서부터 이런 의식이 엿보인다. 《수학이 살아야 나라가 산다》라는 제목으로 국내에 번역된 책으로, 필즈상을 받은 일본의 세계적인 수학자 고다이라 교수가 쓴 수필이다. 원제는 《게으른 수학자의 기록怠け数学者の記》으로 저자가 수학자로서 정립한 수학에 대한 관점과 철학을 담은 책이다. 고다이라 교수는 이 책에서 1960년대 말부터 70년대까지 불었던 일본의 수학교육의 현대화를 묘사하고, 그 광풍을 경험한 수학자의 입장에서 수학교육의 문제까지 언급했다. 그런데 이런 책이 어찌하여 '수학이 살아야 나라가 산다'는 제목으로 번역이 되었는지는 이해가 되지 않는다.

애국심에 호소해 수학 공부를 부추기겠다는 생각을 가진 엉뚱한 사람들의 의도를 반영한 것인가? 마치 그 옛날 "우리는 민족중흥의 역사적 사명을 띠고 이 땅에 태어났다"로 시작되는 박정희의 유신 독재 시절의 〈국민교육헌장〉에 담겨있는 위험한 국가주의를 보는 것 같아 씁쓸하기 그지없다.

아이들의 공부에 국가라는 굴레를 씌우고 수학 공부를 국가 경쟁력과 결부시키는 것은 과거 전제군주하 혹은 군사독재하의 정치가들이 부린 수작과 같은 것이다. 그러니 그것이 수학 교육의 목적이나 이유와 연관을 맺는 것은 가당치도 않다.

여기까지 우리는 수학의 유용성이라는 주제를 다각도에서 살펴보았다. 여러 가지 답을 제시했지만, 그 이야기들이 다 썩 적절하지가 않거나 심지어 터무니없기까지 했다니. 결국 원점으로 되돌아온 것 같다. "수학은 왜 배우는가?"라는 쉽지 않은 질문으로 말이다.

한국 학부모들의 대답

누가 그랬던가, 학자들이란 모두가 뻔히 알고 있는 사실을 공연히 어려운 단어로 길게 설명하는 사람들이라고. 그렇다면 혹시 이 질문에도 수학자 같은 학자가 아닌 다른 누군가가 답을 한다면 훨씬 명쾌하고 쉬운 답이 나오지 않을까? 신기하게도 한국에서는 학부모들이 그 누군가이다. 그들에게는 누구도 부정할 수 없는 아주 명쾌한 하나의 답이 있다. 그들 중 누구에게 질문을 하든, 그들은 큰 고민 없이 같은 답을 토로한다.

"수학은 내 아이의 미래를 좌지우지하는 교과다. 그것이 수학을 가르치고 배우게 하는 이유다."

이 땅의 학부모들이 자녀의 수학 학습을 위해 생활비를 줄이는 이유, 학교 수업이 끝난 뒤에도 만만치 않은 금액을 지불하고 수학을 배우게 하는 이유가 바로 이 때문이다. 그들이 수학을 중요하게 생각하는 이유는 수학이 현대사회에 필수적인 학문이어서도, 사회문제를 해결하게 하는 학문이어서도 아니다. 수학 공부가 논리력과 추론 능력, 문제해결 능력을 향상시켜주기 때문도, 심성을 함양하기 때문도 물론 아니다. 그들의 생각은 아주 명쾌하고 단순하다. 학력學力이 아닌 학력學歷사회에서 살아남기 위해서는 좋은 대학을 나와야 하는데, 대학 입시에서 점수를 결정짓는 비중이 가장 큰 과목이 바로 수학이기 때문에, 수학만 잘하면 명문대 입학이 조금 쉬워져 아이의 미래가 밝아질 가능성이 높아지기 때문에 수학을 중요시하는 것이다.

사실 그들뿐만이 아니라 모두가 알고 있고, 나 역시 심정적으로는 학부모들의 생각에 공감한다. 하지만 그것은 수학을 배우는 근본적인 이유는 될 수 없다. 더군다나 그들은 수학 공부와 수학 시험공부를 혼동해 둘을 동일시 한 채로 답을 했으므로, 일단 그 단어부터 바로잡고 가야 할 것 같다. 그들의 대답은 정확하게 아래와 같이 수정되어야 한다.

"**수학은** → **수학 시험 점수**는 내 자녀의 미래를 좌지우지한다. 그것이 **수학을** → **수학 시험공부**를 열심히 시켜야 하는 이유다."

수학 공부와 수학 시험공부는 절대 같지 않다. 수학을 잘하는 아이가 높은 수학 시험 점수를 받는 것은 당연한 일일 수 있지만, 수학 시험만 열심히 공부한 아이를 수학 잘하는 아이라 말할 수는 없다. 수학보다 좀 더 와 닿을지 모르는 영어를 예로 설명해보자면, 영어 실력을 갖추면 높은 영어 시험 점수가 보장되지만 높은 점수가 실력을 보장해주는 것이라고 말할 수는 없다. 그러니 높은 토플 점수를 받아 입학허가서를 받고 유학을 간 아이들이 결국 그곳에 가 다시 본격적인 어학 공부를 하는 것이 아니겠는가? 점수가 실력을 보장한다면 그런 식의 이중 어학 공부, 두 단계 영어 공부는 필요치 않을 것이다.

결국 한국 학부모들의 대답은 수학 공부의 필요성에 대한 대답이라고는 할 수 없다. 그들의 관심과 초점은 오로지 수학 시험이지 수학이 아니라는 것을 재차 강조하고자 한다.

얼마 전 서울대학교 학생회관에 위치한 서점에 들렀을 때, '시나공'이라는 희귀한 광고문구가 눈에 들어왔다. 무슨 뜻인가 자세히 살펴보았더니 '시험에 나오는 것만 공부한다'는 문장을 생략하여 만든 단어가 아니던가. 순간 허탈함과 씁쓸함이 밀려들어와 더 이상 서점에 있기도 싫어졌다. 시험에 나오는 것만 공부하라니, 그러면 시험에 나오지 않는 것은 공부하지 말라는 뜻인가? 이런 광고를 내걸은 곳을 출판사라 해야 할지 책 공장이라 해야 할지도 모르겠고, 지식과 공산품을 구분하지 않는, 구분하지도 못하는 그들의 얄팍함과 상술에 그저 씁쓸할 따름이었다.

하지만 이게 진짜 현실이다. 슬프지만 오늘날 우리 지적 세계는 이를 당연하게 여긴다. 다른 나라 도서관에서는 찾을 수 없고 오직 우리나라 도서관에만 존재하는, 그것도 가장 많은 좌석이 배치된 소위 자습실이라는 시험 공부방을 떠올려보라. 아이들이 그곳에 앉아 하는 것이 정말 공부겠는가? 절대 아니다. 아이들은 오로지 한 문제를 더 확실히 잡기 위해 시험문제 푸는 훈련을 하러 그곳에 간다. 그러니 그들의 상술과 광고문구는 어쩌면 당연한 것인지 모른다. 아이들의 학습형태를 완벽하게 파악하여 내놓은 대단히 성공적이고 영리한 마케팅이라는 사실을 부인할 수가 없다.

이 이야기를 이 시점에서 꺼낸 이유는 우리가 앞으로 문제의식을 가지고 들여다보아야 할 현상이 바로 이것이라는 이야기를 하기 위해서다. 우리 교육을 제대로 바라보려면 우리는 왜 이런 현상이 나타났고 그것이 어떤 의미를 지니는지, 나아가 어떤 결과를 빚게 될지를 냉정하게 바라볼 수 있어야 한다. 교육학자들, 정책의 만드는 전문가들의 관심사도 이 문제로 향해야 한다. 허구한 날 머지않아 무용지물이 될 새로운 정책을 만드는 데 시간과 비용을 허비할 것이 아니라, 왜 한국에서 공부라 하면 다들 시험공부를 떠올리는지, 그것이 교육적으로 어떤 의미를 지니며 앞으로 우리 아이들의 교육에 어떤 영향을 줄지를 연구해야 한다는 말이다. 이것이 이어지는 2부에서 다룰 이야기의 주제이며 이 책을 쓴 진짜 이유, 이 책을 통해 밝혀낼 과제다.

정말 수학은 왜 배우는가?

지금쯤이면 부아가 돋는 이들도 있을 것 같다. "수학은 왜 배우

1부 수학에 대하여

는가?"라는 질문을 제시해 놓고, 처음에는 그럴듯한 답변을 하는듯 하다가 어느새 다른 이야기를 하고 있으니 말이다. "그래서 당신의 답은 도대체 뭐요?"라는 볼멘소리까지 들리는 것 같아 더 이상은 답을 미루지 않으려 한다. 하지만 긴 기다림에 부합하기에는 실망스러운 답이 나올 수도 있으니 기대는 하지 말길. 나 역시 이 질문에는 별로 참신한 답을 내놓기 어려웠다는 것을 미리 솔직하게 고백한다.

본격적으로 '변명'을 하기에 앞서 1924년 에베레스트 등반에 최초로 도전했던 탐험가 조지 말로리의 이야기를 해보려한다. 최초의 세계 최고봉 등정을 앞두고 정상 600m 아래에서 실종되었던 말로리는 원정을 떠나기 전인 1922년 미국 필라델피아의 한 강연장에서 이런 질문을 받았다.

"당신은 왜 위험하고 힘들고 죽을지도 모르는데 산에 올라갑니까?"

그 질문에 말로리는 다음과 같이 매우 짤막한 답을 했다.

"그곳에 산이 있으니까."

말로리가 남긴 이 짤막한 답은 오늘날까지도 많은 사람들에게 불멸의 명언이라는 칭송을 받는다. 그런데 말로리는 어떻게 이런 대답을 했을까? 그 강연장에 들어가기 이전에 스스로에게 이런 질문들을 수없이 던져, 자신이 왜 산에 오르는지에 대해 확실한 생각을 정리해 두었던 것일까?

말로리의 입장에서 한번 생각해보자. 추측하건대 그는 그저 산에 오르는 것에만 집중했을 뿐, 이렇게 힘든 일을 왜 하는지에 대해서는 생각해 본적이 없었을 것이다. 산에 오르는 즐거움과 괴로움,

정상에 오른 자만이 볼 수 있는 산 아래의 풍경을 보며 느끼는 성취의 기쁨 등은 느껴보았을지 몰라도, 자기가 왜 산에 오르는지 그 이유에 대한 생각은 해본 적이 없었을 것이라 생각된다.

사실 히말라야 산맥 근처에 사는 사람들은 말로리가 등반을 시작하기 훨씬 이전부터 여러 가지 다른 목적으로 그 산을 올랐을 것이 분명하다. 하지만 산에 오르는 것 자체를 목적으로 등반한 사람, 다시 말해 자신의 삶 전체를 산에 오르는 것에 집중한 사람은 말로리가 처음이었다. 다른 사람들은 생각도 하지 않았던 무용하고 무모한 일을 그는 과감히 시작한 것이다. 말로리가 주목받은 이유는 바로 이 때문이다.

아마 말로리에게 "힘든데 왜 산에 올라갑니까?"라는 질문은 참으로 낯설고 이상한 질문이었을 것이다. 그래서 선뜻 답하지 못하고 머뭇거렸을 것이고, 하지만 답을 하지 않을 수도, 그런 질문을 한 질문자를 면박 줄 수도 없었을 테니, 최대한 조심스럽게 그렇지만 솔직한 답을 생각했을 터, 그렇게 내뱉은 "그곳에 산이 있으니까"라는 답이 불멸의 명언이 될 줄은 아마 말로리 자신도 예측하지 못했을 것이다. 물론 어디까지나 순전한 나의 추측과 의견임을 밝혀둔다.

그렇지 않아도 충분히 서론이 긴데 또 한번 이런 일화를 소개한 이유는 그의 대답을 내가 꺼낸 질문의 답으로 빌려오기 위해서였다.

"정말 수학은 왜 배우는가?"

"수학이라는 과목이 있으니까!"

이 답변을 긍정적으로 받아들이는 사람은 거의 없을 것이다. 어처구니없다, 허탈하기 짝이 없다, 그런 맥 빠지는 소리를 듣자고 이

1부 수학에 대하여

전까지의 이야기를 들어온 것이 아니라며 화를 내는 사람도 틀림없이 상당수 있을 것 같다. 하지만 나름대로 고민한 끝에 얻은 답이며 이런 대답을 하게 된 분명한 이유도 있으니 조금만 더 인내심을 발휘해주면 고맙겠다.

일단 '수학은 왜 배우는가?'라는 말 자체를 곱씹어 생각해보자. 사람들은 과연 어떤 의도로 이런 말을 하는 것일까? 정말 답이 궁금해서 질문을 던지는 것일까, 아니면 한참 수학 공부를 하다가 유난히 어려운 문제를 만나, 하던 공부를 멈추고 한탄하듯 내뱉는 말일까? 나의 판단으로는 후자에 가깝다. 이 질문은 배우는 것이 부담스럽다는 것 또는 더 나아가 배우고 싶지 않다는 의사를 에두르게 표현한 것이라 생각된다.

그렇다면 이 질문에 대해 '수학은 우리가 생각하는 것보다 훨씬 많은 곳에서 이용되고 있다. 가령 이런 일에도 수학이 필요하고, 이런 곳도 수학에 의해 짜여 있는 것이다'라는 식의 답을 하는 것은 별로 효과적이지 않다. 물론 유클리드처럼 무슨 그따위 질문을 하느냐며 질문자를 내쫓거나 무안하게 만들어 질문 자체를 막아서도 안 되지만 말이다. 수학을 배우면 심성함양이 된다는 둥, 정신 능력을 연마할 수 있게 된다는 둥 허황된 논리를 전개하는 것도 아무 소용 없다. 차라리 이 질문은 처음부터 답을 얻으려는 목적으로 나온 것이 아니니, 그저 말로리처럼 '학교의 교과 중에 수학 과목이 있으니 배우는 것'이라고 답해도 충분할 것 같다는 이야기를 하고 싶다. 전 세계 모든 나라의 학교에서 수학을 필수과목으로 정하고 있다는 사실을 제시하는 것만으로도 충분히 답이 될 수 있다고 말이다.

그렇지만 "도대체 수학이 무엇이기에 전 세계의 학교가 필수과목으로 정했느냐?"라고 재차 묻는다면 거기에 대해서는 다른 답을 제시해야 마땅할 것 같다. 이제까지 해온 이야기들과는 조금 다른 맥락의 이야기로 풀어나가야 할 질문인데, 일단 다음 이야기로 대답을 시작해보려 한다.

먼 옛날 한 무리의 원숭이가 밀림으로 우거진 정글에 살고 있었다. 정글은 원숭이들이 살기에 더없이 좋은 온화한 기후를 갖추고 있었고 즐거운 놀이터는 물론 먹을거리도 풍족한 그야말로 쾌적하기 이를 데 없는 곳이었다. 그러던 어느 날 원숭이 무리 중에 심성이 조금 삐딱한 한 마리의 원숭이가 친구들과 나무 사이를 돌아다니며 놀이에 빠져 있다가 문득 이런 말을 했다.

"이 정글 너머는 어떤 곳일까?"

정글 밖은 사바나 지역으로 그곳은 원숭이들이 살기에 정글보다 훨씬 척박한 곳이었다. 정글 속에서 지내던 원숭이들은 모두가 그곳의 자연조건에 충분히 만족했기에, 사바나 지역은 물론 정글 밖의 세계로 나가본 적도 없고 그런 세계가 있다는 생각조차 떠올린 적이 없었다. 그래서 삐딱한 원숭이의 그런 질문은 당연히 다른 원숭이들로부터 무시를 당했고, 어느 날 아침 그 질문을 한 원숭이가 몇몇 친구 원숭이들과 함께 사라졌을 때도, 그 사실을 알아챈 원숭이는 아무도 없었다. 설사 누군가 알았다 하더라도 이들이 어디로 갔는지 궁금해 하거나 찾아 나서려는 시도는 하지 않았을 것이다.

한편 정글 밖 세계를 찾아 사라진 원숭이들은 사바나 지역뿐만 아니라 그 밖의 여러 곳을 돌아다녔다. 비록 그곳의 환경은 정글보다 열악했지만 그들은 그곳이 어떤 곳인지, 정글과는 왜 다른 자연환경을 보이는지 너무나 알고 싶었기에 생명을 건 대모험을 감행했다.

그리고는 시간이 한참 흘렀다. 몇 만 년이 지났는지 아니 몇 십, 몇 백만 년이 지났는지도 모르겠다. 한때 원숭이들이 살던 그 정글은 이제 그 후손 원숭이들의 터전이 되었다. 그들은 그곳에서 여전히 행복하게 살고 있었다. 반면 정글을 벗어나 사바나 지역으로 떠났던 원숭이들은 그 어딘가에서 인간이 되었다고 한다.

일본의 평론가이자 저널리스트인 다치바나 다카시의 《나는 이런 책을 읽어왔다》에 나오는 이야기를 각색한 것이다. 그는 자신의 책에서 인간의 가장 기본적인 욕구 세 가지를 식욕, 성욕, 지적 욕구라 제시하였다. 식욕과 성욕은 각각 개체 유지와 종족 유지의 본능에 기초한 것이기에 두 욕구 모두가 생존의 문제를 해결하는 것으로 동물로서의 인간의 정체성을 말해주는 것이라 했고 이에 비해 지적 욕구는 동물이 아닌 오직 인간만이 가지는 욕구라 설명했다. 무엇인가를 알고 싶어 하는 인간의 지적 호기심을 이처럼 재미있게 설명한 글은 또 본 적이 없는 것 같다.

그리고 굳이 이 글을 여기까지 빌려 온 이유는 궁색하지만 "정말 수학은 왜 배우는가?"라는 질문에 대한 답을 "수학 학습은 결국 지적 호기심을 충족시키고자 하는 인간의 욕구로 인해 시작되었다"라는 말로 끝맺고 싶었기 때문이다. 인간은 호기심 때문에 관찰을 하고, 그 과정 속에서 발견이라는 결과물을 얻는다. 그러니 수학을 일궈낸 모든 발견된 패턴들도 사실 모두 인간의 지적 호기심이 근원이 되어 생겨난 것들이다. 한마디로 수학은, 아니 사실 수학을 비롯한 모든 학문은 우리 인류가 가진 지적 호기심의 산물인 셈이다.

수학은 왜 어려운가?

그럼에도 사람들은 여전히 수학을 싫어한다. 어쨌든 수학이 어려운 것은 사실이기 때문이다. 볼 때마다 골머리를 앓게 하는 수학에서 어떻게든 벗어나고 싶은데, 이제까지의 설명은 수학을 오히려 우리 삶 쪽으로 끌어들이고 있으니 반가울 리 없었을 터, 이제부터는 수학이 왜 그렇게 어려운지를 살펴보자. 다른 과목보다 수학이 특히 더 어려운 이유, 수학 용어와 수학적 사고방식에 쉽게 익숙해질 수 없는 이유를 아래 두 이야기를 통해 알아보자.

수학식

수학이 두려움의 대상, 공포의 대상이라는 사실은 최근 들어 나타난 현상이 아니다. 수학사에서도 종종 그런 장면들을 찾아볼 수가 있고, 한번쯤은 이름을 들어보았음직한 유명한 학자들 중에서도 수학을 두려워한 사람이 있었다. 그 중 한 일화를 보자.

18세기의 어느 날 러시아에서 있었던 일이다. 당시 러시아는 예카테리나 2세의 통치하에 있었다. 독일 출신이었지만 즉위한 지 얼마 되지도 않는 남편을 폐위시키고 스스로 제위에 올라 대제로 불렸던 예카테리나 여왕은 러시아 역사상 가장 야심에 찬 황제 가운데 한 사람으로 평가받는다. 그녀는 계몽주의 사상에 감명하여 교육에 큰 관심을 쏟았고, 러시아의 발전을 위해 유럽의 유명한 학자들을 초청해 러시아에 머물게 했다. 독일의 수학자 오일러도 그중 한 사람으로, 그는 거액의 연봉과 저택을 하사받고 러시아의 수도 상트페테르부르크로 이주했다.

한참 수학 연구에 몰두하고 있던 어느 날, 여왕은 오일러에게 중대한 명령을 내렸다. 프랑스의 유명한 철학자 디드로가 여왕의 초대를 받아 러시아에 왔는데, 그가 유럽 전역을 돌아다니며 무신론을 설파한 것이 여왕의 심기를 불편하게 한 것이다. 여왕은 오일러를 불러 디드로의 그런 행각을 어떻게든 중지시키고 그가 절대 반박하지 못하도록 하라는 명령을 내렸다.

오일러는 신이 존재함을 수학적으로 증명해 보이겠다고 했고, 느닷없이 디드로에게 다가가 다음과 같이 말했다.

"선생님, $\frac{a+b^n}{n}=x$입니다. 그러므로 신은 존재합니다. 그렇지 않습니까? 자, 말씀해보십시오."

이전까지 신의 부재에 대해 웅변조로 강렬하게 자신의 주장을 펼쳤던 이 불쌍한 프랑스 학자는 그만 어리둥절하여 어안이 벙벙해졌다. 오일러가 제시한 수학식의 의미를 해석할 수 없었기 때문이다. 사실 오일러가 제시한 식은 순 엉터리였는데도 말이다.

대개의 사람들은 이 에피소드를 듣고 오일러의 엉뚱함과 괴짜스러움에 웃음을 터뜨린다. 그 엄중한 상황을 말도 안 되게 틀어버린 그의 천재성에 시선을 두는 것이다. 그런데 여기서 우리는 오일러가 아닌 디드로에게 시선을 둘 것이다. 도통 알 수 없는 질문에 멍청한 표정과 묵묵부답으로 밖에는 대응할 수 없었던 그의 상황에 말이다. 그는 그때 어떤 마음이 들었을까? 생전 본 적도 없는 식을 아주 당연하다는 듯 얘기하고, 그것의 참 혹은 거짓을 증명해보라니, 그 말들이 어떤 말로 들렸을까? 추측컨대 그의 그런 상황과 반응, 당황스러워 하는 마음은 바로 오늘날 수학을 어려워하고 수학에 대해 피해의식을 갖고 있는 사람들의 심정을 대변하는 것이라 생각된다. 그가 마주한 알 수 없는 질문, 즉 **수학식**이 바로 뿌리 깊은 수학 불안증과 수학 공포증을 일으키는 원인이었던 것이다.

수학에만 들어있는 상징기호 그리고 이 상징기호들로 이루어진 수학식은 겉으로만 보아도 수학이 다른 학문과 확연하게 다름을 보여주는 수학만의 특징이다. 수학자들에게는 아주 간단하고 편리한 의사소통 수단인 수학식이 일반인들에게는 수학에 접근할 수 없게 하는, 이해하려는 시도조차도 가로막는 걸림돌로 작용한다. 가령 다음과 같은 수학식을 살펴보자.

$$\int_{\mu-2\sigma}^{\mu+2\sigma} \frac{1}{\sigma\sqrt{2\pi}} e^{-\frac{(x-\mu)^2}{2\sigma^2}} dx$$

무지무지하게 복잡하게 보이는 수식, 아마 누군가에게는 그냥 난해한 그림이나 해독하기 어려운 암호로 보일 것이다. 하지만 수학, 특히 통계학을 배워 이해할 수 있는 사람은 이 식을 보고 아래와 같은 그래프를 떠올릴 것이다.

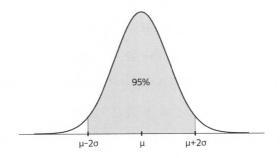

95%의 확률을 보여주는 정규분포 그래프

따라서 정규분포라는 수학의 개념을 알고, 이해할 수 있는 사람에게는 위의 수학식이 너무나 간편한 도구다. 그리고 우리나라 내에서는 물론 영어권, 중국어권에서도 똑같은 식이 사용되기 때문에 위의 식을 이야기할 때는 어떤 통역도 번역도 필요가 없다.

수많은 자연현상을 단 하나의 식으로 나타낼 수 있다는 경이로움에 누군가는 때로 수학식으로부터 아름다움을 느끼기까지 한다. 여러 다양한 현상들을 단순한 하나의 식으로 표현할 수 있다는 점, 역으로 하나의 수학식이 무한한 현상을 내포할 수 있다는 점, 그것이 바로 수학식이 가진 매력, 수학만이 가지고 있는 특징이다.

그런데 수학을 모르는 사람들, 수학식이 내포하고 있는 것을 간파할 수 없는 사람들에게는 그 어떤 수학식도 의미가 없다. 그들에게 수학식은 의사소통 수단은커녕 머리를 지끈지끈하게 하는 난해한 암호 또는 이상한 그림일 뿐이다. 그들은 그 그림 앞에서 하나같이 디드로와 같은 반응을 보인다. 즉 이제껏 우리를 두려움에 떨게 한, 수학을 무섭고 공포스러운 것으로 만든 요인 중 하나는 바로 수학식이었던 것이다.

수학의 추상성

수학이 어려운 두 번째 이유는 수학의 '추상성'이라는 말로 설명할 수 있다. '추상抽象'은 뽑아낸다는 뜻의 '抽'와 모양을 뜻하는 '象'이라는 한자어로 구성되어 있다. 글자 그대로 해석하면 어떤 모양을 뽑아낸다는 말이다. 최초의 수학적 개념이라 할 수 있는 수 개념이 어떻게 생겨났는지를 보면 이 '추상'의 의미를 좀 더 구체적으로 이해할 수 있을 것이다.

그 옛날 인류는 주변의 사물들을 보며 어떤 공통적인 모습을 발견했다. 당나귀 세 마리, 사과 세 개, 손가락 세 개……. 서로 다른 대상에서 셋이라는 공통적인 모습을 보았고, 그 모습에서 3이라는 수 개념이 형성되었다. 이는 사람이 달에 첫발을 내디딘 순간과도 비교할 수 없을 만큼 놀라운 발견이었다. 수량에 대한 인식과 더불어 숫자라는 상징적 체계가 나타났고, 그로써 수학의 추상성이 시작되었으니 말이다.

추상화된다는 것은 어떤 개념이 구체적인 대상을 벗어난다는 것을 뜻한다. 당나귀 세 마리, 사과 세 개, 손가락 세 개는 눈에 보이는 구체적인 대상이지만 거기서 나온 3이라는 수는 더 이상 그 대상에 속해있지 않다. 당나귀 없이도, 사과나 손가락 같은 구체적인 대상 없이도 3이라는 수 개념은 존재한다. 추상화 되는 순간 개념과 대상이 분리되는 것이다.

우리가 알고 있는 직선도 추상적인 개념이다. 목수가 판자 위에 그은 선이나 아이가 종이 위에 그린 선은 눈으로 볼 수 있고 손으로도 만질 수 있는 감각적인 대상이지만 수학적 개념으로서의 직선은 그렇지 않다. 만질 수도 없고 실제로 볼 수도 없다. 하지만 존재한다. 한눈에 들어오지 않는 두 점 사이를 가장 가깝게 연결하는 개념으로 존재하기도 하고, 실제로는 체험할 수 없는 무한이라는 개념으로도 존재한다. 수학에서의 직선은 양쪽 방향으로 무한히 연장될 수 있는, 길이를 가늠할 수 없는 선이다. 우리가 알고 있는 다른 기하학적 개념들도 모두 추상적인 개념이다. 평면, 다각형, 원, 구, 다면체 모두가 이미 추상화된 개념이기 때문에 구체적인 대상이 없이도 표현될 수 있고 정의될 수 있다.

반면 어떤 대상이 추상적 개념으로 자리 잡게 되면. 그런 모양을 한 구체적인 물체는 단지 개념을 보여주기 위한 특정한 사례에 불과하다. 예를 들어 점이라는 추상적 개념을 우리의 감각으로 인식하기 위해 칠판이나 종이 위에 점 하나를 그리면, 그리는 순간 눈에 보이는 그 점은 더 이상 개념이 아닌 대상이 된다. 추상적인 것이 아니라 구체적인 것이 되는 것이다.

이렇게 수학이라는 학문을 추상적 개념들의 총체적 집합으로 구성한 것은 고대 그리스인들의 업적이다. 그런데 그들은 왜 수학에서 물리적 실체는 제거하고 추상적 개념이라는 껍데기만을 남겨놓았을까? 눈에 보이는 구체적인 것들을 추상화시키면 어떤 좋은 점들이 생겨나는 걸까?

어떤 개념이 추상화되면 그 개념과 그 개념으로부터 증명되는 법칙들이 쉽게 일반화될 수 있다. 그것이 추상화가 가지는 분명한 한 가지 장점이다. 예컨대 삼각형이라는 개념이 추상화되면, 삼각형이라는 개념도 일반화되고, 삼각형으로부터 증명되는 법칙들도 일반화된다. 즉 삼각형의 내각의 합이 $180°$라는 사실은 모든 삼각형에 적용된다. 이는 삼각형이라는 개념이 추상화되었기 때문에 가능한 것이다.

예로부터 고대 그리스인들은, 물리적 대상은 불완전하고 언젠가 사라지는 것이지만 추상적 개념은 영원하고 이상적이며 완벽하다고 생각했다. 물질세계를 이데아라는 이상적인 세계를 비추는 역할 외에는 아무런 의미없는 곳으로 보는 것이 당시 고대 그리스인들이 가지고 있던 세계관이었다. 영원불멸의 추상적 개념은 그렇게 선택된 것이다.

그런데 수학에서의 추상적 개념은 다른 분야의 추상적 개념과는 다르게 일반 사람들이 접근하기가 쉽지가 않다. 예를 들어 심리학에서 다루는 '행동'이라는 개념이나 사회학에서 다루는 '사회'라는 개념도 추상적 개념인 것은 마찬가지지만, 이 개념들은 수학적 개념들만큼 어렵고 생소하지 않다. 일상생활에서 나타나는 구체적인 사건을 통해, 목격하고 경험하여 알 수 있게 되는 개념이기 때문이다. 그 지점에서 수학적 개념과는 구별이 된다. 수학적 개념은 일상생활의 구체적인 경험과는 상당히 동떨어져 있다.

수학자 케이스 데블린은《수학의 언어》를 통해 수학의 추상성을 다음과 같이 설명했다.

> 수학은 전적으로 인간이 창조한 산물이며 따라서 궁극적으로는 인간성 자체의 연구이다. 하지만 수학의 기반을 이루는 것 중 물리적 세계에 존재하는 것은 아무것도 없다. 수, 점, 직선과 평면, 기하학적 도형, 함수 등은 오직 인류의 집단적 정신 속에만 존재하는 순수한 추상적 대상이다.

수학의 추상성 자체가 인간 지성의 결과이니, 수학을 공부한다는 것은 결국 인간성 자체에 대한 탐구라는 주장이다. 하지만 탐구를 위해 우리가 접하는 것은 주위에 존재하는 구체적인 대상이 아니라 우리의 정신 속에만 있는, 어쩌면 플라톤이 언급한 이데아의 세계에서나 있을 수 있는 추상적 대상이니 수학의 추상성은 당연히 어려운 개념이 될 수밖에 없다.

구체적인 대상을 떠올리지 못한 채 추상성부터 접하는 것이 얼마나 어려운지를 직접 경험해보자는 취지에서 다음 실험을 제시한다. 다음 내용을 범위로 10분 후에 시험을 본다고 생각하고, 제시된 문장을 잘 읽어보자.

일을 처리하는 절차는 실제로 매우 간단합니다. 가장 먼저 물건들을 집단으로 분류합니다. 모두 한꺼번에 일을 처리할 수도 있습니다. 하지만 너무 많은 물건을 한꺼번에 처리하면 문제가 있을 수 있습니다. 즉, 적은 양을 여러 번에 걸쳐 처리하는 것이 많은 양을 한 번에 처리하는 것보다 낫다고 할 수 있습니다. 물건을 처리하는 과정에서 일어나는 실수는 큰 대가를 지불하게 할 수 있으니까요. 처음에는 이 일을 수행할 때 대상 물건을 처리하는 절차가 매우 복잡해 보입니다. 하지만 몇 개의 조작을 통하면 간단하게 일을 끝낼 수 있습니다. 일이 끝나고 나면 다시 물건들을 분류하여, 적절한 장소에 위치시켜야 합니다. 결국 이 물건들은 다시 사용될 것이고 그러니 이 전체 절차들은 반복하여 수행되어야 할 것입니다.◆

자, 곧 시험을 본다고 했으니 공부를 시작해야 하는데 어떻게 하면 좋을까? 이해하기 어려우니 통째로 암기하는 것이 가장 좋은 방법일까? 아마 암기하는 것도 그리 쉽지 않을 것이다. 위 문장들은 매우 추상적으로 기술되어 있기 때문이다. 추상적인 문장이나 기호는 난공불락의 철벽 요새와 같아 정복하기가 쉽지 않다.

그런데 글의 가장 윗부분에 '세탁기 사용법'이라는 제목이 달려있으면 어떨까? 위의 추상적인 문장들이 사실 세탁기 사용이라는 구체적인 행위를 설명하는 것이라는 사실을 알고 글을 다시 읽어보자.

◆ 1972년 브랜스포드와 존슨이 상황학습이론 연구에 관한 논문 〈이해를 위한 맥락적 전제조건〉을 발표하며 사용한 소재

세탁기 사용법

일을 처리하는 절차는 실제로 매우 간단합니다. 가장 먼저 물건들을 집단으로 분류합니다.

세탁물 정리

모두 한꺼번에 일을 처리할 수도 있습니다. 하지만 너무 많은 물건을 한꺼번에 처리하면 문제가 있을 수 있습니다. 즉, 적은 양을 여러 번에 걸쳐 처리하는 것이 많은 양을 한 번에 처리하는 것보다 낫다고 할 수 있습니다. 물건을 처리하는 과정에서 일어나는 실수는 큰 대가를 지불하게 할 수 있으니까요.

세탁물 주입

처음에는 이 일을 수행할 때 대상 물건을 처리하는 절차가 매우 복잡해 보입니다. 하지만 몇 개의 조작을 통하면 간단하게 일을 끝낼 수 있습니다.

세탁기 조작 방법 익히기

일이 끝나고 나면 다시 물건들을 분류하여, 적절한 장소에 위치시켜야 합니다. 결국 이 물건들은 다시 사용될 것이고 그러니 이 전체 절차들은 반복하여 수행되어야 할 것입니다.

세탁 후 정리

이제 이 문장들은 위와 같은 식으로 인식될 것이다. 세탁기라는 단 세 글자가 당신의 머릿속에 들어가는 순간, 문장의 난이도는 완전히 달라진다. 당신은 이 글을 어렵지 않게 이해할 수 있고 아주 빠르게 당신의 지식으로 습득하게 될 것이다.

추상성을 이해하기 위해서는 그 추상성을 어떤 구체물 혹은 이미 알고 있는 지식과 연계시켜야 하며, 그렇지 않으면 이해하는 데 어려움을 겪을 수밖에 없다는 사실을 체험해보도록 하는 실험이었다.

피실험자를 두 그룹으로 나누어 실험을 해보면 그 결과는 더 확연히 나타난다. 세탁기 사용법이라는 제목이 없이 제시된 글줄만을 읽은 그룹은 쉽게 이해할 수 없는 추상적인 문장들 때문에 난감하고 곤혹스러운 표정을 짓지만, 해당 글이 세탁기 사용법이라는 사실을 알고 글을 읽은 그룹은 고개를 끄덕이며 문장들을 이해하고 미소를 짓기까지 한다. 추상성을 이해하는 데 구체적인 사물을 떠올리는 것이 얼마나 중요한 역할을 하는지 실감할 수 있지 않은가.

학교에서 아이들이 수학을 공부할 때 겪는 어려움은 이 실험에서 글줄로만 읽은 그룹의 구성원들이 겪는 어려움과 다르지 않다. 교과서를 꽉 채운 전후맥락 없는 추상적 개념들을 자신들의 이전 학습 경험이나 알고 있는 지식과 연계시키지 못한 채, 단지 읽어 내려가기만을 강요당하고 시험이라는 무시무시한 관문 앞에서 끙끙거리며 이해하려고 하는 것이 수학을 어렵게 만든 가장 큰 원인이다. 맥락이 생략된 채 제시되는 추상적인 의미의 수학식은 마치 외계인의 암호와도 같아 그 누구도 이해하기가 쉽지 않다.

지금까지 "수학은 무엇인가요?"와 "수학은 왜 배우나요?" 그리고 "수학은 왜 어려운가요?"라는 세 가지 질문에 대해 살펴보았다. 그런데 이들보다 가장 더 많이 접하는 것은 "어떻게 하면 수학을 잘할 수 있나요?"라는 질문이다. 이 질문에 대한 답은 수학을 가르치고 배우는 모습, 그 속에서 나타나는 문제점들, 그런 문제점들을 낳은 원인을 모두 살펴본 다음에야 제대로 할 수 있을 것 같으니, 일단 실제 우리의 모습부터 살펴보자. 우리 아이들은 지금 어떤 교육을 받고 있을까? 그리고 어떤 방식으로 공부하고 있을까?

2

수학 교육에
대하여

우리나라의
수학 수업 풍경

　소설《수레바퀴 아래서》를 쓴 작가 헤르만 헤세는 지금으로부터 100여 년 전인 19세기 말에 청소년기를 보냈다. 그는 열네 살에 국가 시험에 합격했고 수재들만 모인다는 말브론 신학교에 입학했지만 학교와 기숙사에서의 삶은 불행이라는 표현이 부족할 정도였다. 이듬해인 1892년, 그는 엄격한 학교생활을 견디지 못하고 자살을 기도해 정신병원에 입원했고 결국 퇴학을 당하는 지경에까지 이르렀다. 소설《수레바퀴 아래서》는 그의 그런 청소년 시절의 모습을 담은 자전적 소설로, 다음 구절에서 그 시절 그의 힘들었던 일상을 엿볼 수 있다.

　도대체 무엇 때문에 한스는 가장 감수성이 예민하고 위험한 소년시절, 날마다 밤늦게까지 공부를 해야만 했던 것일까? (…) 무엇 때문에 낚시를 하거나 즐겁게 뛰어놀지 못했던 것일까? 무엇 때문에 시험이 끝났음에도 마땅히 취해야 할 휴식조차 허락받지 못했던 것일까? 너무나 부려먹어서 지칠 대로 지쳐버린 어린 망아지는 길가에 쓰러져 더 이상 아무짝에도 쓸모없는 존재가 되어버렸다.

소설 속에 등장하는 주인공 한스는 작가가 불행했던 자신의 청소년 시절을 떠올리며 그린 것이라 알려져 있다. 한스는 낚시와 자연을 사랑하고 탁월한 시적 감수성과 재능을 지닌 순수한 소년이었다. 그런데 그런 그의 뛰어난 재능을 가로 막은 것이 하나 있었으니, 그것은 아이러니하게도 학교에서의 높은 시험 성적이었다. 성공에 눈 먼 어른들의 희망과 욕심 때문에, 높은 성적이 그로 하여금 자신의 진짜 삶을 포기할 수밖에 없게 한 화근이 되어버렸던 것이다. 한스는 오로지 시험을 위한 주입식 교육만을 강요당하다가 마침내 정신적 균형을 잃어버리고 자살인지 사고사인지 분명하지 않은 죽음을 맞이했다. 짐작건대 헤세가 한스를 떠나보낸 것은 힘들었던 자신의 청소년 시절을 그렇게라도 떨쳐내기 위함이 아니었을까.

그렇다면 이제 눈길을 우리 교육으로 돌려보자. 당시의 암울한 교육 현실이 100여 년이 지난 지금도 여전히 이 땅에 짙게 드리워져 있는 상황에 마음이 무거워지지 않을 수 없다. 어쩌면 한 세기 전 독일의 교육보다 지금 우리의 교육이 훨씬 더 심각한 것은 아닐까. 괴물이 되어버린 교육이 이 땅의 수많은 한스들을 집어 삼키고 있는 것은 아닐지 의심스럽다. 우리 아이들은 도대체 왜 이렇게 힘든 청소년 시절을 보내야 하는 것일까?

이제부터의 이야기는 바로 이 의문에서 시작된다. 비록 미흡할지 몰라도 부단히, 좌충우돌처럼 보일지 몰라도 끝까지 이 문제를 풀어내 볼 것이다. 한 세기 전 헤세가 독일 교육에 던진 앞의 질문이 100년이나 지났지만 지금의 교육에도 꼭 필요한 질문이라 생각되기 때문이다.

'우리는 도대체 무엇 때문에 가장 감수성이 예민하고 위험한 소년시절, 날마다 밤늦게까지 수학 문제를 풀어야만 했던 것일까? 그토록 많은 시간을 쏟았던 수학 문제 풀이들이 도대체 지금 나의 삶에 어떤 의미가 있는가? 내가 하고 싶어 했던 낚시도, 음악도, 운동장에서의 공놀이도 할 수 없게 만들었던 그 수학 공부가 현재의 내삶에 어떤 의미가 있다는 말인가? 그리고 이제 내 아이에게까지 이와 똑같은 삶의 궤적을 그리라는 강요를 정말 해야만 하는 것일까?'

의미 없는 공부를 처절할 정도로 강요당했던 한스에 대한 이런 표현은 어린 시절 헤세 자신의 모습이자 과거 몇 년 간을 수학 공부에 시달린 우리들, 그리고 어쩌면 계속해서 이를 대물림하게 될 우리 아이들의 모습에 한결같이 적용되는 표현이다.

우리는 그동안 얼마나 많은 수학 문제를 풀어야만 했던가? 숫자와 기호만이 빼곡한 학습지부터 《수학의 정석》까지, 이제 와서 돌아보면 그 안에 들어있는 문제 수가 몇 개인지 헤아려보라는 것만으로도 끔찍하다. 푸는 방법과 풀이 과정은 잊었어도 풀이하느라 보낸시간과 그 과정의 고통은 아직까지 악몽처럼 떠오른다는 이도 있다. 곱셈 구구를 외운 때부터 도대체 얼마나 많은 시간을 수학에 '투자'

하고 좌절해야 했던가? 사실 정확하게 말하자면 문제를 풀기보다는 해답집을 보고 여러 차례 베꼈을 테지만, 어찌됐든 그런 시간을 거치고 고등학교를 졸업했기에 이후에는 수학 문제만 보아도 넌더리를 내는 것이다. 우리 모두가 "지칠 대로 지쳐 길가에 쓰러진 어린 망아지"와 결코 다르지 않다는 말이다.

헤세는 소설 속에서 당시 독일의 교육에 대해 이렇게 기술했다.

> 학교와 아버지, 몇몇 교사의 잔인한 명예심이 상처받기 쉬운 소년의 순수한 영혼을 아무 거리낌 없이 짓밟아버림으로써, 이 나약하고 아름다운 소년을 이렇게 만들었다는 사실을 아무도 깨닫지 못했다.

지금 우리는 어떤가? 당시의 독일과 별반 다르지 않은 상황 속에서, 우리도 우리 아이들을 '어쩔 수 없이' 한스로 만들고 있는 것 아닌가? 아이가 자신이 진정 하고 싶은 것이 무엇인지도 모른 채, 그저 학교에서 하라는 대로 부모가 하라는 대로 그냥 무작정 따라가도록, 그런 악몽을 꾸게 강요하고 있는 것은 아닐까?

다행스럽게도 이 책을 집필하는 과정에서 나는 최근에 우리 사회가 이런 물음에서 비롯되는 논의들을 시작하게 되었음을 목격할 수 있었다. 무엇 때문인지는 몰라도 갑자기 '수포자'라는 용어가 부각되며, '수학 공부를 포기한 자'들에 대한 한없는 애정을 나타내는 사람들이 많이 늘었다. 이와 같은 문제의식이 공론화되기 시작했다는 것이 그나마 다행스럽다.

2부 수학 교육에 대하여

하지만 문제의식은 가졌어도 어떻게 해야 할지들은 아직 잘 모르는 것 같다. 누군가는 그저 공부에 흥미를 잃어버리지 않게 하는 것이 가장 중요하다고 말한다. 그런데 그렇다면 지금까지는 일부러 재미없게 가르쳤다는 말인가? 또 누군가는 모든 문제의 주범이 수능에 있다고 한다. 하지만 이전에 있었던 시험제도들도 애꿎게 그런 비난을 받아왔고, 그 시험들의 폐단을 일거에 제거할 수 있는 획기적인 제도라고 도입했던 것이 수능 아니었던가? 도대체 이번에는 또 어떤 제도를 만들어야 한다는 것인가? 교과서 내용이 경감輕減되어야 한다고 외치는 이도 있다. 그런데 이번에 개편된 새로운 교육 과정에서 이미 30%를 경감했다. 그전의 교육 과정 개편 때도 30%를 경감했고, 그 이전에도 그러했다고 하는데, 아직도 더 경감해야 할 것이 남아있을까? 아예 수학 과목을 제외하자는 대단히 혁신적인 주장으로까지 들려, 정말 수학을 아예 가르치지 않는 것이 가장 좋은 방안이 아닐까 하는 생각까지 든다.

중요한 것은 눈에 보이는 문제점들이 아니다. 똑같은 문제가 이렇게까지 해결되지 않고 계속되며 더욱더 심화되기까지 하는 것은 사람들의 머리가 나빠서도, 관심이 부족해서도 아니다. 근대 교육이 시작된 이후로 100년이라는 시간동안 계속해서 반복되어온 문제라면, 분명히 보이는 것 이면에 보이지 않는 문제가 꼭꼭 숨어서 존재할 것이다. 그 보이지 않는 문제, 이면의 본질을 제대로 파악하지 않은 채 드러나는 현상만을 보며 내놓는 대책들은 당연히 늘 똑같기 마련이다.

'수학교육선진화'라는 대책을 외치고 수학 교육의 문제점을 소리

높여 지적하는 사람들이 말하는 '수학'은 과연 어떤 수학을 말하는 것일까? 그들이 말하는 '교육'은 진짜 교육이 맞을까? 그들은 과연 수학의 본질, 교육의 본질을 정확하게 파악이나 하고 있는 걸까?

2부에서는 이런 내용들을 다룰 것이다. 수학을 가르치고 배우는 우리들의 모습을 되돌아보며, 우리가 생각하는 교육이라는 것이 어떤 행위인지 살펴볼 것이다. 제대로 돌아볼 수 있다면 그동안 우리가 의식하지 못하고 있었던 교육에 대한 암묵적인 관점들도 모두 드러날 것이다. 사실 이런 논의는 비단 수학만을 대상으로 이루어져야 하는 것은 아니지만 이 책에서는 특별히 그 논의를 수학을 중심으로 전개해볼 예정이다. 그리고 그 과정을 거친 후에는 자연스럽게 우리 자신이 아이들, 즉 학습자라는 존재를 어떻게 바라보고 있는지 드러내 보일 것이다. 쉽지 않은 과정이겠지만 이 작업을 통해 수레바퀴 아래서 신음하고 있을 한국의 한스를 적어도 한 명이라도 구제할 수 있다면, 그 의미가 충분히 있지 않은가.

국적 불문! 모든 나라에서 통하는 수학

음악이 그러하듯 수학은 세계 모든 나라 사람들이 공유하는 만국공용어다. 아라비아 숫자만큼 널리 쓰이는 '언어'가 또 있을까? 이민이나 유학을 계기로 갑자기 어느 날 외국 학교로 전학을 가게 된 아이들도 수학 시간만큼은 그 수업을 따라갈 수 있다고 한다. 우리나라에서 무수히 '반복 훈련'한 덕택이기도 하겠지만, 숫자와 연산 법칙은 언어 없이도, 언어와 상관없이 동일하게 사용되니 그럴 수 있는 것이다. 평행과 수직을 비롯한 갖가지 기하학적 개념 또한 만국 공용어다. 두바이라는 사막 도시에 그렇게 많은 기상천외한 건물들이 순식간에 지어질 수 있었던 이유는 국적에 상관없이 그곳에 모인 모든 사람들이 같은 수학적 개념을 공유할 수 있었기 때문이다. 그들 모두에게 통하는 수학이라는 통로가 없었다면 아마 지금의 두바이의 모습은 볼 수 없었을 것이다.

수학자에게는 국적이 큰 의미가 없다. 20세기의 어느 위대한 수학자의 삶을 들여다보면 아마 이 말에 좀 더 쉽게 수긍할 수 있을 것이다. 다음은 그 수학자의 일생을 그린 《화성에서 온 수학자》라는 책의 한 대목이다.

작고 가냘픈 몸매의 한 수학자가 구겨진 낡은 바바리코트를 걸치고 이 세상에서 자신이 소유한 모든 것을 집어넣은 작은 가방 두 개를 꼭 움켜쥔 채 비행기에서 내리며 모습을 드러낸다. 공항에 환영 나온 그 나라의 수학자들에게 그가 처음 던지는 말은 다음과 같다.

"내 머리는 열려 있다오."

1950년대부터 20세기 말까지 모스크바, 베이징, 홍콩, 시드니, 바르샤바, 뉴욕 등의 국제공항 입국장에서 간간히 목격되었던 장면이다. 폴 에르디시라는 헝가리 출신의 이 수학자는 세계 여러 나라의 상징적 그림이 그려진 스티커를 덕지덕지 붙인 여행 가방을 들고, 비행기나 기차에 몸을 실어 전 세계를 누비고 다녔다. 바람처럼 나타났다 사라지곤 했던 그의 삶은 그 자체로 수학자에게는 국적을 따지는 일이 별로 의미가 없음을 보여주는 전형적인 사례라고 볼 수 있다. 보통 수학자들의 죽음은 대체로 수학계라는 좁은 사회 밖으로는 알려지지 않는데, 그가 세상을 떠났던 1996년 9월의 어느 날에는 〈뉴욕타임스〉 1면에 "수학의 최전선에 서 있던 방랑자 에르디시, 83세를 일기로 사망하다"라는 제목의 기사가 크게 게재되기도 했다.

영국 옥스퍼드대학교에서 강의하는 한국인 수학자 김민형 역시 《수학자들》이라는 책을 통해 "수학자들의 국적은 그냥 수학이라 하여도 좋다"라고 했다. 대학교수의 채용, 대학원생의 입학 전형, 연구 지원의 심사 과정 등 학계에서 일어나는 거의 모든 과정에서 수학 실력 이외의 조건, 특히 국적은 무시되는 것이 상례라고까지 주장하며 수학이 '글로벌한 학문'임을 강조했다. 30년 전 필자가 미국의 한 대학원에서 공부했던 경험을 떠올려보아도 그의 말은 틀리지 않다. 당시 내가 다녔던 학교는 한국의 강원도 산골과 같이 작은 시골 마을에 위치해 있었음에도 불구하고 교실 내에는 미국인보다 외국인이 훨씬 더 많았다. 확실히 수학은 다른 분야의 학문보다는 국제적인 것이다.

김민형은 책의 뒷부분에 가서는 역사적인 이야기들을 빌려 자신의 주장을 뒷받침했다. 종교가 사회적으로 큰 비중을 차지했던 중세 유럽에서는 종교계의 상징적 수장인 캔터베리 대주교를 임명하는 일이 '글로벌한 일'이었는데, 그때 역시 객관적인 실력 이외의 자격 요건은 따지지 않겠다는 의미로 국적을 불문에 부쳤다는 것이다. 하지만 위의 주장에 타당성을 부여하기 위해서는 중세에서 좀 더 시간을 거슬러 올라가 고대에서 그 흔적을 찾는 것이 더 나을 것 같다.

고대 그리스의 도시 알렉산드리아는 기원전 300년경부터 기원후 700년경까지 그 어느 곳보다 번성해 당시 세계에서 전무후무한 학문의 중심지로 자리 잡았다. 도시의 정복자인 알렉산드로스 대왕이 죽자 그의 부하였던 프톨레마이오스 1세가 왕이 되었고, 그는 도시를 통치하며 다른 정복자들과는 전혀 다른 욕심을 가졌다. 그것은 자료에 대한 지나치다 싶을 정도의 광적인 애정이었는데, 그가 왕으로 재위하며 세운 알렉산드리아 도서관을 보면 그 집착의 정도를 엿볼 수 있다. 그는 도서관의 장서를 마련하기 위해 학자들이 소장한 책을 빼앗고 자기가 통치하는 모든 도시가 보유한 책들을 강제로 가져와 필경사들에게 정성들여 사본을 만들게 한 뒤 원본은 도서관에 비치하고 사본만 돌려주었다. 뿐만 아니라 이집트를 방문한 여행자들이 소지했던 책들도 강제로 빼앗아 사본을 만들어주고 원본은 도서관에 보관했으니, 틀림없이 정상이라 하기는 힘들겠지만 적어도 인류 지성사의 관점에서는 비난하기보다는 오히려 존경을 표하는 것이 마땅할 것 같다.

프톨레마이오스는 자료뿐만 아니라 사람도 귀하게 여겨 당대의 유명한 학자들을 알렉산드리아로 초대하고 연구비를 지원했다. 이탈리아, 터키, 시리아, 리비아, 모로코, 이란, 이라크 등 세계 여러 지역에서 수학자들이 학문에 대한 열정을 가지고 모여들었고 그러면서 수학의 새로운 역사가 만들어졌다. 유클리드의 기하학도 이런 학문적 분위기에서 탄생할 수 있었고, 아르키메데스가 '유레카'를 외쳤던 유명한 사건도 단순히 한 천재의 우연한 발상에서 빚어졌던 것이 아니라 여러 수학자들의 국제적 협력이 있었기에 나올 수 있었던 것이다. 그러니 당시의 알렉산드리아 도서관은 도서관이라기보다는 사실상 오늘날의 국제적인 연구소에 더 가까운 것이었고 수학계에서는 그 전통이 오늘날까지 이어지고 있다.

김민형은 자신의 책에서 독일 바이에른 지방의 숲 속에 있는 오버볼파흐라는 마을의 수학 연구소를 오늘날 알렉산드리아 도서관 같은 연구소의 전형적인 사례로 소개했다. 인구가 3,000명도 채 되지 않는 작은 마을에 위치한 이 연구소는 1년 내내 학회 장소로만 사용되는데, 세계 여러 나라의 수학자들이 모여 하나의 주제를 놓고 대체로 1주일 정도를 토의하고 강연하며 먹고 잘 수 있도록 만들어진 곳이다. 물론 저녁때는 독일 맥주도 마시고, 밤의 숲 향기 속에서 수학 이야기를 끝없이 나눌 수도 있는데, 상주하는 교수는 단 한 명도 없다고 한다. 마을 토박이인 은퇴한 할머니들과 할아버지 몇 분들만이 이곳에 상주하며 이 특이한 연구소를 지킨다. 정말 그 자체로 수학의 국제화를 상징하는 명소가 아닌가.

수학은 만국공용어이며 국적 없이 통용되는 특별한 학문이다. 미국 학자가 생각하는 수학의 본질과 한국 학자가 생각하는 수학의 본질이 전혀 다르지 않으며 따라서 미국에서 배우든 한국에서 배우든 수학 시간에 전달되는 수학의 본질은 같아야 한다. 그런데 실상은 어떨까? 이어지는 이야기를 통해 확인해보자.

각양각색! 나라마다 다른 수학 수업

이처럼 수학이라는 학문에 국적은 무의미하다. 그러면 수학 수업은 어떨까? 수학을 가르치고 배우는 모습도 전 세계적으로 비슷할까? 1년 내내 국제적인 수학학회가 열리는 오버볼파흐 마을 내에 위치한 학교의 수학 수업은 우리나라 강남 대치동에 있는 학교의 수학 시간과 어떻게 다를까? 히말라야 산 기슭 네팔 포카라에 있는 학교의 수학 수업은 또 어떨까? 뉴욕 맨해튼의 할렘에 위치한 학교와 영국의 명문학교인 이튼스쿨은 같은 영어권 학교니 비슷한 내용을 비슷한 방법으로 가르치고 배운다고 말할 수 있을까? 수학을 '만국 공용어'라고 했던 것처럼 수학 수업도 모든 나라에서 유사한 모습을 보인다고 말할 수 있는 것일까?

겉만 보아서는 그럴 수 있을 것 같다. 세계 어느 곳에서든 수학 시간에 배우는 것들은 거의 비슷하다. 독일의 오버볼파흐에서도, 네팔의 포카라, 뉴욕의 맨해튼, 한국의 서울에서도 수학 시간에는 자연수의 덧셈과 뺄셈, 곱셈 구구, 나눗셈 등을 배운다. 짝수와 홀수, 약수와 배수, 이차방정식, 지수법칙, 피타고라스의 정리 등을 공통적으로 다룬다.

그런데 가르치는 내용이 아니라 방식은 어떨까? 가르치고 배우는 모습도 대동소이할까? 그 부분까지 알기 위해서는 겉만 보아서는 부족하다. 수학 수업이 이루어지는 교실의 모습, 그 속에서 수업 내용이 전달되는 방식을 살펴보기 위해, 실제 수업의 한 장면을 들여다보자. 미국의 수학자 손필드가 쓴 《수학수업, 설명을 만나다》라는 책 속에는 그가 미국 교사들이 수학 수업을 어떻게 진행하는가를 분석하기 위해 실제 수업 사례를 묘사한 부분이 있다. 그 부분을 통해 그들의 수학 수업이 우리의 수학 수업과 얼마나 비슷한지, 어떻게 다른지를 살펴보자. 가르치는 내용은 현재 우리나라의 중학교 아이들이 배우는 수준의 수학이다.

교사 넬슨은 미국 캘리포니아 주의 한 도시에 위치한 공립 고등학교의 수학 교사이다. 방금 전까지 $\frac{x^6}{x^2}$과 같은 식은 x^{6-2}으로 나타낼 수 있다는 내용을 지도했다. 즉, 제시된 식과 같은 지수의 나눗셈에서는 지수만을 고려하여 6-2=4라는 뺄셈에 의해 답을 얻을 수 있다는 것을 가르친 것이다. 이어서 그는 $\frac{x^3 y^7}{x^2 y^6}$이라는 식을 칠판에 제시했다. 다음은 이후에 교사들과 학생들 간에 오고 갔던 대화들이다.

교사: 답이 뭐지?

학생: xy

교사: 좋아. 왜 그렇지? xy가 어떻게 나왔지?

많은 학생들이 한꺼번에 말하여 소란스러워졌다.

교사: 잠깐만, 한 사람씩, 한 사람씩.

교실이 조용해지고 한 학생이 손을 들었다. 교사가 그 학생을 지목했다.

교사: xy를 어떻게 구했지?

학생이 뭐라고 말했지만 소리가 작았고 다른 학생들이 웅성거려서 잘 들리지 않았다.

교사: 쉿

교사가 그 학생에게 다가가 학생의 답을 들었다.

학생: (…) 이렇게 되니 빼서 구했어요.

교사: 좋아요. 뭘 뺐어요?

학생: 음 3에서 2를 뺐어요.

교사: 좋아요

그가 칠판에 제시된 문제에서 분모와 분자의 x를 가리키며 말했다.

교사: 여기 있는 x들을 보고, 3에서 2를 빼서 x의 1제곱을 얻었네.

그리고 칠판에 x를 썼다.

손필드가 자신의 책에서 이 수업을 예로 든 원래의 목적은 초보 교사인 넬슨이 예기치 못한 아이들의 오답을 어떻게 처리해야 할지 몰라 우왕좌왕하는 모습을 분석하는 것이었다. 하지만 우리의 관심사는 그것이 아니다. 우리가 이 사례를 통해 알고자 하는 것은 '수학이 글로벌하듯 수학 수업도 글로벌한가?'라는 문제에 대한 답이다. 우리나라의 수학 교사들은 이와 같은 내용을 어떻게 수업하는지 살펴보자. 넬슨의 수업을 우리나라의 수학 수업과 비교해보기 위해 꽤 오래전 학교 평가단으로 활동할 당시 참관했던 한 교실의 수학 수업 풍경을 떠올려 묘사해보겠다. 서울 강남에 위치한 어느 중학교 수학 수업의 모습이다.

교사: 자, 지수법칙이란 이렇게 분자의 지수에서 분모의 지수를 빼면 되는 거야.

$$\frac{x^m}{x^n} = x^{m-n}$$

교사: 그럼, 예제를 풀어볼까?

$$\frac{x^3y^7}{x^2y^6}$$

교사: 이 문제에 위의 지수법칙을 적용하면 되겠지. 선생님이 풀어보일 것이니, 딴짓하지 말고 잘 보도록!

$$\frac{x^3 y^7}{x^2 y^6} = \frac{x^3}{x^2} \cdot \frac{y^7}{x^6}$$

교사: 자, 이렇게 같은 문자끼리 분류했지? 다음에는 어떻게 하지?
학생: 지수법칙을 적용해요. 3에서 2를 빼고, 7에서 6을 빼고.
교사: 좋았어. 그래서 답은 xy가 되지. 그럼 지금부터 그 밑에 연습 문제가 있으니 조용히 잘 풀어보도록 해. 시작!

두 수업을 비교해보자. 우선 넬슨의 수업은 권위적이지 않다는 것이 확연히 눈에 띈다. 수학적 내용과 공식을 일방적으로 알려주는 우리나라의 수학 수업과 달리 먼저 아이들에게 질문을 던지고, 질문에 대답을 하느라 소란스러워진 아이들을 통제하지 않는다. 오히려 큰 소리로 대답하라 격려하는데, 그런 모습은 학생들로 하여금 그 문제를 자신의 문제로 받아들이면서 수학 학습에 참여할 수 있도록 유도하기 위한 것으로 보인다.

반면 한국의 수학 수업은 일단 대단히 조용하다. 물론 넬슨의 수업과 마찬가지로 우리 교실에서도 교사가 학생들에게 질문을 하기는 한다. 하지만 질문의 의도는 전혀 다르다. 넬슨의 수업에서는 학생들의 반응이 수업 전개에 핵심적 요소로 작동한다. 그러니 질문에 따르는 아이들의 반응을 살펴 그 반응을 토대로 수업 전개˙ 방향을 결정하려 질문을 한 것이다. 반면 우리 교실에서 교사는 아이들의 반응을 기대하고 질문하지는 않은 것 같다. 자신의 설명을 듣고 있는지를 확인하기 위한 형식적인 질문을 던진 것 같다. 학생들이 정답을 말하면 교사는 그것을 받아 계속 수업을 전개하고, 틀린 답을 하면 교사 자신이 알아서 정정해 올바른 풀이 과정을 써 내려간다. 이런 식으로 수업을 하면 개학 후 몇 주 안에 학생들은 이를 간파해 더 이상 답을 하지 않게 되고, 그때부터는 교사의 수업을 묵묵히 지켜만 본다. 때문에 학기 말이 되면 결국 수학 수업은 그야말로 깊은 정적이 흐르는 정말 조용한 수업이 된다. 이 수업을 자세히 들여다보면 다음과 같은 일정한 패턴을 발견할 수가 있다.

수학적 법칙이나 공식의 설명 ➡ 예제를 통한 교사의 시범 풀이 ➡

학생들의 연습

앞에서 보았던 넬슨의 수업과는 분명히 다른 형태를 보인다. 그 구성이 매우 간결하고 깔끔하다. 한편 넬슨의 수업에서도 일정한 패턴을 발견할 수 있는데, 이를 위와 유사하게 도식화시키면 다음과 같다.

교사의 질문 ➡ 학생의 반응 ➡ 반응에 대한 평가 ➡

교사의 질문 ➡ 학생의 반응 ➡ 반응에 대한 평가 ➡ ...

◆ 손필드는 넬슨의 이런 수업 전개에 문제가 있다고 지적했지만, 수업을 어떻게 전개하느냐의 분석은 이 책의 범위를 벗어나기에 이는 더 이상 언급하지 않을 것이다.

교사 넬슨은 수업에서 일방적인 설명이나 시범 풀이를 보여주기보다는 질문을 던지고 그에 대한 학생들의 반응을 살핀다. 그 반응들에 대한 평가를 하며 수학적 법칙이나 공식 설명을 곁들이고 다시 또 그 반응을 토대로 다음 질문을 던진다. 따라서 넬슨의 수업에서는 교사가 적절한 질문을 어떻게 하느냐가 관건이다. 교사에게 중요한 것은 학생들의 반응을 예측할 수 있는 학문적 지식, 학습자에 대한 이해, 예기치 않은 반응과 질문에 대해 순발력 있게 대처할 수 있는 노련함이다.

이는 우리나라 교사들에게도 유용한 능력이기는 하겠지만 분명 우선적으로 요구되는 능력은 아니며, 수업을 진행하는 데 관건이 되는 능력도 아니다. 이런 차이점들을 살펴보며 우리는 무엇보다도 넬슨의 수업 형태와 한국에서 흔히 볼 수 있는 전형적인 수업 형태의 큰 차이점에 주목할 필요가 있다. 한마디로 규정하자면 넬슨의 수업에서는 학습자와의 상호작용이 핵심이고 우리나라 학교의 수업에서는 교사의 일방적인 설명과 시범풀이가 핵심이다. 이 차이는 어떤 의미가 있으며 어떤 시사점을 낳는 것일까? 이 의문에 답하는 것이야말로 내가 이 책에서 다루고자 하는 가장 큰 주제이다. 그런 만큼 이에 대한 답은 뒤이어 전개되는 내용을 통해 더욱 세밀하게 풀어나가도록 하겠다.

어쨌든 임의로 선택한 미국 콜로라도 주의 한 고등학교에서 진행된 수학 수업과 우리나라 서울 강남 지역의 어느 중학교에서 전개된 수학 수업은 수업의 형태를 중심으로 비교해보면 매우 다른 모습을 보인다. 수학은 만국 공용어지만 수학 수업은 만국 공통이 아니라는 것, 수학 수업은 나라마다 다른 모습으로 이루어지고 있다는 것이 분명하게 밝혀진 셈이다.

✅ 《화두》에 등장하는 수학 선생님

앞서 두 나라의 수학 수업을 비교하고 넬슨의 수업이 조금 더 무게가 있다는 식의 설명을 했지만, 그것은 우리나라의 모든 수학 교사가 앞의 사례에 등장하는 한국 교사와 같은 방법으로 수업을 한다고 고발하기 위한 것도, 그런 수업은 잘못되었다고 냉소적으로 평가절하하기 위한 것도 아니었다. 굳이 따져 말하자면 그런 수업이라 하더라도 나름대로 의미가 있다는 것이 필자의 견해이고, 그런 견해를 드러내 보이기 위해 여기서 잠깐 한 가지 예를 제시해보려 한다. 다음은 최인훈의 소설 《화두》에 나오는 수학 수업 풍경으로 조금은 낭만적으로 보이기까지 한다.

"기하학 선생님은 한쪽은 다리 대신 줄로 잡아맨 안경을 쓴 쉰 살 안팎의 분이었는데 그의 시간에 우리는 늘 기하학의 중요 정리定理들이 막 발견되는 현장에 있다는 느낌을 받았다. 그는, 이집트며 알렉산드리아며, 시라쿠사며 아테네며 이런 데서 점이며 선이며 너비며, 부피며 원이며 이런 것들하고만 살아있는 사람보다 더 진지한 이야기를 나눌 수 있었던, 하얀 수염이 무성하고 발가락이 내민 가죽신을 신은 사람들이 있는 관청이며 돌집 처마 밑으로 우리들을 데리고 갔는데 이미 우리 선생하고 친교가 있는지 그들은 우리들의 아마 신기했을 생김새도 눈여겨보는 일 없이 그 이상한 증명 절차를 구경시켜주었다."

지난 20세기, 굴곡진 격동의 한국 현대사를 살아오며 자유로운 사유를 추구했던 한 지식인의 모습을 그린 최인훈은 한국전쟁이 발발하기 직전에 함경남도 원산에서 고등학교를 다녔다. 인용한 구절은 자신을 가르쳤던 고등학교 수학 선생님의 수업을 떠올리며 쓴 자전적 대목이다. 수학 수업을 받는 학생이 교사를 통해 기하학의 중요 정리들이 막 발견되는 현장에 있다는 느낌을 받고, 하얀 수염이 무성하고 발가락이 내민 가죽신을 신은 사람들이 증명 절차를 구경시켜주는 현장을 목격할 수 있었다니! 학생으로 하여금 그냥 수학을 배우는 것이 아니라 수학이 창조되는 현장에 있다는 매우 '귀중한 착각'을 하게 한 수학 교사는 도대체 어떤 사람이었을까 자못 궁금해진다.

혹 최인훈 자신이 비록 훗날 소설가가 되기는 했지만 원래부터 지적 호기심이 충만해 수학적 감각까지 뛰어났었음을 자랑하려는 의도로 과장해 쓴 것일까? 설혹 그렇다 하더라도 배우는 학생이 수학이라는 학문이 만들어지는 과정을 목격하는 것만 같은 짜릿함을 느낄 수 있도록 수업을 하는 선생님이 있었다면, 그것만으로도 훌륭한 수학 선생님이라고 말하지 않을 수가 없다. 벌써 반세기를 훌쩍 지난 60여 년 전의 수학 수업이지만 그 선생님은 지금 시점에서 보아도 아주 훌륭한 수학 선생님이다.

문학적으로 표현되었기에 교사와 학생 사이에 실제로 어떤 대화가 오고갔는지, 증명 절차를 구경시켜주기 위해 수학 교사가 어떤 형식으로 수업을 전개했는지까지는 파악할 수 없다. 그런데 아마 방식만 보면 앞에서 예를 들었던 한국 교사의 수업과 크게 다르지 않았으리라 짐작된다. 일방적인 교사의 설명과 예제 풀이가 수업의 주된 활동이었을 것이다. 하지만 이런 형식의 수업으로도 수학의 진수를 맛보게 해줄 수 있었다니 놀랍지 않은가? 물론 고등학교 수준의 수준 높은 수업이었기에 가능했으리라 보이지만 어쨌든 감동이 있는 수업이었다는 것은 틀림없다.

학생들에게는 가장 어렵고 교사에게는 가장 쉬운 과목

소설 《화두》의 시계를 60년가량 다시 돌려 오늘날의 수학 수업을 들여다보자. 이제는 수업을 참관하기 위해 굳이 학교 교실을 찾아갈 필요도 없다. 수업이 학교 교실이 아닌 조그만 스튜디오에서도 진행되기 때문이다. 수학을 가르치는 교사라는 사람은 방음장치가 된 스튜디오 안에서 마치 연기를 하는 듯하다. 학생에게 눈길을 주는 대신 촬영하는 카메라에 눈을 맞추고, 카메라가 마치 학생이라도 된 듯 되도록 상냥하게, 하지만 단호하게 말을 이어간다.

> 자, 오늘은 분수의 덧셈 시간입니다. $\frac{1}{3}+\frac{1}{2}$은 얼마인지 알아봅시다. 분모가 다르죠. 분모 3과 2의 최소공배수가 얼마죠? 그렇죠, 6입니다. 두 개의 분수를 공통인 분모 6으로 통분합시다. $\frac{1}{3}$은 $\frac{2}{6}$가 되죠. $\frac{1}{2}$은 $\frac{3}{6}$이 됩니다. 참 쉽죠?
>
> $$\frac{2}{6}+\frac{3}{6}=\frac{5}{6}$$

초등학교에서 분수를 통분하여 덧셈하는 과정을 가르치는 수업의 한 장면이다. 중학교 수학을 가르치는 것도 크게 다르지 않다. 다음은 중학교 1학년 단원인 일차방정식을 가르치는 어느 젊은 선생님의 수업이다.

> 자, 오늘 문제는 어떤 것이죠? 한번 읽어볼까요?
> "집과 공원 사이를 왕복하는데 갈 때에는 시속 6km로 달려갔고, 올 때에는 시속 4km로 걸어서 1시간 15분이 걸렸다고 한다. 집에서 공원까지의 거리를 구하시오."

문제를 보니까 속력이 나오고 시간이 나오고 그런 다음에 거리를 구하는 문제이니까 어쨌든 우리는 방정식을 풀면 되겠죠. 문제에서 중요한 조건들을 줄쳐봅시다. 구하고자 하는 것은 집에서 공원까지의 거리이니까 x라 놓습니다. 시간은 거리를 속력으로 나누니까 다음 식을 만들 수 있겠죠.

$$\frac{x}{6} + \frac{x}{4} = 1 + \frac{15}{60}$$

간단히 하기 위해 양변에 분모의 최소공배수를 곱하여 정리하면 다음 식을 얻습니다.

$$2x + 3x = 15$$

이제 이 방정식을 풀면 $x = 3$을 얻습니다.

문제를 읽어주고 어떻게 하면 정답에 이르는지 그 과정을 자세히 보여준다. 그런데 내용을 보면 확실히 수학 수업이지만, 진행 과정만 보면 뭔가 다른 수업이 연상되는 것 같다. 예를 들면 아래와 같은 수업은 다루고 있는 내용만 다를 뿐, 형식으로 보면 거의 동일하다.

오늘은 조개 맑은 국 끓이기를 배웁시다. 먼저 재료를 잘 선택해야 합니다. 대합은 서로 부딪쳐 보아 차돌 소리가 나면 싱싱한 것입니다. 잘 고른 대합은 소금물에 담가 해감을 토해내게 하세요. 대합이 입을 벌리면 건져 그릇에 담은 후 죽순을 넣고 간장, 소금으로 간을 한 후 청주와 조미료로 마무리를 하세요. 마지막으로 그릇에 대합을 담고 죽순, 쑥갓잎, 유자 껍질을 담아서 국물을 8부 정도 부어서 내면 맛있는 조개 맑은 국이 됩니다.

2부 수학 교육에 대하여

흔히 볼 수 있는 요리 수업의 한 장면이다. 주어진 재료를 구입하여 요리 강사가 시키는 대로 그 절차를 한 단계씩 따라가다 보면 원하는 요리가 완성된다. 앞에서 본 수학 수업과 비슷하지 않은가? 요리 강사가 요리 재료들을 불러주듯 학생들에게 문제를 읽어주고, 직접 요리를 해가며 한 단계, 한 단계를 설명하는 것처럼 문제를 풀이하는 과정을 시범으로 보여주며 그 전개 과정을 하나하나 설명한다. 강사가 시키는 대로 따라만 하면 원하는 요리를 얻을 수 있듯이, 학생들은 그저 아무 생각 없이 교사가 하는 대로 따라만 하면 어쨌든 정답을 얻을 수 있다. 이렇듯 현재 우리나라에서 수학을 가르치고 배우는 모습은 요리를 가르치고 배우는 모습과 다르지 않다.

필자는 지난 10여 년 간 지방과 서울의 몇몇 교육대학교에서 초등학교 교사가 되고자 하는 예비교사들을 가르쳐왔다. 그들은 장차 초등학교에서 모든 과목을 가르치게 될 테니 학기 초 강의를 시작할 때면 늘 다음과 같은 질문을 던져본다.

"지금 당장 현직 교사로 임명되어 학교에서 교사를 하게 된다면, 가장 가르치기 쉬울 것 같은 과목은 어떤 과목인가?"

놀랍게도 열 명 중 여덟은 수학을 선택한다. 그런데 어쩌면 이 사실에 대한 놀라움의 반응은 나만의 것일지도 모른다. 나는 수학을 가르치는 것이 그리 만만치 않으며, 더군다나 초등학교 수학을 가르치는 일이 대학수학이나 중등수학을 가르치는 것보다 훨씬 더 어렵다고 생각하기 때문이다. 왜 수학을 선택했냐고 물으면 거의 대다수가 다음과 같이 답한다.

"풀이 방법만 제대로 가르쳐주면 답이 딱딱 떨어지게 나오는 것이 수학이니까요."

어떤 학생은 고등학교 때까지는 수학을 별로 잘하지도 않았고 자신감도 없어 스스로 수학에 재능이 없다고 생각했지만, 선생님으로 초등학교 수학을 가르치는 것은 잘할 수 있을 것 같다고 대답했다. 물론 그 학생도 "수학 수업이란 문제의 정답에 이르는 길을 하나하나 짚어주는 것"이라 생각한다고 말했다.

그런데 이들의 반응을 좀 더 곰곰이 생각해보면 뭔가 앞뒤가 맞지 않는, 그래서 조금은 이상한 부분들을 찾아낼 수 있다. 대한민국의 거의 모든 학생들이 수학을 어려워하고, 교육대학교에 진학했다 해도 다른 아이들에 비해 수학을 특별히 잘했을 것이라는 보장은 없으니, 사실 그들도 2~3년 전까지는 수학을 가장 어려운 과목으로 생각했을 것이 사실이다. 그들도 대학교에 입학하기 전, 고등학생 때까지는 수학을 어려워했던 사람들이다. 그런데 입장이 바뀌자마자, 즉 배우는 사람에서 가르치는 사람이 되자마자 갑자기 수학이 쉬워졌다고 한다. 이상하지 않은가? 심지어 이전까지는 수학에 자신 없어 하던 학생들까지도 그러니 말이다. 초등학교 수학 문제 풀이 정도야 얼마든지 할 수 있다는 생각에서 비롯된 것일까. 문제만 풀 수만 있다면 누구나 가르칠 수도 있다는 말인가.

물론 수학에서는 문제를 푸는 것이 중요하다. 하지만 그렇다고 문제 풀이 과정을 보여주는 것이 곧 수학을 가르치는 것이라고 할 수는 없다. 음악 교사가 학생들을 앉혀놓고 한 시간 내내 자기가 노래 부르는 모습을 지켜보게 하는 것이 노래를 가르치는 것인가. 시 짓기를 가르친다며 국어 교사 혼자 칠판에 서서 시 짓는 모습을 보여주

　　　　　　　　　　　　2부 수학 교육에 대하여

는 것을 시 짓기 수업이라 할 수는 없다. 그림 그리기를 가르친다고 미술 교사 혼자 앞에 나와 그림을 그리고 아이들은 이를 지켜보게 하는 것을 수업하는 것이라 할 수 없는 것처럼 말이다.

도대체 예비 교사들이 가지고 있는 수학 수업에 대한 이런 관점은 어떻게 형성된 것일까? 그리고 그 관점은 실제 수학을 가르치고 배우는 상황에서 어떻게 드러나며, 그 관점으로 아이들을 가르칠 때 따르는 문제점은 무엇일까? 어쩌면 《화두》에 등장하는 함경남도 원산의 수학 교사도 정답에 이르는 길을 하나하나 짚어주는 수업을 했을지 모른다. 넬슨도 결과적으로는 정답에 이르는 길을 알려주는 수업을 한 것이라 볼 수 있다. 그럼에도 그들의 수업과 요리 수업식 수학 수업 사이에는 분명히 차이가 있다. 정확히 어떤 차이가 있을까? 이를 알아내기 위해 현재 우리나라에서 이루어지는 학교 수업의 모습을 다시 한번 총체적으로 들여다보자.

암죽식 수업

흔히들 한국 교육을 암기 주입식 교육이라고 한다. 수학이든 영어든 일단 암기부터 시켜 지식을 주입한다는 뜻에서다. 그런데 이 용어보다 더 정확하게 한국 교육을 묘사한 단어가 있다. '암죽'이라는 단어인데 꽤 오래전인 1990년 이인효가 박사논문을 발표하며 제시한 용어다. 당시 그녀는 서울에 위치한 한 인문계 고등학교에서 수개월 동안 아이들과 같은 책상에 앉아 함께 수업을 받으며 참여관찰 연구를 했고, 그곳에서 받은 수업을 '암죽식 수업'이라 정의했다.

암죽? 대개 논문에서 쓰이는 용어들은 엄격하고 딱딱하며 때로는 고상하기까지 한데, 암죽은 그런 느낌이 전혀 나지 않으니 조금 의아하다 생각하는 사람도 있을 것 같다. 암죽이라니, 정확히 무슨 뜻이고 대체 어떤 연유로 교육학 논문에 쓰이게 된 걸까? 그 뜻부터 간단히 설명하자면, 암죽은 곡식이나 밤 가루를 밥물에 타서 끓여낸 우리나라 고유의 음식으로 일종의 죽이다. 우유가 귀하던 시절에는 모유 대용으로 이용하기도 했고 때로는 소화 기능이 떨어지는 허약자들을 위해 만들어 대접하기도 했다고 한다. 그리고 이인효는 교사들이 아이들을 앉혀놓고 수업을 하는 장면을 어린 아이나 환자를 앞에 두고 암죽을 쑤어 떠먹여주는 것에 비유해 이 단어를 사용한 것이다. **생각하기 싫어하는 아이들에게 시험에 나올 것으로 여겨지는 '중요한' 지식들만을 골라내 떠먹여주는 일**, 그것이 그녀가 본 우리나라 수업의 실체였던 거다. 아마 중·고등학교 시절에 받았던 수업 장면을 떠올려보면 독자들도 '암죽식 수업'이라는 용어의 타당성을 충분히 납득할 수 있을 것이라 생각한다.

암죽식 수업이라는 용어를 좀 더 세부적으로 살펴보자. 다음과 같이 암죽식 수업의 정의를 분리하여 분석하면 그 안에 함축되어 있는 세 가지 관점을 포착해 낼 수 있다. 이제부터 이 세 가지 관점에 대한 이야기를 해 볼 것이다.

암죽식 수업의 정의		암죽식 수업의 관점
생각하기 싫어하는 아이들에게	➡	암죽식 수업은 학습자를 어떻게 바라보는가 (학습자관)
시험에 나올 것으로 여겨지는 중요한 지식들만을	➡	암죽식 수업은 수업에서 다루는 내용을 무엇이라 간주하는가 (교과관)
잘 정리하여 떠먹여주는 사람	➡	암죽식 수업은 교사를 어떤 존재로 생각하는가 (교육관)

① 첫 번째 관점, 암죽식 수업은 학습자를 어떻게 바라보는가

암죽식 수업은 배우는 아이들, 즉 학습자를 '생각하기 싫어하는 존재'로 간주한다. 태어날 때부터 지적 호기심을 가지고 있는 생각하는 동물인 인간을 생각하기 싫어하는 존재라 단정 짓다니 인정하기 힘들고 무척이나 놀랍지만, 좋다, 일단 우리 아이들이 생각하기 싫어하는 존재가 되어버렸다고 치자. 그런데 그렇다고 하여 공부도 수업도 싫다는 아이들을 붙잡아 놓고 교과서 내용을 암죽으로 만들어 떠먹여주는 것이 과연 방안이 될 수 있을까.

교육은 본래 학습자의 지적 호기심을 자극하여 지적 능력이 성장되도록 안내하는 활동이다. 그러니 그렇다면 이 같은 상황에서 가장 먼저 해야 할 일은 왜 아이들의 지적 호기심이 사라졌고 생각조차 하기 싫은 존재가 되어버렸는지 그 이유부터 따져보는 것이다. 억지로 떠먹여 머릿속을 채워주는 '맞춤식 교수법'을 개발해봐야 밑 빠진 독에 물붓기가 되고 말 것이다. '즐거운 수업'도 '배움의 즐거움'도 역시 소용없는 헛구호가 되고 말 것이다.

그런데 다시 한번 곰곰이 생각해보자. 아이들은 정말 '생각하는

것'을 싫어하는 것일까? 혹시 수업받는 것, 재미없는 지식을 주입받는 것을 싫어하는 것 아닐까? 아무리 양보하려해도 아이들이 생각하는 것 자체를 싫어한다는 주장에는 맞장구를 쳐줄 수가 없다. 잔머리를 굴리는 것도, 엉뚱한 질문을 던지는 것도 모두 생각하는 일인데, 그런 일들은 끊임없이 계속하다가 수업 시간에만 생각하기를 멈춘다면, 그것은 아이들의 문제가 아니라 수업의 문제다. 지적 자극을 주지 못하는 교과서와 무미건조한 문제 풀이식 수업에 싫증을 내는 것인데, 그것이 단지 어른들의 눈에만 '생각하기 싫어하는 모습'으로 비춰진 것이라는 말이다. 과연 우리 아이들이 지적 호기심을 가진 생각하는 존재라는 사실을 부정할 수 있을까?

② 두 번째 관점,
암죽식 수업은 수업에서 다루는 내용을 무엇이라 간주하는가

암죽식 수업의 정의에 따르면, 수업을 진행하는 교사는 불가피하지만 일단 아이들의 지적 호기심은 고려하지 않고 제쳐두어야만 한다. 그런데 그러면 가르침과 배움이라는 지적활동은 어떤 모습으로 진행되게 될까. 그리고 이때 교사들은 가르침을 무엇이라 간주할까.

여기서 잠깐, 앞에서 다뤘던 공부에 대한 논의를 떠올려보자. 가장 먼저 진정한 앎을 위한 공부와 시험공부를 철저히 구분했고 둘이 같은 것이 아님을 강조했다. 뭔가 새로운 지식을 얻는 **배움의 과정**과 시험에 나올 문제의 정답을 맞히기 위해 하는 **훈련**은 다르다는 것이다. 진짜 앎을 위한 공부와 단순한 시험공부를 동일시하지 말라는 일침이기도 했다.

영어 '공부'를 예로 떠올려보자. 영어를 제대로 배운다면, 영어로 기록된 매뉴얼을 읽고 해외에서 직수입된 제품을 어렵지 않게 사용할 수 있는 당장의 실용적인 혜택이 얻어진다. 나아가 영어로 된 소설과 시도 감상할 수 있으며, 영어 대사가 나오는 영화나 드라마까지 바로 볼 수 있고, 영어를 사용하는 사람들과 대화하며 그들의 생각과 감정도 직접 느낄 수 있다. 이는 우리와는 다른 사고와 감정, 그리고 새로운 삶의 방식들을 이해할 수 있는 기회니 그것이 어찌 기쁘고 즐겁지 않을 수 있겠는가.

하지만 그럼에도 사람들은 일반적으로 영어 공부하기를 싫어한다. 왜, 그 이유는 무엇 때문일까? 물론 인내는 쓰고 열매는 달다고 말할 수도 있다. 하지만 진짜 이유는 그들의 공부가 진정한 영어 공부라기보다는 영어 시험의 정답을 맞히기 위한 훈련이었기 때문이다. 그런 시험공부로는 진정한 앎의 과정에서 느낄 수 있는 즐거움이나 만족감을 얻기 힘들다. 앎을 위한 노력의 크기가 항상 평가의 대상이 되어 점수에 의해 규정되기 때문이다. 앎의 주체가 아닌 평가의 대상이 되면 높은 점수를 받아도 즐거움을 얻을 수 없게 된다. 다음 시험에서도 이만큼 잘해야 한다는 압박감과 그렇지 못할 수도 있을 것이라는 불안감이 동시에 엄습하기 때문이다. 낮은 점수는 말할 것도 없다. 그 자체로 자존감을 떨어뜨리는 요인이 되어버린다. 그러니 어찌 영어 공부가 즐거울 수 있겠는가. 공부가 아닌 시험공부를 하면서 앎의 즐거움이나 행복을 기대할 수 없는 것은 당연하다.

이러한 논리를 따라가다 보면 우리 아이들을 '생각하기 싫어하는 존재'로 비추는 이유를 다른 각도에서 바라볼 수가 있다. 시험 점수를 얻기 위한 문제 풀이를 공부라고 착각하고 있으니, 시험공부를 하기 싫어하는 아이들을 모두 공부하기 싫어하는 아이들이라 보았을 것이고, 그렇기 때문에 지적 호기심이 충만한 멀쩡한 아이들을 '생각하기 싫어하는 존재'로 오인한 것이 아닐까. 아마 이 정도면 시험을 위한 공부를 진정한 앎을 위한 공부와는 구분해야 한다는 것을 계속해서 강조했던 이유를 충분히 설명한 것 같다. 이제 다시 원래 이야기로 돌아가 두 번째 관점, 암죽식 수업은 수업에서 다루는 내용을 무엇이라 간주하는지 살펴보자.

암죽식 수업을 위해 교사는 우선 시험에 나올만한 것들을 취사선택하여 잘 정리할 수 있어야만 한다. 물론 가르치고자 하는 내용 중에 무엇이 핵심이고 시험에 나올 것인지를 파악하는 일은 아무나 할 수 있는 일이 아니다. 그러니 그것을 두고 전문가의 능력 중 하나라고 하는 이들이 있다면 그 말을 부정할 생각은 없다. 하지만 암죽식 수업을 하는 것을 '가르치는 것'으로 보는 관점에는 동의할 수가 없다. 왜냐하면 암죽식 수업을 준비하는 과정에서 교사는 자신이 가르치는 과목의 학문적 세계와 대화를 나누고 어떻게 가르칠 것인지 스스로 고민하는 시간을 가지기보다는 시험문제 출제자들이 어떤 문제를 낼 것인지에 관하여 눈치껏 파악하는 데만 노력을 기울이게 되기 때문이다. 따라서 암죽식 수업을 진행하는 교사는 그들에게 종속되는 이차적 존재로 전락한다.

그리고 이보다 더 심각한 문제도 발생한다. 바로 교육의 본말이 전도되는 현상이다. 본래 평가란 교수-학습(가르치고 배우는 것)을 '위한' 것이다. 그러니 평가를 전제로 교수-학습이 이루어지는 것은 그야말로 본말전도, 앞뒤가 뒤바뀐 상황이라 할 수 있다. 물론 우리의 사회 현실이 치열한 경쟁 구도 속에 놓여 있으며, 교육은 그중 강력한 수단으로 작용하고 있음을 외면할 수는 없다. 그렇기에 무엇을 가르치고 배우는가라는 **내용**보다는 **평가**에만 지나치게 골몰하는 것이 우리의 현실이다. 교육의 결과는 한 개인의 미래의 삶의 모습 특히 소득과 지위에 결정적인 영향을 준다는 사실을 간파한 사람들이 교육의 여러 단계 중에서 평가에 가장 커다란 초점을 두고 있으니 말이다. 하지만 그렇다 하더라도, 시험에 나올 것으로 여겨지는 중요한 지식만을 추려 가르치는 행위는 결코 학생들을 진정한 앎에 이르게 하는 진짜 교육이라고는 할 수 없다.

아래는 시험에 출제되는 내용과 실제로 가르치고 배워야 하는 내용 사이의 차이가 크다는 것을 알려주기 위해 만든 가정적 상황이다.

한 학기 동안 교사가 수업에서 가르쳐야 하는 지식의 전체를 주어진 모형과 같이 나타낼 수 있고, 학생은 1번부터 20번까지 차례대로 단계를 밟아 배우며 이해해야 한다고 가정하자. 학기가 끝나면 한 학기 동안 배운 것을 얼마나 이해했는지 평가를 하게 되는데, 가르친 전체 내용을 전부 물어 이해도를 측정할 수는 없으므로 어쩔 수 없이 전체 지식 중 일부만을 선택해 그 부분

을 시험문제화 하여 학생이 낸 답을 채점해 점수를 매긴다. 제시한 모형에서는 1, 5, 9, 13, 17 부분만이 시험에 나올 부분이다.

이 모형만을 통해서도 우리는 시험문제들은 결국 측정하고자 하는 지식 전체가 아닌 일부만을 반영할 수밖에 없다는 사실을 추론할 수 있다. 암죽식 수업이란 전체 내용을 수업의 대상으로 삼지 않고, 일부 시험에 출제된 가능성이 높은 부분들만을 정리해 가르치는 것을 말한다.

그런데 교사가 암죽식으로 수업을 하지 않고, 1번부터 20번까지 전체 내용을 빠짐없이 가르쳐도 사실 그 지식을 완벽하게 이해하는 학생은 거의 없다. 그런 완전학습이 이루어지는 경우는 보기 드물다.

학생 A의 학습 결과   학생 B의 학습 결과

위 두 모형은 이를 설명하기 위한 것으로 왼쪽은 학생 A의 학습 결과를, 오른쪽은 학생 B의 학습 결과를 나타낸다. 설명을 하자면 학생 A는 전체 중 13, 14, 17, 18을 제외한 나머지 내용, 즉 수업 내용의 80% 가량을 이해했다. 반면 학생 B는 전체 수업의 내용 중 절반만을 이해했고 나머지 절반은 이해하지 못했다. 그런데 공교롭게도 시험은 학생 A가 알고 있는 영역보다는 학생 B가 알고 있는 영역에 치우쳐 출제되었다.

어쩌면 학생 B는 알아야 할 전체 내용은 제대로 파악하지 못했지만 암죽식 수업을 잘 받아 시험문제가 출제되는 영역만을 학습했을 가능성이 높다. 반면 학생 A는 암죽식 수업을 받지도 않았고, 스스로도 열심히 공부해 거의 대부분의 내용을 파악했음에도 정말 운이 없어 시험에 출제된 부분만은 학습하지 못했을 수 있다. 그래도 어쨌든 학기말 시험에서 학생 B는 100점을 받았고 학생 A는 60점을 받았다. 이렇듯 시험은 때로 학생들의 실제 실력과는 아무 상관없는 평가, 심지어 정반대의 평가를 이끌어낼 수도 있는 것이다. 그리고 학생 B가 받은 100점이라는 점수는 배워야 할 지식을 모두 배우고 이해했다는 의미가 될 수 없다. 100점은 받았지만 학생 B는 결과적으로 배워야 할 지식의 절반밖에 습득하지 못했다. 아마 이러한 학습의 결손은 이후에 전개될 학습에서 걸림돌로 작용할 것이고 거듭되면 학생 스스로 학습을 포기하도록 하는 결과를 빚을 위험도 농후하다.

암죽식 수업의 문제점을 충분히 인식할 수 있지 않은가. 어쩌면 암죽식 수업은 교육에서의 평가가 가지는 이와 같은 한계와 허점을 교묘하게 파고들어 점수를 올리기 위한 가장 효율적인 방법으로 고안된 획기적인 결과물이라 해석할 수 있다. 그러니 이를 알고도 계속해서 암죽식 수업을 진행하겠다는 것은 교사 스스로 지성인임을 포기하는 것이며, 아이들에게 공부란 시험문제의 정답 맞추기라는 인식을 자연스럽게 심어주는 것에 지나지 않는다. 그리고 결국 그런 수업에서 교사가 아이들에게 줄 수 있는 것은 소위 '족보'라는 기출문제와 예상문제들의 목록이 전부다. 그런데도 슬프게도 암죽식 수업이 너무나 보편적으로 성행하고 있는 것이 우리의 현실이다.

하지만 이런 식의 암죽식 수업을 구상하고 진행하는 교사들을 무작정 비난할 수는 없다. 그들은 결코 어리석어서 또는 의식이 없어서 그런 수업을 지향하는 것이 아니라 그렇게 할 수밖에 없도록 강요당하고 있기에 그렇게 수업을 한다. 그들이 그렇게 할 수밖에 없었던 이유는 무엇일까? 이 문제는 책의 마지막 부분에서 교사들에 대한 이야기를 하며 다시 논의해보기로 하자.

③ 세 번째 관점,
암죽식 수업은 교사를 어떤 존재로 생각하는가

암죽식 수업을 전제로 한다면 교사는 그때부터 '어차피 아이들은 학습에 관해서는 능동적인 존재가 아니므로, 시험에 나오지 않을 지식들은 제쳐두고 오로지 시험에 나올만한 문제들만 다루며 문제 풀이 요령만 주입시켜주면 되는' 처지에 놓인다. 따라서 교실 문을 들어선 이상 아이들의 지적 호기심을 유발하기보다는 암기해야 할 지식에 주의를 집중시키기 위해 유머나 이상한 언어, 몸짓까지 곁들여가며 잘 떠먹여주기 위한 모든 노력을 아끼지 않는다. 암죽식 수업에서 바라보는 '실력 있는 교사(?)'란 결국 암죽을 잘 요리할 수 있는 교사인 것이다. 요즘은 대다수의 사람들이 교사에 대해 이런 관점을 가지고 있는 것 같다. 그 결과 이제 실력 있다고 소문난 교사들은 학교 안이 아니라 학교 바깥에서 더 쉽게 찾을 수 있다. 소위 '스타강사'라는 호칭을 얻어 EBS나 인터넷 사교육 업체에서 활동하는

2부 수학 교육에 대하여

이들이 실력 있는 교사라 인정받고 있기 때문이다. 그런데 그들을 과연 '교육 활동을 하는 사람'이라고도 말할 수 있을까?

교사에 대한 이런 관점에 따르면 최인훈의 《화두》에 나오는 "하얀 수염이 무성하고 발가락을 내민 가죽신을 신은 사람들"과 친교를 맺게 하는 사람, "기하학의 중요 정리들이 막 발견되는 현장"에 아이들을 안내하여 그 현장을 목격하도록 하는 사람은 더 이상 좋은 수학 교사로 인식될 수 없다. 아마도 곧바로 실력 없는 교사로 낙인찍혀 퇴출되고 말 것이다.

나아가 만일 암죽식 수업이 정말 교육적으로 타당하다면 그리고 암죽식 수업이 정답이라면, 현재 교육대학교와 사범대학에서 공부하고 있는 수많은 예비 교사들도 필요 없게 될 수 있다. 물론 비약이 있는 논리지만 각 과목별로 암죽식 수업을 가장 잘하는 '실력 있는 (?)' 교사를 전국에서 한 사람씩만 선발해 각자의 스튜디오에서 수업을 하게 하고, 그것을 인터넷으로 중계방송하면 그야말로 최고의 교육을 실행하는 것이 되기 때문이다. 인터넷 강국이라 자랑하는 나라니 인프라는 더 구축할 필요도 없을 것이다.

하지만 나는 이를 수업, 더 나아가 교육이라 여기지 않는다. 시험공부는 공부가 아니며, 가르치는 교사와 배우는 학습자 사이의 상호작용 하나 없이 인터넷을 통해 시험에 나올 문제들의 풀이만이 전달되는 암죽식 수업은 결코 교육 행위라 할 수 없다. 배움과 가르침의 현장에는 반드시 상호작용이 있게 마련이다. 하다못해 이메일을 읽는 순간에도 우리는 단순히 글자를 읽는 것이 아니라, 메일을 보낸 사람을 떠올리며 행간에 숨겨져 있는 의미를 파악하려 노력한다.

혼자 책을 읽는 것 역시 단순히 글자를 읽는 행위 그 이상이다. 혹시 지금 이 책을 읽으면서도 이런 생각을 하고 있지는 않은가?

'이 사람이 지금 무슨 말을 하고 있는 거지? 앞에서 했던 이야기랑 좀 다른 것 같은데, 앞 장을 잠깐 다시 읽어볼까?'

단순히 글자가 전달하는 지식을 머릿속에 집어넣는 과정이 아니라 '글자를 보는 나'와 '뜻을 받아들이는 나'라는 두 개의 자아가 서로 상호작용을 하면서 활동한다. 글을 읽는 행위도 그러할진데, 가르침과 배움이 작동되는 수업이라는 행위는 어떻겠는가? 단순히 교사의 머릿속에 또는 노트 위에 있는 지식이 학생의 머리로 옮겨오는 과정이겠는가? 아니다. 내가 생각하는 교육의 전제 조건은 가르치는 사람과 배우는 사람 사이의 상호작용이다.

수업을 하는 사람이라면 응당 매순간 학생들의 반응을 포착해야 한다. 그리고 그것을 수업 진행의 길잡이로 삼아야 한다. 처음 대하는 낯선 청중을 대상으로 다소 일방적인 말하기를 하게 되는, 강의가 아닌 강연의 경우도 다르지 않다. 준비된 내용은 있지만 청중의 반응에 따라 사례를 달리하기도 하고 언어 표현을 바꾸기도 하며 심지어 강연 도중에 주제를 전혀 다른 것으로 전환하기도 한다. 강연과 강의는 그렇게 역동적이다. 그리고 이는 수강하는 사람들과의 상호작용, 비록 그것이 겉으로 보이지는 않더라도 끊임없이 오고가는 상호작용의 결과라는 점을 부정할 수 없다. 그러므로 스튜디오와 같은 폐쇄된 공간에서 진행되는 인터넷 강의는 미리 정해진 대본을 읽는 행위일 뿐이지 교육은 아니다. 그것은 수강자의 감정과 의사, 이해 여부와 무관하게 그저 강사의 공책이나 머릿속에 있던 것을 뱉어

내는 지식의 배설에 불과하다. 누구를 교육한다는 것, 즉 가르친다는 것을 지식의 배설과 동일시할 수는 없지 않은가. 소위 스타강사들을 교육자라고 볼 수 없는 이유다.

따라서 암죽식 수업이라는 특이한 형태의 수업은 앎을 위한 **교육**이 아니라 시험 성적을 위한 **훈련**에 불과할 뿐이라는 불행한 결론을 내릴 수밖에 없다. 특히 수학은 암죽식 수업이 어느 정도까지 발전할 수 있는가를 극명하게 보여주는 과목이다. 그리고 지금 우리 아이들이 다니는 학교들의 수학 시간에는 암죽식 수업을 넘어 보다 더 특이한 형태의 수업이 진행되고 있다. 그러니 지금부터는 정말 범위를 조금 더 좁혀 우리 교육, 그중 특히 수학 교육의 모습을 집중적으로 살펴보도록 하자.

내비게이션 학습

잠시 교육이라는 주제에서 벗어나 여행을 다녀오자. 불현듯 강릉 경포대가 떠오른다. 이곳 서울에서 출발해 강릉 경포대까지 자동차로 다녀오려한다. 예전에는 미리 지도를 찾아, 가는 길을 숙지하고 출발해야 했지만 이제는 그럴 필요가 없어졌다. 내비게이션이라는 안내원이 상시 대기하고 있으니 말이다. 내비게이션에서 흘러나오는 도우미의 안내에 따라 운전만 하면 틀림없이 안전하게 경포 바닷가에 도착한다. 하지만 그렇다고 하여 서울에서 경포대까지의 길을 알게 되는 것은 아니다. 만일 그 후에 누군가 서울에서 경포대까지 차를 운전하여 가자고 하는데, 그 차에 내비게이션이 없다면 그야말로

'대략난감'이다. 초행길은 아니지만 내비게이션의 지시에 따라서만 운전했기에 과거에 운전했던 길이 머릿속에 남아있지 않은 것은 너무나도 당연하다.

지금보다 이전, 내비게이션이 없던 시절에는 가고자 하는 길을 어떻게 찾아서 운전하며 다녔는지, 기억이 감감하기는 하지만 한번 되새겨보자. 먼저 목적지를 정하면 지도를 펼쳐놓고 가는 길을 연구하여 나름대로의 지도를 머릿속에 그려 넣는다. 그리고 그 머릿속의 지도를 재생하며 운전을 시작한다. 물론 지도를 기억하기가 쉽지 않으니 간혹 실수를 하기도 한다. 예를 들어 강릉이 아닌 속초로 향하게 되는 등 엉뚱한 길로 빠지는 실수가 있을 수 있다. 하지만 이는 그리 커다란 문제가 아니다. 왔던 길을 되돌아가 다시 옳은 길로 가면 되는데, 스스로 찾고 선택하여 온 길을 빠져나가는 것이니 전혀 어렵지 않다. 머릿속에 있는 나만의 지도를 떠올려 실수한 지점을 찾고 그 지점부터 수정된 경로로 가면 되니 얼마든지 가능하다.

그때는 지금과 다르게 이런 식으로 경포대를 다녀오고 나면 이후에는 내비게이션이 없이도 충분히 그 길을 오갈 수 있었다. 머릿속에 나만의 지도가 생기기 때문이었다. 다음에 그 길을 운전해 가는 것은 누워서 떡 먹기였고, 혹 실수를 많이 해 고생하며 길을 찾았다면 더 많은 것들을 덤으로 얻기도 했다. 지도에도 없는 길을 발견한다거나, 생각지도 않았던 맛집을 발견한다거나, 경치가 멋진 숨은 명소를 덤으로 찾게 되는 등 나만의 즐거움까지 만끽할 수 있었던 것이다.

지금쯤 뜬금없이 여행을 가자는 이야기를 꺼낸 이유를 눈치 챈 이

2부 수학 교육에 대하여

들도 있을 것 같은데 그 예상이 맞다. 이 이야기를 꺼낸 이유는 수학 문제를 풀이하는 과정이 길 찾기와 다르지 않기 때문이다. 이 세상의 모든 수학 문제는 다음과 같은 두 가지 유형으로 정리할 수 있다.

유형1. [　　]일 때, [　　]을 구하라.
유형2. [　　]일 때, [　　]이 성립함을 보여라.

위에서 '[　　]일 때'에 해당하는 부분이 조건이고, 그곳이 문제 해결의 출발점이 된다. 문제를 푸는 것은 조건이라는 출발지에서 정답이라는 도착지에 이르는 길을 찾아나가는 과정과 같다. 그런데 서울에서 강릉에 이르는 길이 하나가 아니듯, 수학 문제 풀이에서도 정답에 이르는 길은 하나가 아니다. 결과적으로는 같은 곳에 도착하더라도 출발을 어떻게 하느냐에 따라 완전히 다른 길을 가게 될 수도 있듯이, 수학 문제 풀이에서도 실마리를 어떻게 풀어나가느냐, 즉 시작을 어떻게 하느냐에 따라 전체 문제 풀이의 과정이 달라질 수 있다. 따라서 전체 문제 풀이 과정에서 가장 중요한 것은 출발을 어떻게 하느냐다. 출발 지점에 나 있는 여러 갈래의 길 중에 어느 하나의 길을 선택해야만 탐색의 과정이 시작되고, 그 시작에 따라 풀이 과정이 결정된다. 수학 문제 풀이의 핵심은 바로 여기에 있다. 주어진 조건으로부터 가장 적절한 길을 찾는 것, 그것이 수학 문제 풀이의 중요한 과정이다.

반면 다른 사람의 풀이를 그대로 따라만 하는 것은 결국 아무 생각 없이 맹목적으로 내비게이션에 의지하여 운전하는 것과 다르지 않다. 그러니 시험에 나올만한 문제와 그 풀이 과정을 알기 쉽게 잘 정리하여 하나에서 열까지, 마치 이유식을 떠먹여주듯 문제를 일일이 풀어주는 우리의 암죽식 수학 수업은 결국 학생들로 하여금 내비게이션의 지시대로 길을 찾아가도록 하는 것과 같다. 암죽식 수업은 곧 학생들로 하여금 내비게이션식의 학습을 하도록 강요하는 것이다. 이때 아이들이 할 수 있는 일은 교사의 풀이 과정을 답습하거나 해답집의 풀이 과정을 그대로 복제하는 일이 전부다. 그리고 이를 반복하다보면 저절로 이를 수학 공부라고 착각하게 된다. 당연히 이는 수학 공부가 아니라 단순한 시험공부이고 훈련이지만 말이다.

"수업 시간에는 이해가 되었는데 막상 혼자서 문제를 풀려고 하니 잘 안되네요"라는 반응은 내비게이션 학습이 빚어내는 당연한 결과이다. 누군가 풀어놓은 것을 그대로 적어보기만 해 놓고 자신이 스스로 문제를 풀었다고 또는 풀 수 있다고 착각했기 때문에 나타나는 현상이다.

내비게이션에 의지해 운전을 하면 목적지에 정확하게 도달은 하지만 어떤 길을 밟아왔는지는 전혀 기억하지 못하듯이, 누군가가 문제를 풀어주면 그 순간에는 다 이해가 되고 자기도 그것과 똑같은 과정을 스스로 찾아낸 것만 같이 느껴지지만, 잠시 후에 다시 그 문제를 접하면 처음처럼 백지 상태가 되고 만다. 아마 대다수의 사람들이 이런 경험들을 무수히 많이 겪었으리라 예상이 된다. 학창 시절에 사용하던 수학책의 어느 부분에 가장 많은 손때가 묻어 있었는지 기억해보라. 해답이 있는 부분이 아닌가? 해답을 보고 풀어냈고 나중에 다시 같은 문제의 풀이를 시도했건만 또 어떻게 풀어야 할지 몰라 다시 들춰보는 과정을 여러 번 반복했기 때문에 그런 것이다. 똑같은 문제를 접할 때마다 해답집을 찾아야 하는 이 안타까움은 도대체 무엇 때문일까? 그동안 내가 한 것은 도대체 공부가 아니라 무엇이었기에 이런 일이 일어난다는 것인가?

수학 문제 풀이의 시작점은 미로의 입구로도 비유할 수가 있다. 주어진 문제의 조건을 찾아 고민하고 마침내 스스로 선택한 방법대로 풀이를 시작하는 것은, 미로의 시작점에서 주어진 여러 갈래 길 중 한 곳으로 첫발을 내딛는 것과 다르지 않다. 일단 바른 길로만 들어서면 길의 절반은 저절로 찾을 수 있게 되듯이 수학 문제 풀이 역시 시작이 사실상 절반이다. 하지만 잘못된 길로 들어서면 다시 나오지 않고서는 목적지에 도달할 방법이 없다. 그때는 처음으로 다시 돌아가 다른 길을 찾아야 하지만, 이런 과정을 모두 거친 후 미로의 길을 찾고, 시간이 지나 다시 똑같은 미로 앞에 서면, 그때는 고민할 필요도 없이 바로 길을 찾을 수 있게 된다. 그 미로의 **조건**에 맞는 나만의 길이 내 머릿속에 저장되어있기 때문이다.

문제집의 해답을 아무리 외워도 시간이 흘러 다시 그 문제를 보면 마치 처음 그 문제를 맞닥뜨렸을 때와 같이 막막해지는 이유가 바로 여기에 있다. 문제에 대한 고민 없이 해답부터 보면 시작점을 탐색하고 선택하는 기회를 놓치게 된다. 해답지에는 풀이 절차만이 기술되어 있을 뿐 처음에 왜 그런 시작을 했는지에 대한 설명은 나와 있지 않기 때문이다. 왜 그런 풀이가 시작되었는지, 그것에 대한 고민과 선택이 문제 풀이의 핵심 요소임에도 불구하고 그 과정을 뛰어넘는다면 그 문제의 풀이 과정을 이해하는 것은 거의 불가능하다. 그런데 내비게이션 수학은 문제의 구조를 이해하는 과정 자체를 애초부터 뛰어넘게 하는 학습법이다. 그냥 내비게이션이 지시하는 대로 운전대를 잡게 하는 것과 다르지 않다. 그러니 이를 어떻게 수학 공부라 할 수 있겠는가?

앞에서 이런 내비게이션식 수학을 가르치는 암죽식 수업을 요리 강습에 비교한 바 있는데, 문득 이를 어떤 특이한 그림 그리기 수업과도 비교해볼 수 있겠다는 생각이 든다. 거의 20년 전 쯤 일요일마다 EBS에서 방영을 했던 〈그림을 그립시다〉라는 프로그램이 있었는데, 그때 '밥 아저씨'로 불렸던 화가가 진행했던 그림 수업이 그것이다. 그는 마르지 않은 물감 위에 다시 물감을 덧칠하는 유화의 화법으로 밑그림도 없이 단 몇 분 만에 한 편의 그림을 완성하고 "참 쉽죠?"라는 말을 덧붙여 정말 누구나 따라 할 수 있을 것 같다는 착각을 불러일으켰던 '수업'을 했다. 하지만 그저 자기 혼자 멋진 붓질 솜씨만을 보여준 것일 뿐이었으니 이를 진짜 수업이라 할 수는 없고 다만 내비게이션식 미술 수업으로는 볼 수 있겠다.

내비게이션 수학이 아닌 진짜 수학을 공부하려면, 내비게이션에 의존하지 않고 스스로 길을 찾아가기 위해 머릿속에 지도를 가지고 있어야 한다. 다시 말해 수학을 **공부**한다는 것은 머리 안에 자신만의 인지 지도cognitive map를 그리는 것이라 할 수 있고, 수학 교육의 핵심은 아이들이 그 인지 지도를 만들 수 있도록 도와주고 가르치는 것이 되어야 한다.

일찍이 수학자가 되려던 한 학생이 있었습니다. 하지만 자신의 꿈을 접을 수밖에 없었다고 합니다. 그 이유는 수학 교과서 뒤에 실린 해답을 맹목적으로 믿고 이를 열심히 반복했기 때문이었답니다. 역설적이게도 그 답은 모두 정답이었는데 말이지요.

인도 태생의 가톨릭 신부인 앤서니 드 멜로의 《일 분 지혜》에 나오는 이야기다. 만일 이 이야기를 듣고 무릎을 탁 치며 '그렇지!' 하고 동의하지 못한다면, 아직도 당신은 수학을 제대로 이해했다고 말하기 어렵다. 그리고 그것은 여전히 수학 공부란 그저 문제의 해답을 익히는 것이라는 잘못된 믿음을 가지고 있다는 증거이며, 오랫동안 내비게이션 수학에 길들여져 있었음을 보여주는 증거다.

그렇다고 필자는 팔짱을 끼고 이런 수학 교육의 현실이 안타깝다며 쯧쯧 혀를 차고 싶지도 않고, 어떻게 그런 교육을 할 수 있냐며 울분에 찬 심정으로 누군가를 비난하고 싶지도 않다. 나 자신도 그런 교육을 받았고, 과거 얼마 동안은 나 역시 내비게이션 수학을 가르치는 교사였음을 잘 알고 있다. 세상의 모든 것에는 이유가 있기 마련이니, 한국의 수학 교육에 나타난 이런 독특한 현상도 모종의 거대한 흐름 속에서 이루어진 결과겠거니 받아들이려 한다. 하지만 그렇다고 해서 이를 어쩔 수 없는 현상으로 받아들이겠다는 것은 아니다. 암죽식 수업과 내비게이션식의 수학학습이 어째서 성행할 수밖에 없었는지, 그 이유를 한국의 수학 교육을 둘러싼 모종의 거대한 흐름 속에서 추적해 가겠다는 의미다.

평가 위주의 공부를
만들어낸 원인들

거의 40년 만에, 다녔던 학교의 교문을 들어섰다. 교도소 문이라고는 영화에서나 보았지만, 그 시절 교문이 주는 위압감은 교도소의 문보다 더 컸던 것 같다. 아침 등교를 할 때마다 교복 단추가 제대로 채워져 있는지 모자는 삐뚤어지지 않았는지 점검하며 재수 없이 걸리지 않기 위해 잔뜩 움츠린 자세로 길게 늘어선 교문 지도라는 시커먼 터널을 통과했던 그 시절이 떠오른다. 새벽같이 나와 교문 앞에 서 있는 이들은 결코 등교하는 학생들에게 '좋은 아침!'이라는 인사를 건네기 위해 나와 있는 것이 아니었다. 지금도 그 통로를 따라 꿋꿋하게 서 있는 아름드리나무는 혹시 그 시절 매일같이 교문에서 벌어졌던 이상한 광경들을 지금도 기억하고 있을까.

넓은 운동장이 보였다. 저 멀리 보이는 철봉대에는 점심시간이면 체조선수처럼 두 손목에 온 몸을 의지하고 공중에서 몇 바퀴씩 휙

2부 수학 교육에 대하여

획 돌고 그 위에 걸터앉아 씩 웃던 현수의 잔상이 남아있었다. 지금 쯤 어디서 무얼 하고 있을까. 철봉대를 쓰다듬으며 옆에 늘어선 스탠 드에 앉았다. 그때도 그랬듯이 다섯 줄 계단의 차가운 시멘트 바닥에 서 전해지는 껄끄러운 감촉이 느껴졌다. 가로로 늘어선 학교 전체 건 물이 한눈에 들어왔다. 중앙 현관 앞에는 우뚝 서 있는 구령대가 새 로이 페인트로 단장을 하고 햇빛에 반사되어 반짝거렸다.

당시는 박정희의 숨 막히는 유신체제가 드리운 시커먼 그림자가 학교 교육이라는 아이들의 일상생활까지 삼켜버렸던 시절이었다. 어 느 날부터인가 까만 '라이방'을 낀 군복 차림의 험상궂은 사람이 저 높은 구령대에 올라서서, 전교생들을 꼬마병정으로 만들어 일사분 란하게 만들고야 말겠다는 야심찬 의지를 담은 목소리와 몸짓을 보 냈다. 우리는 보는 것으로 그쳐서는 안 되었고 그가 지시하는 대로 자기 의지와는 무관하게 신체를 움직여야만 했다. 심기가 편치 않으 면 종종 그는 스탠드에 오와 열을 맞춰 꼿꼿이 앉아있던 우리들에 게 '앉아! 일어섯!'을 반복하며 자신의 지시가 떨어지는 타이밍에 맞 춰 2,000여 명의 학생들이 기계처럼 작동하도록 강요했다.

한번은 문득 알 수 없는 반발심이 치밀어 올라 내 의지대로 몸을 움직인 적이 있다. 스탠드에 그냥 앉아있었던 것이다. 설마 구령대에 서 내가 보이겠는가라는 자기 위안도 한몫을 했는데, 그 의지의 실 현은 톡톡한 대가를 치러야만 했다. 교련 교사라는 직함을 가지고 있던 그 군인의 쩌렁쩌렁한 목소리가 일순간 사라졌다. 뭔가 이상한 느낌이 들어 고개를 들고 구령대를 보았는데, 그곳에 있던 그가 보 이지 않는 것이었다. 그리고는 뭔가 잘못되었다는 것을 깨달을 겨를도 없이, 갑자기 내 시야에 콧김을 거세게 내뿜으며 돌진해오는 그가 들어왔다. 순간 뭔가 둔탁한 소리가 들리더니 눈앞이 캄캄해지는 것 아닌가. 그리고는 나를 향한 욕설과 함께 내 몸의 여러 부분에 심한 충격이 가해지는 것을 덤덤하게 느낄 수 있었다.

내 학창 시절의 쓸쓸했던 기억의 파편들을 떠올리게 하는 구령 대가 여전히 그 운동장을 조망하며 학교 건물 바로 앞에 놓여있었다. 그런데 거의 모든 학교에 있는 이 구령대가 사실은 우리나라 학교에서만 볼 수 있는 시설이라는 것을 사람들은 알고 있을까? 다른 나라의 학교에는 구령대가 없다. 짐작하듯이 이 구령대 역시 일본 제국주의의 잔재 중 하나이기 때문이다. 일본은 메이지 유신 이후 서구의 근대화를 좇아 학교제도를 도입하는 와중에 그곳의 군대 연병장에 있던 사열대를 학교 안으로 그대로 끌어들여왔다. 서구에서는 전혀 관련이 없던 군대와 학교를 나란히 연결했던 것이다. 그런데 이제 일본의 학교 운동장에서도 이 구령대를 찾아보기 어렵다. 하지만 과거 그들의 통치를 받았던 우리나라의 학교 운동장에는 여전히 꿋꿋하게 건재하며 아직도 전교생들을 모아놓고 집단의식을 고양하는 데 활용된다.

학교 운동장 한편에 놓여있는 구령대에도 이런 나름의 역사가 있고, 그 속에서 우리는 그 존재의 이유를 들여다볼 수 있다. 그렇다면 수업이 진행되는 우리 교실의 풍경도 이런 시각으로 바라볼 수 있지 않을까? 시간을 거슬러 올라가다보면 '배움은 원래 그런 것'이라며 너무나 당연하게 여겼던, 그래서 이미 우리 몸에 배어 버린 여러 행위들의 기원을 찾을 수 있을 것 같다. 어쩌면 그중에는 우리 스스로 만들어냈기보다는 구령대와 같이 다른 나라에서 만들어져 우리에게 전해온 것들도 있을 수 있고, 시간이 흐르면서 우리의 상황에 맞게 적절하게 변형된 것들도 있을 것 같다. 오랫동안 당연한 것으로 생각하고 그저 묵혀두었던 교육 현상들을, 이제 한번 의식의 무게를 덜어내고 시간과 공간을 자유롭게 넘나들며 살펴보자.

과거시험 때부터 전해 내려온 '전통'

1894년 환갑을 넘긴 푸른 눈의 할머니가 조선에 첫발을 내딛는다. 당시 조선은 열강들의 세력다툼 속에서 조만간 스러질 운명에 처한 나라였다. 이사벨라 버드 비숍이라는 이 할머니는 영국에서 온 지리학자였는데, 환갑을 지난 나이임에도 조선을 네 차례나 방문하여 직접 나룻배를 타고 한강을 오르내리며 샅샅이 훑고 지나갔다. 이때 집필한 《한국과 그 이웃 나라들》이라는 책에는 다음과 같은 내용이 들어있다.

> 한국의 교육은 다음과 같이 실시되어 왔다. 학교에서 생도들은 그들 앞에 중국의 책들을 펼쳐놓고 마루 위에 앉아 상체를 좌우로 난폭하게 움직이면서 또는 앞뒤로 움직이면서 아침부터 저녁까지 크고 높은 소리로 중국의 한자를 외우고 고전을 공부했다. 그리고 중국 현인들과 신비로운 중국의 역사를 외웠다.

당시 외국인, 특히 서양인들 중에 조선에 대하여 긍정적인 시각을 가진 사람들은 그리 많지 않았다. 비숍의 방문 10년 후에 러일전쟁을 취재하던 미국의 종군기자 잭 런던은 다음과 같은 기록을 남겼다.

> 조선인 마부 한 명을 다루는 것이 미국 소년 교도소의 아이들 모두를 통솔하는 것보다 어려우며, 조선인 마부 두 명을 다룰 바에는 차라리 미국 대통령이 되는 편이 훨씬 더 쉬울 것 같다는 생각이 진심으로 든다.

사실은 비숍도 다르지 않았다. 그녀는 한국에 대한 첫 인상을 다음과 같이 썼다.

> 한국에 있을 때 나는 한국인들을 세계에서 가장 열등한 민족이 아닌가 의심을 한 적이 있고 그들의 상황을 가망 없는 것으로 여겼다.

하지만 그녀는 이후에 자신의 관점을 수정했다.

> 한국 특권계급의 착취, 관공서의 가혹한 세금, 총체적인 정의의 부재, 모든 벌이의 불안정, 음모로 물든 고위 공직자의 약탈행위, 하찮은 후궁들과 궁전에 한거하면서 쇠약해진 군주, 자원 없고 음울한 더러움의 사태에 처해있다. (…) 면허받은 흡혈귀인 양반계급으로부터 끊임없이 보충되는 관료계급인 한국의 국가 관료들은 나라의 월급을 축내고 뇌물을 받는 일 외에는 할 일이 거

의 없거나 전혀 없다. (…) 한국 사회는 약탈자와 피약탈자라는 단 두 계급으로 구성되어 있다.

드러나는 행위의 내면까지 꿰뚫어 볼 수 있었던 과학자의 안목은 확실히 피상적인 것만을 보는 종군기자의 눈보다는 훨씬 나았다. 백성들이 게으른 이유, 즉 아무리 일해도 결국 약탈만 당하고 늘 가난하게 살 수밖에 없는 근본적인 이유를 간파한 것이다. 비숍은 이렇게 과학자의 정확한 관찰력과 따뜻한 인간애로 구한말의 상황을 세밀하고 생생하게 묘사했다.

가장 먼저 인용한 비숍의 기록은 당시 조선의 관료들이 어떤 교육을 받았는지를 보여준다. 맹목적인 암기와 반복 훈련, 고정된 학습 내용과 엄격한 훈육이 그 교육에서 나타나는 특징이다. 가르치는 사람은 실제 삶과 무관한 내용을 일방적으로 전수하고, 배우는 사람은 무수한 반복을 통해 그 내용들을 맹목적으로 머릿속에 채워 넣는 행위가 당시의 교육이었다. 사실 겉모습만 다를 뿐, 오늘날의 사법고시나 의사 국가고시를 준비하는 모습과 별 차이가 없다.

당시 그들이 받았던 교육의 내용은 중국의 한자와 고전이었다. 서당에서 천자문을 외우는 것에서 시작해《동몽선습》,《명심보감》,《효경》을 배우고, 향교나 성균관으로 올라가《대학》,《논어》,《맹자》,《중용》을 학습한 다음 좀 더 높은 수준의《시경》,《서경》,《역경》,《춘추》,《예기》를 공부했다. 인, 의, 예, 지, 신을 중심으로 이성과 감성을 다스리는 방법, 즉 인성 교육이 당시 교육의 핵심이었고, 효도와 충성, 삼강오륜을 집중적으로 가르쳤다.

그리고 과거를 보았다. 결국 이 모든 교육 과정이 과거를 보기 위한 준비 과정이었던 것이다. 당시 선비들은 입신양명을 꿈꾸며 교육을 받았다. 그나마 그 교육도 돈 있는 가문의 자식들만이 받을 수 있었고 가난한 가문의 선비들은 오직 책에만 의존하여 과거를 준비했다. 오로지 책이 진리고 생명이고 길이라고 생각하면서 말이다. 그런데 이런 자들이 국가 공무원이 되었으니 격동기였던 19세기 국제 정세에 맞는 외교, 경제, 국방 일을 제대로 할 수 있었겠는가? 제대로 할 수 있었다면 그것이 오히려 이상하지 않은가?

어찌됐든 그들은 이런 식으로 유학을 공부했다. 하지만 유학이 말하는 '공부하는 방법'은 그들의 것과는 다르다. 유학에서는 배움을 어떻게 바라보는지 살펴보자.

> 배운다는 것은 수업의 진도가 나아가도록 힘써야 하나 가슴에 의혹을 갖고 넘어가서는 안 된다. (…) 혼자 반추하면서 생각을 깊게 해야 한다. (…) 수시로 같이 배운 사람들과 더불어 변론하면서 도의 요체를 논구한다. 구차스럽게 변론하지 말고 합리적으로 논리로 해야 한다.◆

단순히 암기하고 책을 읽는 것으로 그칠 것이 아니라 내용을 제대로 알기 위해서 생각하고 질문하고 토론하라고 한다. 그것도 수시로, 합리적 논리에 따라 토론할 것을 권하고 있다. 이어서 '가르침'에

◆《여씨춘추》〈맹하기〉에 수록된 '존사'의 변설론도의 내용이다.

2부 수학 교육에 대하여

대해서는 어떻게 말하는지 살펴보자.

> 선생은 교과서에서 외운 것을 반복하여 말해주거나 먼저 결론적인 대답을 해주는 것이 아니다. 학생의 의견과 질문을 들어보고 그가 모르는 것이 무엇인지 살핀 다음에 대답해주고 그 다음으로 나아갈 질문을 던져주되, 그 질문을 소화할 수 없을 때에는 그대로 두고 기다려주어야 한다.✦✦

선생의 자격에 대해서도 같은 맥락의 가르침을 전한다.

> 배우기 전에도 할 수 있는 질문이 있고, 배워야만 할 수 있는 질문이 있다. 선생은 학생의 모든 질문에 대답을 해주는 사람이 아니라, 배워서 이해해야만 할 수 있는 질문을 기다리는 사람이다. 그 선생은 그 질문을 가지는 것이 얼마나 어려운 일인지도 아는 사람이기에 기다려줄 수 있는 것이기도 하다.

단순히 교사를 따라하는 것이 배움이 아닌 것처럼 가르침 역시 학생을 따라오게 하는 것이 아니라 스스로 합리적 사고를 할 수 있도록 유도하고 도와주는 것이라 한다. 그러므로 암기 주입식 교육을 '유학 경전 공부하듯'이라는 말로 표현하는 것은 잘못되었다. 유학에

✦✦ 《예기》 18년 학기에 수록된 14장 원문 전체를 취지에 따라 풀이한 것이다. (전북대학교 교육학과 여영기 해설)

대한 무지의 소치이며 유학을 유학답게 공부하지 않았던 과거의 잘못된 관행을 바로잡지 못해 생긴 착각에서 비롯된 것이다.

그렇다면 경전을 통째로 암기하는 것을 유학 공부라 여기게 된 이유는 무엇일까. 지금으로서는 추측에 의존해 설명할 수밖에 없는데, 아마 이렇지 않았을까? 그들에게 공부는 유학을 알기 위한 방법이기보다는 과거를 보기 위한 수단이었다. 시험에서 묻는 것들이 경전 속에 있으니 경전만 모두 외우면 시험문제에 답할 수 있을 것이라 여긴 것이다. 물론 그런 공부는 글을 읽고 이해하며 하는 것이 아니라 '글자'를 읽고 그 글자를 머리에 담는 일에 불과하지만, 그래도 그들 중에는 분명히 그 방법으로 공부를 하여 암기한 내용을 고스란히 답안에 적어내는 데 성공한 사람이 있었을 것이고 그렇게 합격한 사람도 있었을 것이다. 그러니 그 글자 공부식, 암기 주입식의 공부법이 이어져 내려왔을 수밖에. 이후부터 그들은 그런 식의 공부에 임했을 것이고 비숍은 그런 모습을 목격한 것이라 짐작이 된다.

무즙 파동과 창칼 파동

지금은 생소하게 들릴지 모르지만 1965년과 1967년에 나란히 일어났던 '무즙 파동'과 '창칼 파동'에서도 오늘날 우리 교육을 이렇게 만든 불행의 씨앗을 볼 수 있다. 거의 50년 전의 일이 되어버렸지만 1969년 중학교 입시가 폐지되기 전까지 우리나라 어린이들은 중학교에 가기 위해 시험을 치러야 했다. 국민학교 졸업을 앞둔 열두세 살 때부터 벌써 치열한 입시 경쟁에 뛰어들어야 했던 것이다. 단 1점

이 당락을 좌지우지하는 정말 치열한 시험이었는데, 그 1점 때문에
재판까지 열린 사건이 바로 앞의 두 사례이다. 중학교 입학의 당락
을 법정에서 가리다니 참 희한한 일이었다.

사건의 발단은 1964년 12월 7
일 서울 지역에서 치러진 중학교
입시에서 비롯되었다. 오른쪽 문
제가 당시 논란을 일으켰던 자연
시험의 17번 문제다.

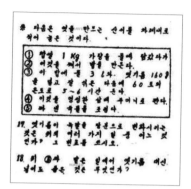

사지선다형의 이 문제에서 출
제자가 의도한 정답은 1번 디아
스타제라는 효소였지만, 2번 무즙을 답으로 선택한 일부 학생들의
부모들이 2번도 정답이 된다며 교육청에 이의를 제기했다. 그들은
초등학교 자연 교과서에 "침과 무즙에는 디아스타제가 들어있다"라
는 내용이 있다는 것을 근거로 강력하게 반발했고, 좀 더 극성스러
운 몇몇 학부모들은 무즙으로 엿을 고아 교육감에게 전달하며 '엿
먹어라'라는 유행어를 만들어내기까지 했다. 결국 법정 다툼으로 이
어진 이 사건은 이듬해 3월, 소송을 제기한 학부모 측이 승소함에
따라 그들의 자녀들을 원하던 경기중, 서울중, 경복중, 그리고 경기여
중에 전학시키는 것으로 막을 내린다. 당시 이 문제 때문에 추가로
합격한 경기중학교의 신입생은 무려 서른아홉 명이었다.

이 법정 다툼은 정확히 3년 후에 재현되었다. 1967년 12월 1일에
치러진 경기중학교 입시에서 또 다른 복수 정답 논란이 일어났다.
언론은 이를 창칼 파동이라 불렀는데, 다음 문제가 당시 논란을 일

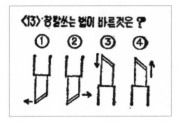

으켰던 미술 시험문제이다.

또 한번의 논쟁이 일어났고, 또 다시 법정에서 당락을 가리게 되었다. 하지만 3년 전과 달리 대법원은 학부모들의 패소를 결정했고, 그에 따라 자녀들도 모두 불합격처리 되었다.

이 두 사건을 어떤 의미로 보면 좋을까? 당시 대다수의 사람들은 이를 '치맛바람' 또는 도를 넘어선 교육열이 부른 '물의'로 보았고 이 때문이었는지는 몰라도 정확히 2년 후인 1969년에 중학교 입시가 사라졌다. 언론과 대다수의 교육 관계자들은 이를 두고 '입시 제도의 변화로 초등학교 아이들을 입시에서 해방시켰다'고 평가하기도 했지만, 정말 그랬는지는 잘 모르겠다. 오히려 똑같은 경쟁구도가 3년 후인 고교 입시로 연기되었으니 말이다.

그런데 우리가 이 사건들을 통해 보아야 할 것은 교육열, 치맛바람이 아니다. 다시 한번 문제의 내용에 집중하며 위 두 문제를 보자. 엿을 만드는데 필요한 것이 디아스타제냐 무즙이냐를 묻는 자연 문제와 조각칼을 쓸 때 날을 앞으로 당겨야 좋을지 뒤로 당겨야 좋을지를 묻는 미술 문제 말이다.

도대체 이런 지식들을 왜 시험에 낼까? 물론 누가 봐도 배울 필요가 확실히 있는 것만 가르치는 것이 교육이라고 할 수는 없다. 하지만 아무리 그래도 '교과서에 나온다'는 이유만으로 상식적으로 이해할 수 없는 문제를 만들어 일류 중학교 입학 자격을 따지는 평가 수단으로 삼는다니, 이것이야말로 논의가 필요한 지점 아닌가?

오류 있는 문제가 문제가 아니고, 교육 문제에 관련하여 솔직한 대처를 하지 않는 교육 당국의 태도가 문제가 아니다. 아이들의 능력을 평가하는 수단인 시험에 왜 그런 문제가 나왔는지, 그 문제가 어떤 교육적 의미를 갖는지에 대한 논의를 하지 않는 것이 진짜 문제다. 그런데도 엿을 만들기 위해 디아스타제가 필요한지 무즙만으로 충분한지, 조각을 할 때 창칼을 앞으로 당겨 써야 하는지 뒤로 당겨 써야 하는지를 아는 것이 중학교의 입학을 판가름하는 기준이 된다는 것이 상식적으로 정당한지를 지적하거나 거론하는 사례는 찾아볼 수가 없다. 단 한번의 시험이 자기 자신이나 자기 자식이 가진 능력 전부를 평가하는 기준으로 쓰이고 있는데, 왜 '교과서에 나온 내용'이면 따져볼 필요도 없이 다 평가 기준이 될 수 있단 말인가? 배움의 당사자인 학생들에게 어떤 의미가 있기에, 그 지식을 평가의 기준으로 삼는 이유가 도대체 무엇이기에 그것을 문제화했냐는 의문은 왜 제기하지 않을까?

교과서를 달달 외워야만 만점을 받을 수 있는 이런 식의 시험이 폐지가 된 지 이제 50년 가까이가 흘렀는데도 당시 입시제도하에서 있었던 일들은 지금도 그대로 재현되고 있다. 수능이 끝나면 복수 정답을 인정해야 한다느니 이를 두고 신속하고 솔직하게 대처하지 못하는 교육 당국이 문제라느니 하는 논의는 계속해서 일고 있지만, 문제 내용이 적절한지, 어떤 교육적 의미가 있어서 이런 문제가 출제되었는지에 관한 논의는 일어나지 않는다. 이런 모습은 어쩌면 우리의 교육이 한 발자국도 진전이 없음을 말해주는 것 아닐까?

요즘 초등학생들이 들으면 우스울 수도 있는 이야기지만 50년 전

초등학생들은 주지 과목인 국어, 산수, 사회, 자연뿐만 아니라 음악, 미술, 실과 교과서를 모두 각자 두 권씩 구입했다. 한 권은 거의 새 것으로 보관했고, 다른 한 권은 교과서의 모든 문장이 모두 까맣게 될 정도로 색연필로 색칠을 했다. 그것은 교과서를 통째로 암기하기 위한 노력의 흔적이었고, 나머지 한 권은 대조하기 위해 남겨두는 것이었다. 이렇게 일류 중학교 입시 준비를 위해 반드시 해야 할 첫 번째 필수과제가 일곱 권의 교과서 모두를 통째로 외우는 것이었다.

음악 교과서에 들어있으면 그것이 글자이건 기호이건 모두 외워야 했다. 가사를 외우는 것은 당연했고, 계명과 박자까지 모두 외워야 했기에 계명으로도 노래를 부르고 박자를 나타내는 숫자로도 노래를 불렀다. 세상 어디에도 없는 해괴한 노래를 함께 부르고 외웠던 것이다. 실과 시험에서는 나박김치를 만드는데 실고추가 몇 그램 필요한가라는 것도 필수 암기 대상이 되었다. 이유는 늘 같았다. 교과서에 있는 내용이니까.

뿐만 아니라 당시는 주 6일 등교가 기본이었으므로 토요일은 보통 네 시간 동안 일곱 과목의 모의고사를 치르는 날로 정해져 있었다. 모든 초등학생들이 단지 중학교에 가기 위해, 매주 교과서를 얼마나 암기했는지를 평가받았던 것이다. 일류 중학교를 목표로 한다면 당연히 전 과목에서 100점을 받아야 했고 때문에 한두 문제의 실수도 치명적인 잘못이 되었다. 그 치명적인 실수로 매주 교사와 부모에게 심한 질책을 받는 아이들도 있었다. 체육도 입시 과목의 하나였다. 입시가 다가오는 늦가을에는 해가 짧아져 방과 후면 운동장이 어두워졌지만 그 어둠 속에서 달리기, 넓이 뛰기, 턱걸이 등의 체육 입시 종목 연습까지 모두 마쳐야 하루 일과가 마무리되었다.

이제 정말 헤르만 헤세가 쓴 "너무나 부려 먹어서 지칠 대로 지쳐 결국 길가에 쓰러진 어린 망아지"라는 글귀가 실감나게 와 닿지 않는가. 도대체 나박김치를 만들기 위해 실고추가 몇 그램 필요한지를 아이들이 왜 알아야 하며, 음악 교과서에 나오는 악보 사이사이의 기호들은 왜 외워야 하는 것이었을까? 국어 교과서의 문장을 통째로 암기하는 것은 교육적으로 어떤 의미가 있는 것이었는지? 산수는 조금 예외로 교과서의 문제들을 모두 외우는 것이 아니라 유사한 문제들을 많이 풀어보는 식으로 공부해야 했다. 하지만 이 역시 어떤 교육적 의미가 담긴 문제들이었다기보다는 얼마나 연습을 많이 했는지를 물어보는, 문제를 위한 문제였다. 예를 들면 일본의 와산和算에서 비롯된 "돼지의 다리와 닭의 다리가 총 26개였다면 돼지와 닭은 각각 몇 마리인가?"와 같은 문제, "농도가 10%인 식염수 100L에 물을 얼마나 넣으면 농도가 5%인 식염수가 되는가?"와 같은 문제들이 출제되었다. 이런 문제들의 정답을 실수없이 재빠르게 구하는 것으로 일류 중학교 합격 자격을 부여하는 것이 과연 타당하다 할 수 있을까?

과거를 치렀던 시대에 선비들이 공부했던 유교의 경전들이 일곱 과목의 교과서로 바뀌었을 뿐, 아무것도 달라진 것이 없다. 경전을 그대로 외우기만 하여 과거를 본 선비들이 곧바로 국가 공무원이 되었던 것처럼, 50년 전 교과서를 통째로 외워 소위 일류 중학교에 입학했던 어린이들이 현재 우리나라 지도층의 대부분을 형성하고 있을 가능성도 부인할 수 없다. 구한말 이곳을 방문해 당시의 교육제도를 꿰뚫어보고 일갈을 가했던 비숍의 이야기를 되새겨보자. 국가 공무원 선발의 기준이 되는 평가의 방법과 방식이 아직 조금도 달라지지 않았으니, 지금 우리 현실에도 따끔한 일갈이 될 이야기일 것이다.

> 10년 또는 그 이상 걸리는 이러한 교육은 보통 젊은이의 문학적 소양을 고취시킬 수 있고, 1894년까지 서울에서 실시된 국가고사(과거)에 응시할 수 있는 능력을 주었다. (…) 그러나 이 같은 교육은 사고력을 개발하거나 학생들로 하여금 그들이 사는 현실적인 세계를 이해하도록 하지 못했다. (…) 이 같은 교육은 학생들에게 협소하고 편협하며 독단적이고 건방지고 잘못된 자존심을 심어준다. 그리하여 그 자존심은 노동을 경시하는 개인주의적 에고를 만든다. 공공의 선을 생각하는 정신을 파괴하고 전통으로 옭죄고, 좁은 지적 견해, 낮은 도덕적 감각, 그리고 여성에 대한 경멸을 초래한, 그 원흉은 기본적으로 퇴보적이고 경직된 한국의 교육제도이다.

일본이 주입한 '일본인 만들기 교육'

다시 또 시계바늘을 거꾸로 돌려, 이번에는 1850년대로 거슬러 올라가 현해탄을 건너 일본을 살펴보자. 조선의 젊은이들이 중국의 옛날 왕과 중국 현자들의 이야기를 암송하느라 젊음을 보내고 있을 때, 이웃나라 일본의 젊은이들은 무엇을 하고 있었을까?

당시 일본은 구미 각국의 침략을 받아 치열한 격동의 시기를 보내고 있었다. 1853년 7월 미국의 페리 제독이 도쿄 남쪽의 해안가에 증기선 네 척의 닻을 내렸고 이후 일본은 미국을 시작으로 4년 동안 영국, 네덜란드, 러시아, 프랑스와 불평등 조약을 맺어야 했다. 이 사건들은 일본에 절박감과 함께 산업과 군사적 측면에서 서구 제국과 동등한 위치에 올라야겠다는 강한 동기를 부여했고, 1867년 마지막 쇼군이 물러나고 메이지 유신이 일어나 바야흐로 일본의 근대화가 시작되었다.

메이지 유신 직후 일본은 중앙집권적 국가체제를 더욱 확고히 하기 위해 문부성을 창설했고, 당시 문부성은 스스로 "전국의 인민을 교육하여 그 도를 익히도록 책임을 지는 것"을 기본 업무로 삼겠다고 공언했다. 이후 문부성은 이 '책임'을 다하기 위해 다른 나라에서는 보기 힘든 고도의 중앙집권적 교육제도를 만들어 냈으며 이로써 교육은 새로운 일본에 적합한 '일본인 만들기 프로젝트'의 도구가 되었다. 정부의 한 부서가 국민 모두의 교육을 책임지는 일본 공교육 체제의 특징이 이때 탄생한 것이다.

높은 식자율과 번역의 힘도 새로운 일본을 형성하는 데 절대적인 견인차 역할을 했다고 할 수 있다. 일본에는 이미 메이지 유신 이전 막부시대부터 양학파라는 서양 전문가들이 존재해왔는데, 페리의 함대가 출현한 이후에는 그들의 역할이 더욱더 증대되었다. 하여 그전부터 양성되던 네덜란드어 전문가 이외에 영어와 프랑스어, 독일어 전문가들까지 배출되어 소위 '번역의 홍수' 시대가 도래했다. 20세기 일본을 대표하는 정치사상가 마루야마 마사오는《번역과 일본의 근대》라는 책에서 당시의 상황을 묘사하기 위해, 1883년 메이지 16년에 출간된 《역서독법》이라는 책의 한 구절을 소개했다.

> 이즈음 역서 출판이 성황을 이루어 그 권수가 몇 만에 이르니
> 한우충동汗牛充棟이 무색할 지경이다.

당시 일본이 근대화를 진행함에 따라 문맹률이 낮은 국가로 발돋움하여 역서를 읽을 수 있는 독자들은 물론 세계정세에 호기심을 가지고 있는 전문가들까지 충분히 확보하고 있었음을 확인할 수 있는 대목이다.

일본의 학자 사토 히데오도 《일본 근·현대 교육사》에서 당시 교육의 모습을 묘사한 바 있다. 다음은 그의 저서 가운데 '교과서'에 관한 내용을 요약한 것이다.

> 당시 사용된 교과서는 두 가지 종류로 하나는 소학교(초등학교) 저학년 대상의 초보 교과서이고 다른 하나는 고학년 대상의 일반계몽서 또는 번역서로 서구의 근대적 문화를 소개하는 책이었다. 수학 시간에는 미국의 암산학자 콜번의 산수 교과서에 의거하여 페스탈로치의 직관주의를 도입해 만든 《소학산술서》를 사용했는데 매우 훌륭한 교과서로 평가된다. (…) 당시 대다수의 교과서는 서구 특히 미국의 공립 소학교 교과서를 번역 내지 번안한 것이었다.

히데오는 당시를 '교과서 중심 시대'라는 말로 정의했다. 교과서

를 순서대로 빠짐없이 가르치는 것을 교육이라 간주했다는 것이다. 이는 유교 경전을 빠짐없이 읽게 하고, 교과서에 나오는 것이라면 그 것이 글자든 기호든 모조리 외우게 했던 과거 우리의 교육, 즉 암기 주입식 교육과 매우 유사하다.

한편 교육 방식으로는 '집단식 일제교수-齊敎授방법'이 채택되었는데, 일정 기간 내에 다수의 학생들을 능률적으로 교수하기 위해 고안된 방식이라고 한다.

교사가 교재의 한 구절을 들어 그에 관해 발문하면 학생은 한 사람씩 일어나 응답을 하고, 교사는 옳고 그름을 지적한다. 그런 식으로 한 차례를 순환하고 나면 학생들로 하여금 일제히 정답을 말하게 하고, 그 과정을 반복시킴으로써 교과서를 학생의 머릿속에 새긴다.

오로지 '주어진 지식을 어떻게 전달하여 학습자의 머리에 채워넣을 것인가?'라는 방법적 유효성에만 초점을 맞춰 고안한 방식이다. 이때 학습자는 단순히 '지식을 채워 넣어야 할 빈 그릇'과 같은 대상에 지나지 않는다. 하지만 당시 일본 정부가 서구의 근대 교육을 도입하는 과정에서 가졌던 공교육에 대한 관점, 즉 '교육은 국가의 이해와 직접 관련되므로 그 목적과 내용은 모두 정부가 강력하게 통제해야 한다'는 생각에 비추어보면 자연스러운 귀결이라 보아도 무방하다.

그런데 일본은 이런 관점을 고지하면서도 비용에 대한 의무는 개인에게 지웠다. 그들에게 학교 교육의 목적은 입신치산立身治産, 즉 세상에서 떳떳한 자리를 차지하고 지위를 확고하게 세우는 입신과 재산을 관리하고 다스리는 치산이었다. 이는 사회적으로 인정을 받고 출세하여 이름을 세상에 드날리는 입신양명과 같은 의미였다. 다시 말해 교육은 그저 개인의 실리적 이익을 고조시키는 수단으로, 국가가 요청하였기에 그 이익을 도모할 수 있게 되었다는 것이 그들의 논리다. 따라서 국가는 개인의 교육에 대한 책임만 질 뿐 비용을 마련해줄 의무까지 부담할 필요는 없다는 것이다. 소위 '수익자 부담 원칙'이라는 해괴한 논리를 만들어 모든 교육비를 수혜자인 개인이 부담하는 것을 당연시하였다.

서구의 근대적 교육관에서는 '인권의 실현' 과정이었던 개인의 능력 개발이 일본으로 넘어오며 '국가의 부강'을 위한 것으로 둔갑되었다. 따라서 엄격하게 말하면 일본의 교육은 **근대 교육**이라기보다는 단순히 서구를 따라잡기 위한 **서구화**로 보는 것이 더 적절하다. 근대화 시기 그들이 구호로 내건 화혼양재和魂洋才, 즉 서구의 발전된 기술을 수입하면서도 한편으로는 일본의 옛날식 사회적·정신적·심리적 정체성을 보존하자는 것이 이러한 모순적 사고방식을 반영한 사상이다. 화혼양재라는 말 속에는 아무리 서구에서 온 것이라도 '주체적 개인'이라는 관념은 받아들일 수 없고, 여전히 공동체 사회로 남겠다는 확고한 의도가 담겨있다. 그들에게 교육이란 자신들의 공동체 사회를 위한 도구였던 것이다.

이런 정신은 메이지 정권을 세운 사무라이의 것이었다. 페리의 흑선이 등장했을 당시 열세 살의 나이로 손에 칼을 들었고 후에 초대 내각의 총리대신이 된 사무라이 출신 이토 히로부미가 동료들에게 전한 다음 이야기에서도 그 정신을 확인할 수 있다.

> 현재 우리가 직면한 가장 중요한 과제는 모든 평민들에게 충성, 헌신, 용맹의 정신을 심어주는 것입니다. 과거 무사 계급의 가치관이었던 것을 평민 전체의 가치관으로 바꾸는 것입니다. 그러므로 우리는 평민들에게 이웃과 동네의 안녕을 위해 열심히 일하고 배우며, 자기 가족의 희생을 부르는 일에도 주저하지 않으며, 온순하게 복종하는 성격을 기르며 법률을 준수하며, 우리의 고상한 도덕 관념과 극히 세련된 국민적 정서를 이해하도록 지도해야 합니다.

패트릭 스미스가 자신의 책 《일본의 재구성》에서 재인용한 구절이다. 그는 이 정신은 일본 교육에 지대한 영향을 주었다고 밝히며 그 결과인 오늘날 일본 교육에 대해서는 다음과 같이 언급했다.

> 문제의 핵심은 교육教育이라는 용어 자체에서도 드러난다. 교육이라는 단어를 이루는 두 개의 한자는 각각 '가르치는 것'과 '기르는 것'을 의미한다. 바로 이 둘 사이에 일본 교육의 비극적 실패가 놓여 있다. 윤리 과목, 역사 과목은 물론 심지어 아침 체조까지 문부성이 교수법, 교과서, 교육 과정을 정한다. 배운 지식을 학생이 스스로 관리하고 응용하도록 하지 않고 단순 암기만을 강조한다. 즉 '교'만 강조하고 '육'은 간과하는 것이다. 학생들

은 사고하는 능력을 제대로 배우지 못한다. 산재해 있는 어마어마한 양의 단편적 지식을 지시대로 달달 외기만 할 뿐, 배운 지식을 서로 체계적으로 연관시키지는 못한다. 이는 우연한 정책 실수가 아니다. 단순 암기는 의존성 훈련이다. 사고하는 것은 자주적인 행동이지만 주어진 것을 암기하는 것은 권위를 무비판적으로 받아들이는 행위이다.

정리하자면 유신 직후 일본이 세운 '일본인 만들기 프로젝트'의 내용은 다음과 같다.

'모든 교육은 국가가 국민을 책임지는 식의 국가 주도로 진행하되, 그 자체는 입신양명 수단이므로 비용은 수혜자인 개인이 충당하고 교과서를 빠짐없이 가르치는 교과서 중심의 교육을 실시한다. 이때 다수의 학생집단을 통제하며 교수해야 하기 때문에 수업 자체는 일제식 강의로 진행한다.'

일본의 교육에 대해 이렇게 길게 설명하는 이유는 짐작하고도 남을 것이다. 이들의 근대 교육이 그대로 한반도에 이식되었기 때문이다. 우리는 근대 교육의 초석을 우리 손으로 세운 것이 아니라 일본으로부터 이식 받았다. 그 과정에서 서구의 근대 교육 제도가 일제 강점이라는 불행한 역사를 배경으로 왜곡되고 변형된 형태로 현해탄을 건너와 이곳에 뿌리내린 것이다.

물론 우리나라 안에서도 자발적으로 근대 교육을 수용하려는 노력이 없었던 것은 아니다. 비숍이 한국에 발을 들여놓았던 바로 그해, 갑오개혁이 추진되었고 개혁을 계기로 교육 기회 개방 등 근대적

2부 수학 교육에 대하여

국민 교육 체제를 형성하려던 노력이 있었다는 것을, 1995년에 류방란이 발굴해 박사논문 학위인 〈한국 근대 교육의 등장과 발달〉에서 증거로 제시한 바도 있다. 하지만 그 자주적인 움직임은 씨앗이 싹트기도 전에 땅 속으로 묻혀버렸다. 그리고 자주적인 근대 교육의 씨가 채 말라죽어버리기도 전에, 일제는 그 위에 식민지 지배를 위한 왜곡·변형된 기형적인 근대 교육의 씨를 새로이 심어버렸다.

미국에서 건너온 '교육의 과학화'

우리나라의 교육학은 미국의 교육학과 무관하지 않다. '교육학 학위를 외국에서 받아왔다면 99%가 미국'이라고 해도 될 정도로 미국 교육학의 지대한 영향을 받았다. 해방 이후에 일본 제국주의가 차지하고 있던 공간을 고스란히 대신 차지한 미국이 우리 교육에 어떤 영향을 미쳤는지 되짚어보자.

19세기까지 그저 유럽을 동경하는 나라였던 미국은 20세기로 들어오며 비로소 자신만의 산업과 그 기반들을 만들어가기 시작했다. 남북전쟁 직후 유럽으로부터 이민자들이 대거 유입되어 제2단계 산업혁명이 나타났고, 그 이민자들이 그대로 도시 노동자가 되며 포드나 제너럴 모터스와 같은 대량 생산 업체들이 빠르게 성장했다. 찰리 채플린이 영화 〈모던 타임스〉를 통해 그려냈듯 분업과 자동화에 따른 인간 소외 문제가 생겨났지만, 그럼에도 당시 공장의 대형화는 피할 수 없는 대세였다. 자연스럽게 대형 공장을 관리하기 위한 학문이 필요했고, 이에 따라 경영학이 발달하게 되었다. 그 시대의 흐름 속에서, 1911년 시카고대학교의 프레드릭 테일러는 《과학적 관리법》이라는 경영학의 고전을 세상에 내놓았다.

그런데 같은 시기, 그 대학교의 교육학과 교수로 있던 프랭클린 보비트가 이 책을 읽었고 무릎을 쳤다. 창의적 사고란 엉뚱하고 기발한 무언가를 떠올려내는 것이 아니라 전혀 관계가 없어 보이는 서로 다른 분야의 아이디어들을 연결시키는 것이라 정의한다면, 분명 보비트는 창의적인 인물임에 틀림없다. 당시 '교육의 과학화'를 도모하고 있던 보비트는 테일러의 경영학에 관한 책으로부터 새로운 영감을 받아 교육학의 신기원이 된 혁명적 아이디어를 이끌어냈다.

그의 아이디어를 간단히 요약하면 이런 것이다. 학교를 공장이라고 생각해보자. 그러면 학교의 노동자인 교사는 공장의 생산직 근로자에 비유할 수 있고, 교장은 공장장, 교사가 가르치고 기르는 학생은 원자재가 된다. 원자재를 이용하여 제품을 만들어 내는 곳이 공장이니, 학교는 학생이라는 원자재를 다른 무엇인가로 만들어내는 곳이라 볼 수 있다. 공장의 운영과 체제를 결정하기 위해서는 어떤 제품을 만들 것인가를 가장 먼저 결정해야 하듯이, 학교에서는 학생들을 어떤 인간으로 교육할 것인가를 가장 먼저 고려해야 하는데, 따라서 교육 목표의 설정이 가장 우선 되는 것이다.

그의 관점에서 교육학이란 아이들을 성인으로 만들기 위한 가장 '효율적'인 방법을 연구하는 것이고, '학교는 학생들에게 무엇을 가르칠 것인가?'라는 질문에 대한 과학적이고 합리적인 답을 찾는 것이 연구의 핵심이다. 테일러가 노동자들의 자율성과 창의성은 무시한 채 효율성만을 강조했듯이, 교육에서도 오로지 목표 설정, 즉 지금 아이들이 어떠하냐가 아니라 어떤 사람으로 만들어야 하느냐가 가장 우선적으로 고려해야 하는 항목이 되는 것이다. 이렇게 보비트는 테일러의 《과학적 관리법》의 영향을 받아 새로운 교육학을 정립했고 그 내용을 1918년 《교육 과정》이라는 책에 담아 출간했다.

보비트의 저서를 계기로 시카고대학교는 교육의 과학화 분야에서 주도적인 역할을 하는 학교로 자리매김했다. 이어 같은 대학교의 랠프 타일러가 보비트의 아이디어에 공학적 접근법을 더해 자신의 이론을 만들었고, 그 결과를 1949년 《교육 과정과 수업지도의 기본 원리》라는 책으로 출간해냈다. 저서를 통해 그는 학교가 무엇을 가르쳐야 하는지, 즉 수업을 계획할 때 반드시 물어야 할 네 가지 질문을 제시했고, 그것을 타일러의 원리로 정립시켜 '교육의 합리적 과학화' 분야에서 당대 최고의 선구자가 되었다.

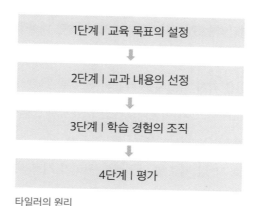

타일러의 원리

위 도식을 간단히 설명하자면 가장 먼저 학교는 추구하고자하는 목표를 설정해야 하고, 목표가 설정되면 그것을 성취하기 위해서 어떤 내용을 가르쳐야 하는지를 큰 틀에서 고민해야 한다. 그 고민이 끝나면 학생들로 하여금 어떤 교육적 경험을 하게 해야 그 내용이 가장 효과적으로 전달될지를 생각해야 하고 그렇게 구성한 수업을 모두 마친 후에는 평가의 단계로 마무리를 짓는다.

교육 활동을 마치 공장의 제품 생산 공정과도 같이 분석하여 과학화시킨 타일러의 이론은 교육의 효율성을 중시하는 이들에게 더없이 획기적인 결과물이었다. 그의 이론은 일부에게만 각광을 받은 것이 아니라, 교육계 전반에 걸쳐 커다란 영향력을 발휘했는데, 아이러니하게도 그 이유는 그의 이론이 가지고 있는 '흠결' 때문이었다.

타일러의 원리에는 교육 내용에 대한 가치판단의 과정을 언급하는 부분이 없다. 그가 제시한 네 단계의 질문에 답하기 위해서 교사들은 교육 내용에 대한 수많은 고민과 가치판단의 과정을 거쳐야 하지만, 타일러의 원리가 제시하는 것은 교육 과정을 과학화하기 위하여 공학적으로 접근하는 것, 바로 거기까지다. 어떤 내용을 가르치는 것이 결과적으로 더 나은 교육이 될지, 무엇을 가르치는 것이 진정 옳은지에 대한 고민은 각자 가르치는 자들의 몫으로 둘 뿐, 이론으로 제시하지 않는다. 그래서 그의 이론대로라면 소매치기 조직에서 소매치기 잘하는 법을 가르치는 것도 교육이 될 수 있다.

그런데 바로 그 점 때문에 타일러의 원리가 서로 다른 생각을 가지고 있는 여러 학자들에게 동시에 다가갈 수 있었던 것이다. 서로 다른 가치관을 가진 학자들에 의해 두루 사용되며, 그렇게 타일러의 원리는 교육 과정 수립을 위한 효율적인 '틀'로 자리매김을 하게 되었다.

그런데 당시 타일러의 교실에 한국인 학생이 한 명 있었다. 정범모라는 학생이었고 그는 박사학위를 받자마자 한국으로 돌아와 전쟁으로 폐허가 된 이 땅에 당시로서는 가장 선진적이었던 타일러의 이론을 도입했다. 마침내 교육의 과학화가 한국에도 뿌리내리게 된 것이다.

그는 타일러의 원리를 그대로 계승하여 교육을 "인간 행동의 계획적 변화"라고 정의하고 교육과 교육이 아닌 것을 구분하는 결정적인 기준은 그것이 계획에 의한 것이냐 아니냐의 여부에 있다고 단언했다. 즉 교육을 행하기 위해서는, 먼저 누군가를 어떻게 변화시키겠다는 명확한 목표와 그 목표를 실현시키기 위한 구체적인 프로그램이 마련되어야 있어야 한다는 말이다. 그의 정의는 그 자체로 자신은 타일러의 제자이며 동시에 타일러 이론의 충실한 계승자임을 드러내는 고해성사와도 같은 것으로 보인다.

반면 그는 '변화'라는 용어에 응당 들어있는 가치판단의 과정에 대해서는 별다른 말을 하지 않았다. 일단 변화가 계획적이기만 하다면 그 변화가 좋은 변화인지 나쁜 변화인지 따지는 것은 별로 중요하지 않다는 것이 그의 입장이었다. 이는 교육에서 가치판단의 과정은 배제하고, 오로지 과학적으로 접근하는 것에만 중점을 두겠다는 의도를 명시한 것과도 같다.

시카고대학교의 보비트와 타일러, 이후 블룸에까지 이어져 발전한 교육의 과학화는 이런 식으로 한국에 이식되었다. 이들의 연구는 오랜 시간 세계 여러 나라의 학자들에 의해 계승되고 그 장점을 인정받은 만큼 충분히 가치는 있다. 특히 학교 현장의 교사들에게 무엇을 가르칠 것인가, 즉 수업 목표를 어떻게 진술하면 좋을지의 실용적 지침을 마련해주었다는 점에서 큰 의의를 가진다. 하지만 그들 연구의 문제점은 무엇인지, 그 문제점이 지금 우리 교육에 어떤 영향을 주었는지에 대해서는 분명히 짚고 넘어가야 할 필요가 있다.

따라서 이어서는 정범모의 정의 속에 있는 '인간 행동'이라는 용어에 초점을 맞춰 교육의 과학화가 가진 문제점을 드러내 볼 것이다. 그 용어에는 인간을 행동으로 파악하겠다는 정범모의 의도와 관점이 담겨져 있고, 결국 바깥으로 드러나 관찰이 가능한 행동으로만 인간을 평가하겠다는 교육의 과학화의 맹점이 서려있다. 따라서 관찰가능한 **행동**만을 강조하여 **계획**한 교육이 결과적으로 어떤 수업을 만들어 냈는지, 어떤 교수법과 교재 집필 방법을 초래했는지를 더욱 구체적으로 다룰 것이다.

> **✓ R. S. 피터스의 윤리학과 교육**
>
> 타일러와 같은 시기에 활동한 영국의 교육철학자 R. S. 피터스는 교육에 대해 그와는 전혀 다른 관점을 가지고 있었다. 그는 교육을 "모종의 가치 있는 것이 도덕적으로 온당한 방식으로 의도적으로 전달되고 있거나 전달된 상태"라고 정의했다. 즉, 교육이 어떤 변화를 일으킨다면, 중요한 것은 그 변화가 계획적인 것이냐 아니냐가 아니라 그 변화가 좋은 변화인지 나쁜 변화인지를 따져야 한다는 것이다. 그는 내재적으로 가치 있는 것을 실현하기 위해 이와 관련된 마음을 획득하고 계발하는 것을 교육이라 보았다. 교육의 과학화의 물꼬를 튼 타일러가 학생들을 외형적으로 변화시키는 것에 초점을 맞추고 교육 과정을 설계했다면 피터스는 내면에 변화를 일으키는 것이 가장 중점이 되어야 한다고 설파했다.

타일러의 행동 목표

"오늘 수업의 목표는 '곱셈의 이해'입니다."

앞서 언급한 바와 같이 타일러의 원리는 교육 과정을 수립하거나 실제 수업을 진행할 때 가장 우선시해야 할 것을 교육 목표의 설정으로 본다. 이 원리는 이후 타일러의 뒤를 이은 일군의 학자들에 의해 더욱 발전하였는데 그중 블룸과 메이거는 특히 교육 목표를 기술하는 방안을 연구해 그의 이론을 완성하였다.

그들은 교육 목표에는 반드시 구체적인 행동을 나타내는 명시적明示的 동사가 들어있어야 한다고 주장했다. 즉 '알다', '이해하다', '인식하다' 등과 같은 단어는 수업 목표를 진술하는 단어로써는 적절하지 않으며 대신 '말하다', '구하다', '비교하다', '쓰다' 등과 같은 단어가 선택되어야 한다고 강조했다.

블룸과 메이거가 속해있던 시카고학파는 교육이란 모름지기 인간의 '행동'을 변화시키는 것이라는 대전제를 가지고 있었다. 교육이 행해지고 난 후 평가 단계에서는 반드시 행동의 변화 여부가 확인되어야 한다고 주장했으며 확인을 위해서는 그 '행동'이 눈에 보이는 행동이어야 한다고 강조했다. 따라서 그들의 이론에 따르면 교육 목표를 위 '곱셈의 이해'와 같이 기술하는 것은 적절하지 않다. 교육이 행해지고 난 후 학생들의 행동 변화를 확인하기 위해서는 곱셈을 가르쳤을 때 학생들이 어떤 행동 변화를 보여줄 수 있을지를 사전에 고려하여 '수업 이후 교과서에 제시된 곱셈의 뜻을 열다섯 자 이내로 요약 정리해 말할 수 있다' 또는 '한 자리 수 곱셈 문제 열 개 중 여덟 개를 2분 안에 풀 수 있다'와 같은 수업 목표를 내 놓아야 한다.

'교육의 과학화'라는 슬로건을 내걸고 시작한 이 새로운 교육 과정 이론에 대한 연구는 1950년대 미국 시카고대학교에서 활발하게 진행되었고, 이후 정범모에 의해 신속하게 이 땅에 소개되었다. 1956년 정범모는 국내 최초로 교육 과정을 다룬《교육 과정》이라는 책을 출간해냈고, 그 책은 1990년대까지 거의 반세기 동안이나 전국의 교육대학교와 사범대학, 교원 연수기관에서 다루어졌다. 그러면서 책 속에 기술된 타일러의 원리는 이 땅의 수많은 교육 관계자들의 뇌리에 각인되어 한국 교육에 지대한 영향을 미쳤다.

하지만 이식되는 과정에서 타일러의 원리는 원래의 의도와는 조금 다르게 변형되었다. '교육의 과학화'보다는 '공학적 접근'에 더 많은 기여를 하게 된 것이다. 말하자면 교육 시스템을 공장의 공정과 같이 보는 시각에 너무 많이 치중했고, 그 결과 여러 분야에서 다양한 문제점들이 발생했다.

원래 타일러의 원리는 현장의 교사들로 하여금 목표에 맞는 교육 내용을 선정해 적절히 조직하여 가르치는 활동을 단계적으로 수행한 후, 평가를 통해 교육 활동을 되돌아보게 하기 위해 고안된 것이었다. 하지만 '과학화'보다 '공학화'에 치우쳐 원리를 따르게 되면 마지막 단계인 평가가 먼저 고려되는 상황들이 발생한다. 그리고 평가를 우선적으로 고려하게 되면 자연히 업무가 매우 간소화 된다.

일단 무엇을 가르칠 것인가에 대한 고민 없이 평가할 내용을 그대로 가르칠 내용으로 삼아 수업을 준비하면 되고, 학습 목표 또한 평가를 토대로 행동적 용어만 잘 선정해 설정하면 그만이다. 게다가 수업 직후 가르친 내용이 제대로 잘 전달되었는지 아닌지도 쉽게 확인할 수 있게 되어 아이들의 성적을 관리하는 일 역시 매우 쉬워진다. 암죽식 교육과 내비게이션 수업을 유도하는 상황이 연출되어버리는 것이다.

교사들을 관리하는 교육 행정가들 또한 훨씬 효율적으로 자신들의 업무를 수행할 수 있게 된다. 아이들의 시험성적 결과를 곧바로 교사의 능력을 판단하는 지표로 활용할 수 있게 되기 때문이다. 그럼으로써 학교와 교사에 대한 관리와 통제를 훨씬 수월하게 할 수 있게 된다.

학습자인 아이들 또한 무엇을 어떻게 공부해야 하는가에 대한 고민을 덜 수 있다. 학습의 최종 결과인 '시험에 나오는 문제'에 집중하는 것이 곧 공부라는 단순한 도식에 따라, 예상 문제들로만 가득 찬 문제집을 열심히 머릿속에 채워 넣는 일만 집중하면 되니 말이다.

자연히 학습교재를 제작하는 출판사들의 상품 제작도 훨씬 간편화 된다. 주어진 교육 과정에 들어있는 학습 내용을 어떻게 변형해야 아이들에게 다가갈 수 있을지, 그 내용에 대한 고민을 하지 않고도 시험에 나온 혹은 나올 문제들만 모으면 참고서를 출판할 수 있게 되기 때문이다.

한국 교육에 도입된 타일러의 원리는 이렇게 일련의 교육 행위를 기계적으로 수행하도록 하는 '교육의 공학화'라는 새로운 양상으로 발달했고, 원래 의도했던 교육의 과학화와는 다른 모습으로 변질되어버렸다.

하지만 앞서서도 언급했듯 평가는 교수-학습의 목적이 될 수 없다. 또한 평가 단계에서 다룰 수 있는 내용은 전체 교수-학습에서 다루는 내용의 극히 일부밖에 되지 않는다. 비록 작위적인 모형을 사용하여 사례를 제시했지만, 암죽식 수업에 관한 내용을 통해 시험 문제에 출제되는 지식의 양은 가르치고 배우는 지식의 양과 비교하면 빙산의 일각밖에 되지 않는다는 사실을 충분히 이해했을 것이라 생각한다. 따라서 평가부터 고려해 교과 내용을 선정하고 학습 경험을 조직하게 되면 아이들은 배워야 할 전체 내용이 아니라 그중 일부만을 배우게 된다. 온전한 교육을 받을 수 없게 된다는 말이며 이것이 공학화에 치우친 형태로 변형되어 이식된 타일러의 원리가 갖게 되는 첫 번째 맹점이다.

또 다른 문제점을 보기 위해서는 '교육의 과학화'와 '겉으로 드러나는 행동'이 어떤 상관관계를 가지는지를 주목해 살펴보아야 한다. 도대체 어떤 관련이 있기에 '과학화'를 주창하며 '행동'을 거론한 것인지, 학자들의 사고 기반을 좀 더 세밀하게 들여다보자.

당시 교육의 과학화를 도모했던 이들은 자신들의 이론적 토대를 행동주의 심리학에 두었다. 행동주의자들은 심리학의 관찰 대상을 인간의 의식이 아니라 행동만으로 제한했는데, 그 이유는 인간의 사고나 감정과 같은 의식은 측정이 불가능 하므로 '객관적'인 자료가 될 수 없으며 따라서 인간을 '과학적'으로 연구하는 데는 방해가 되는 자료라 생각했기 때문이다. 그들에게 인간이라는 존재는 자극에 따라 반응하는 동물과 다르지 않았으며 따라서 학습은 행동의 변화를 일으키기 위해 적절한 자극과 반응을 강화시키는 것에 불과했다.

정범모가 내린 교육의 정의인 "인간 행동의 계획적인 변화"에도 이러한 행동주의 사고방식이 반영되어 있다. 그의 스승이었던 타일러도, 타일러 연구의 기반이었던 보비트도 이 행동주의 심리학의 영향을 받았으니 행동주의 심리학이 소위 교육의 과학화의 주춧돌이었다는 것은 아주 자명하다. 물론 이제는 이미 흘러간 유행가 가사와 다르지 않은 이론이 됐지만 1950년대부터 반세기 이상 이 땅의 교육 관계자들의 의식을 사로잡았던 탓에, 행동주의의 망령은 지금도 여전히 우리 주위를 맴돌고 있다.

그런데 과연 행동적 용어로 기술된 시험문제로 이해의 상태를 확인할 수 있을까? 두 번째 맹점은 바로 이 질문에 대한 답으로 설명할 수 있다. 제시된 다음 두 사례를 통해 진짜 이해를 했는지 아닌지를 겉으로 드러나는 행동을 통해서만 판단하는 것이 어떤 결과를 가져오는지 살펴보자. 행동적 용어로 교육 목표를 설정한다는 것이 다소 무모한 일이 될 수도 있음을 확인할 수 있을 것이다.

잔잔한 피아노 독주 음악이 흐른다. 곡이 끝나자 교사는 학생에게 질문을 했다.

"이 곡이 무슨 곡인지 말할 수 있을까? 아는 대로 설명해보게나."

잠시 숨을 멈춘 학생은 이윽고 곡에 대해 다음과 같이 답했다.

"이 곡은 루트비히 판 베토벤의 피아노 소나타입니다. 베토벤의 피아노 소나타 서른두 곡 중 최고로 평가되는 3대 소나타 중 하나죠. 주로 '월광'이라는 별칭으로 불리지만 원제는 〈피아노 소나타 제14번 올림C단조〉이고 작품번호는 27-2입니다."

그는 숨도 쉬지 않고 설명을 계속 이어갔다.

"이 곡은 당시의 소나타 형식을 타파한 새로운 작품으로 알려져 있고 이후 여러 음악에 큰 영향을 주었다고 합니다. 작품의 느낌은 몽상적이기보다는 즉흥적이라 말할 수 있습니다."

"곡이 전체 몇 악장으로 구성되어 있지?"

추가 질문에도 그는 거침없이 대답했다.

"3악장입니다."

베토벤의 〈월광 소나타〉를 범위로 하는 음악 감상 시험이 있었다고 가정하자. 어떤 학생이 위와 같은 답을 했다면 교사는 이 학생에게 몇 점을 주어야 할까? 10점 만점에 10점, 아무리 적어도 8점 정도는 주어야 공정하다고 말할 수 있지 않을까?

학생의 발표가 끝나자 교사는 준비한 CD를 틀었다. 학생의 말대로 정말 즉흥적인 느낌의 곡인지, 다른 곡들에게 영향을 줄만큼 뛰어난 음악인지 확인하기 위해서였다. 그런데 놀랍게도 위와 같이 답을 한 학생은 그 곡이 월광 소나타인지 알아차리지도 못했다. 마치 처음 듣는 곡인 것처럼 고개를 갸우뚱 기울였고, 당연히 어느 부분이 즉흥적인지 설명하지도 못했다.

학생은 음악 감상 시험 준비를 아주 철저히 했다. 베토벤의 〈월광 소나타〉에 대한 자료를 찾고 찾은 자료를 열심히 정리해 언제든지 요약해 말할 수 있을 때까지 외워왔으니 다른 사람들보다 몇 배는 더 많이 노력한 것이다. 그런데 음악을 찾아 직접 들어보지는 않았다. 그런 수고는 감상 시험에 아무 도움이 되지 않기 때문이다. 감상 시험이라 한들 진짜 감상을 평가할 수는 없으니 말이다.

그럼 다시 한번 생각해보자. 교사는 이 학생에게 몇 점을 주어야 할까? 음악 한번 들어보지 않고 감상 시험에 들어온 이 학생에게 좋은 성적을 주는 것이 과연 공정한 것이라 말할 수 있을까?

고민이 되는 문제라 생각하는 이들도 있을테지만 사실 답은 간단하다. 채점의 공정성을 가리기 위해서는 교사가 설정한 학습 목표를 보면 된다. 만약 교사가 타일러의 원리를 정확히 숙지해 이 감상 수업의 목표를 '베토벤의 〈월광 소나타〉를 듣고 그 곡의 특징과 성격, 구성을 짧은 문장으로 기술할 수 있다'고 설정했다면 이 학생은 당연히 높은 점수를 받아야 마땅하다. 왜? 그가 보여준 행동만이 평가의 기준이 되니까, 눈에 보이는 것이 전부니까.

친구와 단둘이 여행을 하던 중이었다. 한참을 돌아다니던 중 아주 매력적인 여인이 우리 눈에 들어왔고, 운 좋게도 우리는 그 여인과 저녁을 같이 먹게 됐다. 분위기 좋은 재즈 음악이 흘러나오는 와인바에 자리를 잡았고 대화를 시작하려던 찰나, 나는 그만 내 친구의 언변에 어안이 벙벙해질 수밖에 없었다. 친구는 '코노 쉬르 비시클레타 소비뇽 블랑'이라는 와인을 그 여인에게 추천하며 다음과 같이 장황한 설명을 늘어놓았다.

"이 와인은 내가 지금까지 맛본 와인 중 식전 와인으로는 단연 최고입니다."

여인은 눈을 반짝이며 친구의 이야기에 귀를 기울였다.

"여기 있는 라벨이 좀 독특하네요."

친구는 여인의 말을 받아 계속해서 이야기를 이어갔다.

"역시 뛰어난 관찰력을 가지고 계시네요. '비시클레타'가 자전거라는 뜻입니다. 그래서 라벨에 자전거가 들어가는 거죠."

"색깔이 참 특이하네요. 맛은 어떤가요?"

"색깔이 좀 그렇죠? 밝은 노란색에 약간의 초록빛이 섞여있습니다. 향은 더욱 특이하죠. 풍성한 시트러스, 녹색 사과, 허브의 향이 한꺼번에 느껴집니다. 맛도 아주 좋죠."

친구의 이야기는 끝이 나지 않았고 여인은 친구에게 푹 빠진 것처럼 보였다. 그런데 저런 이야기들을 늘어놓는 내 친구는 사실 알코올 알레르기가 있다. 술을 입에도 대지 못하는 사람이다.

술이라고는 한 잔도 하지 못하는 친구의 상상을 초월하는 설명. 분명 친구는 '코노 쉬르 비시클레타 소비뇽 블랑'이라는 와인을 한 방울도 마셔봤을 리 없다. 인터넷에 떠돌아다니는 와인 리스트의 설명을 순식간에 외웠든지 기껏해야 와인에 관한 책을 한 권 읽고, 알아두었던 지식을 번지르르하게 포장해 풀어냈을 것이 틀림없다. 하지만 그날 만났던 여인은 틀림없이 내 친구가 와인에 정통한 사람이라고 생각했을 것이다. 그녀의 판단은 틀렸다고 보아야 할까?

배움의 결과는 구체적인 행동만으로 드러나지 않는다. 사례에서처럼 베토벤의 〈월광 소나타〉를 듣고 느낄 수 있는 감흥을 전달할 수는 있다. 하지만 그 감흥이 온전히 전달되었는지, 전달받은 학습자도 그 감흥을 느끼는지는 겉으로 드러나는 행동으로 판단할 수 없다. 와인의 맛 역시 마찬가지다. 그 맛이 어떤지 말로 설명할 수는 있지만 그 풍미를 학습자가 전달받았는지 확인할 방법은 없다. 그러니

2부 수학 교육에 대하여

드러나는 행동만으로는 절대 교육의 결과를 전부 판단할 수 없다. 이것이 바로 행동주의의 한계이며, 보다 더 근본적으로 교육에서의 평가 체제가 보이는 한계다.

아무도 보지 않는 수학 교과서

우리 아이들은 절대로 교과서 중심으로 공부하지 않는다. 매년 수능이 끝나고 대략 한 달이 지나 수능 만점자가 발표되면 으레 저녁 뉴스에 그 아이들의 인터뷰가 보도되고 아무도 믿지 않는 '교과서 중심으로 공부했다'는 말이 '비법'으로 소개된다. 언제 생겨났는지조차 알 수 없는 이 진부한 멘트를 도대체 왜 되풀이하고 있는 걸까? 혹시 누가 시킨 것은 아닌지 그게 아니라면 뭔가 숨기려고 그러는 건지 늘 께름칙하고 의심스럽다. 사람들도 그런 말들을 조금도 믿지 않는 것 같다. 인터뷰가 보도되는 순간 그 아이가 다녔던 것으로 추정되는 학원의 이름, 그 아이를 가르쳤다고 떠들어대는 강사의 이름이 포털 사이트의 검색어로 떠돌기 시작하기 때문이다. 1주일도 되기 전에 그 아이가 보았다고 소문난 책이 학원가의 필수 교재가 되기도 한다. 이제 교과서 중심으로 공부해서는 절대 좋은 성적을

2부 수학 교육에 대하여

기대할 수 없다고 믿는 것이 우리 모두의 현실이 되어버린 것이다.

때문에 한국 출판계에는 다른 나라에는 없는 매우 독특한 시장이 형성되어 있다. 초·중·고등학교를 다니는 12년간 참고서에 묻혀 지내는 한국 아이들 덕에 만들어진 참고서 시장이 바로 그것이다. 아이들은 매년 교과서보다 더 많은 권수의 참고서를 구입한다. 그리고는 교과서야말로 '참고 삼아' 보고 대부분의 공부 시간을 참고서를 풀고 외우는 데 할애한다.

심지어 대학 입시를 목전에 둔 고등학교 3학년 교실에서는 참고서만으로 수업이 이루어지기도 한다. 3학년 수학책에 수록된 내용들을 진짜 3학년 때 가르치는 학교는 거의 없다. 대체로 2학년 겨울방학까지는 모든 진도를 마치고 3학년이 되면 수능에 대비한 문제풀이 수업을 시작한다. 최근 정부는 공교육 정상화라는 명목하에 선행학습 금지법◆이라는 해괴한 법을 발표했는데, 이 법을 적용하면 전국의 고등학교 교사들은 모두 법을 어긴 범법자로 전락할 판이다. 하지만 범법자가 된들 그런 식의 수업 방식을 바꿀 수는 없다. 법을 지킨답시고 국가가 정한대로 교육 과정을 운영한다면 그때는 학부형들이 반발할 것이기 때문이다. 우리나라에서 대입 준비라는 명목은 교육에 있어 그 어떤 불법 행위에 대해서도 면죄부가 되어줄 수 있을 정도로 힘이 세다.

하지만 정말 아이들의 교육을 걱정하는 학부형이라면, 그 거센

◆ 제8조(선행교육 및 선행학습 유발행위 금지 등) ① 학교는 국가교육 과정 및 시·도 교육 과정에 따라 학교교육 과정을 편성하여야 하며, 편성된 학교교육 과정을 앞서는 교육 과정을 운영하여서는 아니 된다. 방과후학교 과정도 또한 같다.

반발은 사실 다른 곳으로 보내야 한다. 교육부의 압박과 학부모들의 질타 가운데서 어느 쪽이 더 감당하기 힘들지 따져보기도 힘든 일개 학교가 아니라, 우리 아이들로 하여금 고3 때는 문제집만 죽어라 풀어야 대학을 갈 수 있게 만들어 놓은 독점적 평가 체제를 고수하는 교육부로 향해야 한다는 것이다.

최근 우리 교육부는 참고서 중심의 수업 방식, 공부 방식을 부추긴 데 이어 참고서 시장을 아예 독식하기에 이르렀다. 사교육비를 절감시켜주겠다고 시작한 EBS 수능방송이 또 하나의 참고서 시장을 만들어 냈기 때문이다. 아이들은 이제 기존에 보던 문제집 대신 EBS 수능방송 교재를 들고 학원에 간다. 몇 년 전부터는 해마다 수능과 EBS방송이 몇 퍼센트나 연계될지까지 공식 발표하고 있고 어떤 식으로 연계시킬 예정인지 그 유형까지도 뉴스에서 세세히 보도하고 있어 누구라도 그 문제집을 사지 않으면 안 되는 상황이 됐다. 세상에 모든 수험생이 같은 문제집을 풀도록 강요하고, 시험문제가 어디서 어떻게 출제될 것인지를 뉴스를 통해 발표하는 나라가 도대체 어디 있단 말인가!

하지만 정말 간과해서는 안 될 사실이 따로 있다. 자신들이 출제하는 시험에 좋은 점수를 받을 수 있다고 협박하며, 한창 신체 활동뿐만 아니라 지적 활동이 왕성한 10대의 우리 아이들을 TV 앞에 앉혀놓았다는 사실을 과연 어떻게 설명할 수 있을까. 이를 교육 정책이라 자랑하는 그들은 과연 어느 나라 사람들이 의심스럽지 않은가. 혹시 자신들의 자녀들은 이미 일찌감치 외국으로 유학을 보냈기에 그런 정책을 펼치는 것은 아닐까. 만일 생각조차하기도 싫지만 우리가 아직도 일본의 식민지이고 그래서 조선총독부가 그런 교육 정책을 내놓았다면, 우민화를 꾀하는 음모라며 삼일운동 못지않은 거국적인 거센 반발에 직면하지 않았을까. 버젓이 독립국인 이 나라에서 여러 개의 채널을 확보하여 우리 아이들을 TV 앞으로 내모는 것을 교육 정책이라 펼치는 나라에서 살고 있다는 사실을 우리 학부형들은 어찌 당연하게 생각하는지 이해가 가지 않는다. 진정 아이들을 생각하는 식자라면 이러한 현실을 지적해야 하지 않을까.

하지만 우리나라의 교육 전문가들과 교과서 필자들은 이러한 진짜 현실을 고려하지 않는 것 같다. 수학 점수 좀 올려보겠다고 마음먹는 아이들이 가장 먼저 하는 일이 서점에 가서 새 문제집을 고르는 일이고, 참고서와 교과서의 위치와 역할이 바뀐 지 오래임에도, 그들은 여전히 쓸데없는 탁상공론만 일삼으며 아무도 보지 않는 수학 교과서만을 개정하고 또 개정한다. 흔히들 쉽게 내뱉는 '문제집과 교과서는 다를 수밖에 없다'는 말과 '수학은 무조건 많이 풀어보는 게 최선'이라는 말은 그들이 만든 교과서가 그야말로 무용지물이라는 말과 사실상 다르지 않다. 그래서 우리는 현재 진행되는 실제 교육 현상을 비판적 안목으로 들여다보고자 하는 것이다.

하지만 막연한 비판, 심지 없는 비판은 아무 소용이 없다. 교육 문제를 거론할 때면 으레 상투적으로 나오는 "입시 제도가 바뀌어야죠", "정책이 문제입니다", "교육에 대한 인식이 먼저 달라져야죠" 등과 같은 말들은 이제껏 아무것도 변화시키지 못했다. 아무런 힘이 없는 그저 공허한 이야기였을 뿐이다. 그러니 정말 제대로 비판하려면, 비판을 기반으로 변화를 이끌어내려면 아이들이 무엇을 어떻게 배우고 있는지부터 알아야 한다. 배우고 가르치는 내용에 대한 탐색, 다시 말해 추상적인 '교육'이 아니라 구체적인 '수업', '교재'에 대한 탐색전이 선행되어야 한다는 것이다. 그 내용들에 대한 구체적인 탐색이 결여된 견해와 비판은 결국 다시 탁상공론으로 끝나버릴 것이다.

그래서 이제부터는 그 수업, 그리고 그 교재 속으로 들어간다. 아무도 보지 않는 수학 교과서가 아니라 실제로 아이들이 교과서 대신 보는 참고서를 펼쳐볼 것이고, 그 참고서가 아이들을 어떻게 길들이는지, 참고서가 길들인 대로 공부한다는 것이 교육적으로 어떤 의미를 가지는지 세세히 밝혀내보려 한다. 그 과정에서 아마 한국식 수학 수업의 불가피성 역시 드러날 것이다. 왜 우리나라의 교실에서는 암죽식 수업이 성행하고 내비게이션 수학이 환영받을 수밖에 없는지. 수업과 교재의 내용을 꼼꼼히 살펴보며 그 모든 문제들의 근원을 한번 탐색해보자.

참고서라는 이름의 시험 문제집

우리가 일상적으로 사용하는 단어들 중에는 간혹 글자 그대로의 의미와는 전혀 다른 뜻으로 사용되는 것들이 있다. 가령 보충補充 수업은 말 그대로 '다른 학생들에 비해 기초가 부족한 학생들에게 보충적으로 실시하는 수업'이 아니라 정규교과 외의 시간에 모든 학생들을 대상으로 이루어지는 추가 수업을 뜻한다. 초등 전과全科는 '초등학교에서 규정한 모든 교과'를 뜻하는 말이 아니라 초등학교 교과서의 내용이 그대로 수록되어 있으면서 모범 해답까지 제시되어 있는 교과서 풀이집을 가리킨다. 참고서라는 단어도 그렇다. 표기된 글자와 실제 의미하는 바가 전혀 다르다. 참고서의 대부분은 학습에 참고가 될 만한 책이 아니라 그저 반복 훈련을 위해 유사한 문제들을 엮어 만든 책이다. 시험에 나올 것 같은 문제들만 모아놓은 문제풀이집. 따라서 참고서라는 이름으로보다는 문제집이라고 부르는 것이 더 정확하다.

우리나라만큼 참고서를 많이 보는 나라가 세상에 또 있을까? 물론 외국의 서점에도 우리가 보는 참고서와 유사한 형태의 책들이 있기는 하다. 하지만 그 책들을 우리처럼, 우리와 같은 목적으로 사고 보는 나라는 거의 없다. 대표적으로 미국에는 맥그로 힐 출판사에서 발행하는 《샴》이라는 참고서가 있는데, 보충 교재로 분류될 뿐이며 고등학생 이상의 학생들만이 대상이다. 간혹 교과서 대신으로 이 책을 쓰는 경우도 있지만 그 이유는 단지 정규 교과서보다 가격이 저렴하기 때문이다.

반면 우리에게 참고서는 어떤 책인가? 3~40년 전 《수학의 정석》, 《성문종합영어》, 《맨투맨》을 보고 공부하던 시절을 떠올려보자. 고등학생이 되면 으레 그런 것이려니 교과서보다 몇 배는 더 비싼 참고서들을 몇 권이나 사서 책장에 꽂아두었고, 교과서는 간혹 학교 책상 서랍 속에 넣어 두고 다녔더라도 그 책들만큼은 통째로 외워버리겠다는 심산으로 몇 번을 넘기고 또 넘겨가며 책장이 너덜너덜해 질 때까지 보지 않았던가? 아마 학창 시절에 보았던 수학 교과서가 어떻게 생겼는지는 기억하지 못해도 정석 책이 어떻게 생겼는지는 단

박에 기억할 수 있을 것이다. 그 정도로 친숙했고 흔한 책이었기 때문이다. 지금도 여전하지만 당시에도 교과서보다는 참고서로 공부하는 것이 훨씬 더 자연스러웠다.

실제로 《수학의 정석》이라는 문제집은 1966년 첫 출간 이후 지금까지 대략 4,000만 권 가까이 팔렸다고 한다. 약간의 과장을 덧붙여 우리 국민 모두가 이 책으로 고등학교 수학을 공부했다고 해도 과언이 아니다. 그러니 이 한 권의 문제집은 그간 개정을 거치며 사라진 수십 권의 교과서들보다 한국 교육에 미친 영향이 훨씬 크며, 따라서 한국의 수학 교육을 논하며 이런 참고서들에 대한 분석을 간과한다는 것은 어불성설이다. 암죽식 수업과 내비게이션 수학으로 점철된 한국 교육의 문제점과 원인을 규명하기 위해서는 당연히 이 책들을 살펴보아야 한다. 책의 구성과 내용은 물론, 저자의 교육관까지 들여다보아야 할 충분한 이유가 있다.

《수학의 정석》은 어떻게 만들어졌을까

수학 참고서 시장의 최고 베스트셀러 《수학의 정석》은 어떻게 만들어졌을까? 저자인 홍성대는 과거 언론사들과의 인터뷰를 통해 여러 차례 이 책의 탄생 비화를 밝혀왔다. 그는 서울대학교 수학과 재학 중 과외 교사로 활동하며 책을 집필했다고 하며, 집필 과정에서 일본·미국·독일·프랑스·러시아·중국 등 외국의 참고서도 두루 살펴보았다고 전했다. 다만 그 책들은 정말 참고만 했을 뿐 베긴 부분은 전혀 없다고 강조했다.

하지만 사실성과 신뢰성이 부족한 발언이다. 당시 우리나라는 경제적으로 매우 어려운 상황이었고, 지금과 달리 자유롭게 해외여행을 할 수 있는 사람도 드물었다. 수입품조차 귀했던 시절이었고 영어를 공부하는 사람들이 영문으로 된 소설책 한 권 구하는 것도 용이하지 않았던 때다. 그런데 영어로 된 수학책이라니. 하물며 독일·프랑스·러시아 등 유럽에서 출간된 수학책을 구할 수 있었다는 발언은 그저 상상력의 산물로 밖에 여겨지지 않는다. 1960년대까지는 국내의 대학 도서관들도 그렇게 다양한 국적의 수학책들을 구비하지 못하고 있었다. 그러니 교수도 아닌 일개 대학생이 그런 책들을 전부 가지고 있었다는 것에 신뢰를 보낼 수는 없다. 설혹 만에 하나, 그의 말대로 그가 그 책들을 전부 보유하고 있었다 하더라도 일어·프랑스·러시아어 등 전부 다른 자국어로 쓰여진 책들을 어떻게 다 독해할 수 있었을까? 그의 인터뷰는 이런 의문점들에 대한 충분한 해명 없이는 설득력을 얻기 어려울 것 같다.

다음은 일본의 고등학생들이 가장 많이 보는 수학 참고서로 알려져 있는 《차트식 시리즈》의 일부다. 단지 일본어로 쓰여 있을 뿐이지 그리 낯설다는 느낌이 들지는 않을 것이다. 책의 구성이 그토록 보아온 《수학의 정석》과 크게 다르지 않기 때문이다. 두 책은 거의 동일한 틀을 갖추고 있다. 미루어 짐작건대 그렇게까지 비슷한 이유는 《수학의 정석》이 일본의 《차트식 시리즈》를 그대로 따랐기 때문이 아닐까. 《수학의 정석》보다 이미 40년도 더 전에 출간되었고 일본 참고서 시장에서도 검증을 거친 책이니, 구성은 그대로 두고 문제 속의 숫자나 진술된 내용만을 약간 변형해 가져온 것 같다. 번역

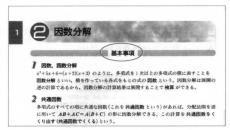

새로운 단원이 시작되는 첫 번째 페이지에는 기본사항(基本事項)이 정리되어 있다. 수학적 정의나 정리 또는 공식과 같은 중요한 지식을 정리하여 모아두기 위한 장치인 것 같다. 《수학의 정석》에서는 '기본사항' 대신 '기본 정석'이라는 타이틀을 달아 비슷한 내용을 나열해두고 있다.

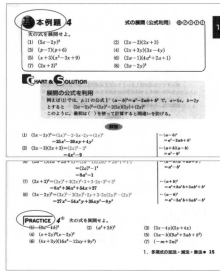

이후로는 기본예제(基本例題)와 PRACTICE가 여러 쪽에 걸쳐 따라 나온다. 책의 가장 많은 부분을 차지하고 있으니 이 문제들이 바로 책의 핵심 부분이며, 이를 통해 이 책의 집필 의도를 엿볼 수 있다.

이 책은 수학의 기본 개념과 원리를 이해하게 하는 책이기보다는 시험에 나올만한 문제들을 수록하고 그 풀이 과정을 기술한 전형적인 문제집이라 보면 된다. 《수학의 정석》 역시 그러하다.

《수학의 정석》에는 基本例題대신 '기본문제' 또는 '필수예제'가, PRACTICE대신 '유제'가 있다.

각 단원의 마지막 장은 EXERCISE다. 서른 문제 정도가 제시되어 있고 난이도는 앞의 기본예제들보다 조금 높다. 《수학의 정석》에는 '연습문제'라는 제목으로 비슷한 페이지가 마련되어 있다.◆

◆《수학의 정석》과 함께 제시하여 두 책을 비교해 볼 수 있게 하려고 두 출판사에 모두 사진 수록을 허락해 달라는 부탁을 드렸지만, 어떤 이유에서인지는 몰라도 《수학의 정석》을 발행하는 출판사는 우리의 요청을 완강하게 거부했다. (일본의 수연출판사는 기꺼이 수락했다.) 《차트식 시리즈》와 《수학의 정석》을 비교해보고 싶다면 기억을 더듬어 책 내용을 떠올려보거나 가까운 서점에 가 해당 내용이 수록되어 있는 페이지를 들춰보기 바란다.

보다는 번안에 가까운 작업을 한 것이다.

그런데 그 시절 이런 번안 작업은 아주 빈번하게 일어났다. 1960년대까지 우리나라 대다수 출판사들은 대체로 일본 책을 들여오는 데 가장 큰 노력을 기울였기 때문이다. 필자가 어린 시절에 읽었던 《이솝 우화》, 《톰 소여의 모험》, 《보물섬》, 《장발장》 등과 같은 세계문학 작품들은 전부 원저자의 나라에서 들여온 원서가 아니라 일본으로 들어온 책들을 중역해 낸 것들이었다. 원서를 구하기가 어려웠을 뿐더러 영어와 일본어를 제외한 나머지 언어들로 쓰여진 책들은 책을 번역할 정통한 번역자를 구하는 일조차 쉽지 않았기 때문이다. 반면 일본인들은 당시 서구 문화의 거의 대부분을 이미 자신들의 언어로 번역하여 놓았을 정도로 탄탄한 번역 기반을 가지고 있었다. 당시 일본과 일본의 책들은 우리에게 그야말로 서구 세계로 향하는 창문과도 같았던 것이다.

그러니 당시의 상황에 비추어보면 《수학의 정석》이 일본의 《차트식 시리즈》와 닮아있는 것은 아주 놀라운 일도, 그다지 드문 일도 아니다. 우리 논의의 주제 역시 감춰져 있던 저술의 뒷이야기를 밝혀내자는 것이 아니니 이 이야기는 여기서 마무리 하도록 하자.

대신 이제부터는 본격적인 '정석 탐구'로 들어가자. 지난 반 세기 동안 거의 모든 한국 고등학생들의 필독서였고 수많은 학생들이 탐독했을 《수학의 정석》. 그 책이 어떻게 쓰였으며 어떤 식의 학습 방식을 유도하는지, 그래서 결과적으로 아이들의 공부 습관에 어떤 영향을 주었는지 하나하나 살펴보자. 나아가 그 한 권의 문제집이 한국 교육의 역사에서 어떤 역할을 했는지까지 조명해 보려한다. 그러니 혹 간간이 등장하는 수학 이야기에 지난 시절 그 책을 보며 앓던 골머리가 다시금 지끈거리더라도 조금만 참아주길 바란다. 어려울 수 있지만 꼭 짚고 넘어가야 하는 문제이기에 함께 따라와주었으면 좋겠다.

바둑처럼 수학에도 정석이 있어야 할까?

'정석定石'이라는 단어는 "사물의 처리에 정하여져 있는 일정한 방식"이라는 뜻으로 주로 바둑 용어로 사용되던 말이다. 바둑을 두는 사람들은 흔히 '바둑에는 정석이 있다'는 말을 한다. 공격과 수비에 있어 최선이라고 인정되어온 일정한 방식이 있고 그 방식대로 돌을 놓는 것을 정석이라 칭하는 것이다.

그런데 저자는 왜 이 바둑 용어를 자기 책의 제목으로 가져왔을까? 추측이기는 하나 여기서 우리는 저자가 가지고 있는 수학에 대한 관점을 읽어낼 수 있다. 저자는 수학과 바둑을 유사하게 생각한 것 같다. 바둑에 정석이 있듯이 수학에도 정석이 있다고 생각한 것이다. 그가 생각하기에 수학은 정답에 이르는 풀이 과정들을 모아놓은 것이고, 따라서 수학을 잘하기 위해서는 그 길들, 즉 풀이 과정만 열심히 익히면 된다. 그러니 수학 참고서도 그 일정한 방식을 가르쳐주기만 하면 충분하다. 독창적이고 기발한 생각을 할 수 있는 여러 가지 길을 제시한다든지 자기만의 패턴을 발견하게 해 수학의 의미를 깨우쳐줄 필요까지는 없다.

이는 앞서 수학을 '패턴의 발견'이라 정의한 것과는 전혀 다른 관점이다. 이 관점에 따르면 수학을 가르친다는 것은 '정해진 절차에 의해 정답에 이르도록 하는 과정을 익히도록 훈련시키는 것'과 다르지 않다. 아나나 다를까 이런 저자의 관점은 책의 구성 형식을 통해 고스란히 드러난다.《수학의 정석》의 모든 장은 천편일률적으로 다음과 같이 구성되어 있다.

기본공식 → 기본문제 → 유제 → 연습문제

기본 공식과 개념은 가장 눈에 띄게, 단 최대한 간결하게 요약하여 단원의 첫머리에 정리해두었다. 그리고 공식 아래에 바로 문제를 제시하여 문제를 풀면서 공식을 되새김할 수 있게 했다. 그것이 저자의 의도이고 위의 구성 형식이 내재하고 있는 목적이다. 좀 더 세밀히 보기 위해 특정 단원을 예로 들어보자. 고등학교에 입학하자마자 배우는 '수학I'의 첫 단원 다항식의 연산 내에 있는 곱셈공식 부분이다.《수학의 정석》이 아니라 다른 책을 들춰보아도 해당 학기의 해당 단원에는 아래와 같은 내용이 수록되어 있을 것이다.

---

1 곱셈공식

$(a+b)(a-b)$는 $(a+b)(a-b)=a^2-ab+ba-b^2=a^2-b^2$ 과 같이 분배법칙을 써서 전개한 다음 교환법칙, 결합법칙 등을 써서 간단히 할 수 있다.
이때 전개한 결과 $(a+b)(a-b)=a^2-b^2$은 자주 나오는 꼴이므로 공식처럼 기억하고 있으면 많은 도움이 된다. 이와 같이 다항식을 전개할 때 자주 나오는 꼴을 모아 곱셈공식이라고 한다.

곱셈공식

① $(a+b)^2=a^2+2ab+b^2$

$\vdots$

③ $(x+a)(x+b)=x^2+(a+b)x+ab$

④ $(x+a)(x+b)(x+c)=x^3+(a+b+c)x^2+(ab+bc+ca)x+abc$

⑤ $(a+b+c)^2=a^2+b^2+c^2+2ab+2bc+2ca$

$\vdots$

고등학교 1학년 수학에서 다항식의 곱셈은 매우 기본적인 개념이자 공식이므로 이에 대한 해설이나 설명은 충분히 제시되어야 마땅하다. 하지만《수학의 정석》은 공식만을 간략하게 제시하고 이를 암기하라고 한다. 그리고 이외의 설명을 위해서는 추가의 지면을 내어주지 않았다. 이에 비해 위 공식이 적용되는 문제의 풀이과정은 매우 상세하게 서술하고 있다.

기본문제 다음 식을 전개하여라.

$\vdots$

(3) $(a-2b-c)^2$

(4) $(2x+3y)^3$

(5) $(2x-3y)^3$

$\vdots$

정석연구 이 문제는 모두 다음 곱셈 공식을 이용하여 해결할 수 있다.

　　　　　　　　　　　　　　2부 수학 교육에 대하여

$$\vdots$$
$$(a+b)^3=a^3+3a^2b+3ab^2+b^3$$
$$(a-b)^3=a^3-3a^2b+3ab^2-b^3$$
$$\vdots$$

모범답안

$$\vdots$$

(4) (준 식) $= (2x)^3+3(2x)^2\times3y+3\times2x(3y)^2+(3y)^3$

$\quad\quad\quad\quad\ = 8x^3+36x^2y+54xy^2+27y^3 \leftarrow$ 답

(5) (준 식) $= (2x)^3-3(2x)^2\times3y+3\times2x(3y)^2-(3y)^3$

$\quad\quad\quad\quad\ = 8x^3-36x^2y+54xy^2-27y^3 \leftarrow$ 답

$$\vdots$$

이 부분이 이 책의 진짜 핵심이다. 《수학의 정석》을 교재로 하는 수업은 대개 이 부분을 가장 중점적으로 다룬다. 좀 더 현실적으로 말하자면 잘 정리된 수학공식을 외우고, 그 공식을 이용하면 따로 생각할 필요도 없이 풀리는 문제들을 반복적으로 풀어내는 것이 참고서를 교재로 하는 수학 수업에서 주로 하게 되는 일이다. 기본문제에 따르는 유제와 연습문제 역시 반복을 위한 장치에 불과하다. 뭔가 발견할 거리나 골똘히 생각하도록 유도하여 공통적인 패턴을 발견할 기회를 주는 가르침은 어디에도 없다. 그 몫은 이미 수학자들이 다 해놓았으니 학습자는 그 찾아놓은 패턴을 그냥 외우기만 하면 된다는 것이다.

아마 이런 식으로 문제집을 통해 수학을 접하고 배운 이들은 결국 수학을 '공식과 문제 풀이 과정들을 모아 놓은 집합체'라 생각하

게 될 것이다. 그들에게 수학 학습은 '그 지식들을 다시 한번 요약 정리하여 캡슐화 시켜놓은 것을 머릿속에 채워 넣는 일'일 것이고, 이때 관건은 문제 풀이 과정에서 그 지식을 써먹을 수 있게 연습하고 훈련하는 것일 게다. 수학을 가르치는 것 역시 '문제 풀이 과정을 시범으로 보여주고 아이들이 잘 따라 올 수 있도록 그 과정을 반복적으로 보여주는 것'으로 정리된다. 암죽식 수업과 내비게이션 수학이 성행할 수밖에 없는 이유다. 암죽식 수업과 내비게이션 공부법은 이러한 교수법, 학습 방식이 전제될 때 교육의 효율성을 극대화시키는 방안으로 설계된 최적화된 결과물이다.

《수학의 정석》이 유도하는 관점을 가지고 그에 따르는 방식으로 수업을 진행한다면 그 속에서 우리 아이들은 그저 '채워야 될 빈 그릇'에 불과하게 된다. 스스로 생각하는 능동적 존재가 될 여지는 전혀 없다. 사고하는 학문으로서의 수학이 발을 붙일 곳 역시 어디에도 없으며 진짜 수학적 사고는 시험 점수를 높이는 데 오히려 방해물로 취급된다. 수학 공부를 하며 아이들이 선택할 수 있는 길은 오직 하나다. 문제의 유형들을 잘 익히는 것, 반복해서 풀고 유형을 숙지해 시험에 동일한 문제나 유사한 문제가 나오면 생각할 필요도 없이 즉각 풀이 과정을 쓸 수 있게 대비하는 것. 그래야 높은 점수라는 최종 목표를 획득할 수 있다.

하지만 이 과정들은 모두 진짜 수학의 본질과는 거리가 먼 일들이다. 정석은 바둑에나 있는 것이지, 수학을 공부하며 정석을 찾는 것은 수학을 가장 수학답지 못하게 공부하는 것이다. 수학다움이란 뭘까? 어떻게 공부하는 것이 수학답게 수학을 공부하는 것일까? 이

2부 수학 교육에 대하여

어지는 내용을 통해 수학다운 수학 공부법에 대해 배워보자.

수학다운 수학

거듭 강조해서 말하지만 수학은 패턴의 발견이다. 따라서 수학을 수학답게 가르친다는 것은 학습자 스스로 패턴을 발견할 수 있도록 이끌어주는 것과 같다. 앞서 수학 참고서의 구성 형식을 드러내 보이기 위해 예로 든 곱셈공식을 다시 한번 살펴보자. 수학다운 방법으로 수업한다면 앞의 수업은 어떻게 진행될까?

$$m(a+b) = ma+mb$$
$$(a+b)m = am+bm$$

주어진 첫 번째 식은 곱셈공식 단원에 나오는 가장 기본적인 식이다. 왼쪽 항의 'm 곱하기 $(a+b)$'에서 '곱하기'는 바로 오른쪽 괄호 안에 있는 식에 분배할 수 있으니 '$m(a+b)$'는 '$ma+mb$'로 풀어서 표현할 수 있다. 다항식의 연산에서 분배법칙이 성립한다는 것을 보여주는 식이다.

바로 아래에 있는 식도 같은 형식의 다항식이기 때문에 첫 번째 식에 적용한 분배법칙을 똑같이 적용할 수 있고, 분배법칙을 이용하여 식을 전개하면 위의 식과 동일한 결과가 나온다. 곱셈의 교환법칙, 즉 순서를 바꾸어 곱해도 값이 달라지지 않는다는 연산의 또 다른 기본법칙도 알 수 있다.

그런데 이때 적용되는 분배법칙은 사실 초등학교 수학 시간에 이미 적용한 바 있다. 아래와 같이 세로셈으로 곱셈의 값을 구할 때도 암묵적으로 분배법칙을 사용하게 되기 때문이다. 물론 초등학교 수업 시간에 교사가 이를 '분배법칙'이라 명시해주지는 않는다.

$$12 \times 7 = (10 \quad + 2) \times 7$$
$$= 10 \times 7 + 2 \times 7$$
$$= 70 \quad + 14 \quad = 84$$

$$\rightarrow \quad \begin{array}{r} 12 \\ \times 7 \\ \hline 84 \end{array}$$

　초등학교 때 했던 단순한 계산과 고등학교에 입학하여 배우는 복잡한 공식이 알고 보니 서로 연계되어 있었고 그 속에서 동일한 패턴도 발견된다는 사실. 수학다운 수업을 하기 위해 교사가 놓쳐서는 안 되는 지점이 바로 이런 부분들이다. 교사는 고등학교 때 배우는 어떤 수학적 지식도 처음 접하는 완전히 새로운 것이 아니라, 이미 알고 있던 지식으로부터 확장된 것임을 인식할 수 있게 수업해야 한다. 공식을 외우게 하는 것이 아니라 사고하게 하여, 아이들 스스로 뭔가를 창조할 수 있게 해주어야 한다는 것이다. 그것이 수학다운 수학 수업을 통해 전할 수 있는 핵심이다.

　《수학의 정석》에 제시된 것처럼 반쪽도 안 되는 지면에 간략하게 정리되어 있었던 곱셈공식은 그렇게 단순하게 가르칠 수 있는 내용이 아니다. 무조건 암기하게 하고, 제대로 암기했는지 예제를 통해 확인하게 하는 것이 수학 시간에 해야 할 일이 아니라는 것이다. 아이들에게 분배법칙을 비롯한 연산의 기본법칙들이 적용되는 과정을 만끽할 수 있는 충분한 시간을 주어야 하고, 스스로도 그 법칙들이 적용되는 사례들을 찾아낼 수 있게 기다려주어야 한다.

2부 수학 교육에 대하여

하지만 오로지 문제 풀이 과정만을 중점적으로 다루도록 쓰인 《수학의 정석》이라는 문제집에서는 애초부터 그런 교육적인 배려를 기대할 수가 없다. 따라서 그 책을 문제집이 아닌 기본서 혹은 개념서, 교과서로 착각하는 것은 교육적 무지의 소치이며, 이를 교재로 수학을 가르치며 학습자에게 그냥 공식을 암기하게 하는 것은 그 무지에서 비롯된 지적 폭력이다. 학습자에게서 곱셈공식에 담겨있는 멋진 수학적 패턴을 파악할 수 있는 절호의 기회를 앗아가는 수업일 뿐이다. 배움의 즐거움을 빼앗는 이런 비교육적 수업을 어떻게 정상적인 교육이라 할 수 있겠는가?

곱셈공식 수업을 계속 이어가자. 다음 공식을 보라.

$$(a+b)^2 = a^2 + 2ab + b^2$$

여기서도 역시 이 식들을 '새로운 공식'이라 소개하며 그저 암기하게만 하는 것은 또 한번 수학적 패턴을 발견할 기회를 앗아가는 일임을 재차 강조한다. 앞서 배운 가장 기본적인 식과 이 식은 무관하지 않다. 따라서 절대 '새로운 공식'이 아니며 학습자 스스로도 충분히 자연스럽게 추론해 낼 수 있는 식이다. 어떻게 추론해 낼 수 있는지, 앞서 제시한 식과 이 식을 비교하며 살펴보자. 앞의 식 $m(a+b)$와 $(a+b)^2$이 어떤 점에서 다르고 어떤 점에서 같은 지를 **관찰**하는 것이 중요하다.

제곱이란 같은 식을 두 번 곱한 것이니 $(a+b)^2$은 $(a+b)(a+b)$로 나타낼 수 있다. 앞의 식 $m(a+b)$와 비교해 볼 때 어떤 점이 같고 어떤 점이 다른 것 같은가?

$$\underline{m}(a+b)$$
$$(\underline{a+b})(a+b)$$

결론부터 말하자면 두 식의 구조는 동일하다. 앞의 식에서 m이 있던 자리에 대신 $(a+b)$가 왔다는 것이 유일한 차이점이다. 따라서 이 두 번째 식을 보면서 학습자는 두 식을 비교할 충분한 시간을 가져야 한다. 그 시간을 건너뛰게 하고 또 한번 식을 암기하게 하는 것은 스스로 사고할 기회를 빼앗는 비교육적 행위, 지적 폭력과 같다. 일단 패턴을 발견하기만 하면 그 다음부터는 기계적인 계산만 수행하면 된다. 즉 앞의 식을 전개할 때 행했던 절차를 그대로 또 한번 하면 되는 것이다.

$$(a+b)(a+b) = (a+b)a+(a+b)b$$
$$= a^2+ab+ba+b^2$$
$$= a^2+2ab+b^2$$

그러니 위 식을 다루는 수업에서 중점은 첫 번째 곱셈식 $m(a+b)$와 두 번째 곱셈식 $(a+b)^2$사이의 관계를 파악하는 것이다. 이 과정에서 이 두 개의 공식이 전혀 별개의 식이 아님을 깨닫는 것, 즉 $(a+b)^2$은 $m(a+b)$와 같은 구조를 가진다는 사실을 파악하는 것이 중요하다.

마지막으로 하나의 식만 더 살펴보고 넘어가자. 앞서 두 식을 나란히 놓고 비교해 본 것과 같이 다음 식 역시 앞의 두 식과 비교해 살펴보면, 어렵지 않게 이해할 수 있고 그 속에서 패턴 또한 발견할 수 있다.

$$(a+b)^3 = a^3 + 3a^2b + 3ab^2 + b^3$$

《수학의 정석》은 이 식의 전개 공식 역시 무작정 암기하라 안내한다. 하지만 그 안내를 따라 공부하는 것은, 수학 학습의 본질과 먼 길을 가는 것임을 또 한번 강조한다. 좌변의 세제곱식 $(a+b)^3$은 어떻게 우변에 있는 네 단항식의 합으로 전개될 수 있을까?

앞서 $(a+b)^2$ 이라는 제곱식을 $(a+b)(a+b)$로 분리해 본 것처럼 이 세제곱식도 일단 $(a+b)^2(a+b)$로 분리부터 해보자.

$$(a+b)^3 = (a+b)^2(a+b)$$
$$= (a^2+2ab+b^2)(a+b)$$

그리고 왼쪽에 있는 $(a^2+2ab+b^2)$을 $(a+b)$로 분배하자.

$$(a^2+2ab+b^2)a + (a^2+2ab+b^2)b$$
$$= a^3+2a^2b+b^2a+a^2b+2ab^2+b^3$$

이제 이를 정리만 하면 우리가 원하는 세제곱 식의 전개식 $a^3+3a^2b+3ab^2+b^3$을 얻을 수 있다.

그런데 만일 교육적 감각이 있는 교사라면, 전개식을 구하기 전에 다음과 같은 질문을 던져 학생들이 식을 탐색하는 시간을 먼저 갖게 할 것이다.

교사: 제곱식인 $(a+b)^2$을 전개했을 때 어떤 항들이 나타났었지?

아마 바로 직전에 배운 것이니 학생들은 어렵지 않게 다음과 같은 답을 말할 수 있을 것이다.

학생들: a^2, $2ab$, b^2요.

교사: 혹시 이 세 개의 항에 어떤 공통점을 발견할 수가 있을까?

학생: 세 항이 각각 두 개의 문자로 구성되어 있어요.

교사: 그렇다면 세제곱식인 $(a+b)^3$을 전개하면 어떤 항들이 나타날까?
　　　다 같이 한번 예상해볼까?

학생들이 제곱식에서 나타난 패턴을 이해하고 그것을 세제곱식에 확대 적용하기를 기대하며 던지는 질문이다. 아마 아래와 같은 답변을 하는 학생이 있다면 수업의 전개가 훨씬 수월해질 것이다.

"제곱식을 전개했을 때 각 항들이 두 개의 문자로 구성되어 있었으니, 세제곱식을 전개하면 세 개의 문자로 구성된 항들이 나오지 않을까요? $a \cdot a \cdot a = a^3$, $a \cdot a \cdot b = a^2b$, $a \cdot b \cdot b = ab^2$, $b \cdot b \cdot b = b^3$와 같은 항들이 나올 것 같습니다."

물론 즉각 이런 답이 나오는 경우는 잘 없고 단번에 아이들이 이렇게 바뀌기를 기대해서는 안 된다. 하지만 아이들이 겪는 시행착오를 거듭 바로잡아주고, 충분한 시간을 주어 스스로 생각할 기회를 자꾸 제공하다보면 아이들은 얼마든지 변해 위와 같은 답을 내 놓을 수 있게 될 것이다.

집중력을 조금만 더 발휘해보자. 여기까지의 설명을 잘 따라온 독자라면 이 과정 속에 나타나는 또 하나의 패턴까지도 충분히 발견할 수 있을 것 같기에 남겨두었던 질문까지 마저 던지고 수업을 마무리 하려 한다.

2부 수학 교육에 대하여

"세제곱식의 우변에 들어있는 $3a^2b$, $3ab^2$이라는 항에 주목해보자. 이 3이라는 계수는 어떻게 나온 것일까?"

쉽지 않은 질문이다. 하지만 학습자의 수학적 사고를 유도할 수 있는 질문이며 따라서 욕심 있는 교사라면 반드시 이 질문까지 던지고 수업을 마무리해야 한다. 바로 답하는 아이들이 없다면 다음과 같은 힌트를 제시하면 된다.

"제곱식에 나타난 $2ab$라는 항의 계수가 2였던 것은 a와 b를 배열할 수 있는 방법이 ab, ba 두 가지였기 때문이야. 그렇다면 세제곱식의 a^2b의 경우는 어떨까?"

그렇다. a^2b 앞에 놓인 3이라는 계수는 a, a, b를 배열할 수 있는 방법을 뜻한다. a, a, b를 배열할 수 있는 방법이 아래 세 가지이기 때문에 a^2b항이 3이라는 계수를 갖게 된 것이다.

$$a \cdot a \cdot b, \ a \cdot b \cdot a, \ b \cdot a \cdot a$$

이런 식으로 수업을 진행하면 그 시간을 통해 학생들은 패턴의 발견이라는 수학의 진수를 그야말로 충분히 만끽할 수 있을 것이다. 그리고 이는 사실 수학자들이 수학을 하는 모습과도 크게 다르지 않다. 이 단순한 곱셈공식에서 발견되는 패턴은 이후 확률과 통계에서 다루게 되는 '이항정리'라는 보다 일반적인 식에서도 발견할 수 있고 천재적인 수학자이자 철학자였던 파스칼이 열세 살에 발견했다는 파스칼의 삼각형으로까지 확장할 수 있다.

사실 《수학의 정석》은 서울대 합격을 목표로 하는 수험생들을 위한 책이었다?!

지금까지 공식을 이해하는 것이 무엇을 의미하는지, 그리고 그렇게 이해할 수 있게 가르치기 위해서는 어떤 수업을 해야 하는지에 대해 살펴보았다. 마치 학교의 교사들을 위한 지도서에나 제시되어야 마땅할 것 같은 내용을 비교적 장황하게 소개한 이유는 《수학의 정석》에 간략하게 제시된 공식과 개념들이 사실 그렇게 간단히 요약 정리될 수 있는 것이 아님을 보여주고자 했던 것이다.

앞의 1부에서 언급했듯이 수학의 개념과 공식은 수학자들이 발견한 패턴이고 모두 각 단원의 핵심 내용이다. 교과서에 실려있는 내용이면 하다못해 초등학교 1학년이 배우는 '2+3=5'라는 단순한 덧셈식이라도 모두가 패턴의 발견에 의해 정립된 것들이라 할 수 있다. 인류가 오랜 세월에 걸쳐 이룩한 지적 활동의 산물인 것이다. 그런데 이 수학적 지식들을 그저 공식이라는 이유로, 충분히 이해할 시간을 주지 않고 무조건 다 암기하라고 하는 것은 틀림없는 '폭력'이다. '2+3=5'라는 식을 사소하고 간단한 식으로 보는 것은 어른의 입장일 뿐, 이를 처음 배우는 초등학교 1학년 아이의 입장에서 보면 이 식이 결국 생애 최초로 배우는 추상적인 수학식이 되기 때문이다. 가르치는 사람이라면 항상 이런 점들을 염두에 두고 있어야 한다.

그러니 인류 지성의 축적물인 수학적 개념과 공식을 단순히 요약 정리하여 학습자의 머릿속에 집어넣겠다는 또는 떠먹여주겠다는 시도는 결코 가당치 않은, 비교육적 발상에서 비롯된 오류다. 다시 강조하지만 수학을 공부한다는 것은 그 기본 개념과 공식을 이

2부 수학 교육에 대하여

해하기 위해 지식이 만들어지는 과정을 스스로 체험하는 것이다. 앞에서 예를 들었듯이 다항식의 곱셈 전개라는 비교적 단순한 공식조차도 분배법칙을 이용해 풀어가며 전개되는 패턴을 발견하고 식들 사이의 관계를 파악하는 과정을 체험해야만 진짜 핵심을 공부한 것이라 할 수 있다.

그럼에도 《수학의 정석》은 끝까지 핵심은 생략하고 결과만을 강조한다. 여러 차례의 개정을 거쳤지만 초판의 형식을 고수하며 여전히 공식을 간단하게 제시한 후에 이를 제대로 암기했는지 평가하는 문제들만을 풀이 과정과 함께 제시한다. 왜 그럴까? 정말 애초부터 잘못 만들어진, 잘못된 수학적 사고에 기반해 집필한 책인 걸까? 그게 아니라면 혹시 다른 이유가 있어 이 방식을 고수하고 있는 건 아닐까? 만약 그렇다면 그 이유는 과연 뭘까?

이 물음에 답하려면 본래 이 책이 어떤 용도로 만들어졌는지부터 제대로 파악해야 할 것 같다. 이를 좀 더 분명하게 살펴보기 위해 이 책이 처음 출간되었던 시점인 1960년대 한국 교육, 그중에서도 특히 대학 입시에 관련된 이야기를 따라가보자.

당시 우리나라 대학들은 각각 자율적으로 시험을 출제해 입학생을 선발했다. (대학별 입시는 대학 입시에 응시할 수 있는 자격을 검사하기 위해 일제히 치러졌던 예비고사와 구분해 본고사라고도 했다.) 대학마다 입시의 난이도가 달랐고 학생들은 대체로 자신이 목표로 하는 학교의 입시 수준에 맞춰 시험공부를 했다. 더 좋은 대학에 가려면 더 많이 공부해야 하는 것은 예나 지금이나 마찬가지지만, 그때와 지금을 비교해보면 그래도 여러모로 다른 점들이 있다. 당시는 고등학교도 서열화된 체제하에 놓여있어 일류 고등학교, 이류 고등학교 등으로 등급화되어 있던 시절이었다. 세칭 일류 고등학교에서는 서울대학교 입학생들을 한 해에 거의 2~300명씩 배출했지만, 바로 옆 이류·삼류 고등학교에서는 단 한 명의 합격자도 나오지 않는 것이 보통이었다. 수업 방식이나 교재에서도 큰 차이가 났다. 일류 고등학교에서는 당연히 최고 난도의 문제집·참고서들을 채택해 공부를 시켰지만, 다른 학교들은 그렇게 하지 않았다.

1972학년도 고교별 서울대 합격자 수

학교	합격자수
경기고	333
서울고	248
경복고	212
경기여고	118
이화여고	85
중앙고	85
신일고	62
경남고	173
부산고	141
광주일고	113
경북고	112
대전고	100
전주고	83
제물포고	83
합계	1,948

하지만 그렇게 공부를 해도 서울대학교 본고사를 통과하기는 쉽지 않았다. 시험의 난도가 일류 대학교 출신 교사들도 혀를 내두를 정도로 상당했기 때문이다. 그중에서도 특히 수학 문제는 오늘날 경시대회 문제들처럼 난해하기 이를 데 없는 것으로 악명이 높았다. 그래서 다른 과목에서는 지망자들 사이의 점수 차가 그리 크게 나지 않았지만 수학에서는 확연히 차이가 났다. 따라서 서울대학교 본고사를 준비하는 수험생들에게 수학은 명실공히 당락을 결정짓는 가장 중요한 과목이었다. 대학 입시에 수학이 핵심 과목이 된 데에는

2부 수학 교육에 대하여

이런 나름의 배경이 있었던 것이다.

경기·서울·경복고등학교를 비롯한 세칭 일류 고등학교에서 교편을 잡고 있던 교사들은 서울대학교 본고사에 관한 소문이라면 확인되지 않은 것들도 그냥 흘려들을 수가 없었다. 실제로 일본 도쿄대학교의 입시 문제가 다음해 서울대학교 입시 출제에 영향을 준다는 소문이 돌기도 해, 일본 참고서들을 번역·번안해 수업자료를 만드는 교사들도 있었다. 즉《수학의 정석》이 출간되기 전부터《차트식 시리즈》를 입시 준비 자료로 검토하고 있던 수학 교사가 상당수 있었던 것이다. 이 외에도 구할 수 있는 해외의 수학 관련 책자를 찾아보는 교사들이 많았는데 그것들도 대부분이 일본 책이었다.

그렇다면 이제 좀 개연성 있는 추측이 나오지 않는가?《수학의 정석》은 바로 그런 교사들에게 필요한 책, 그들이 찾던 책이었다. 아마 일본의 참고서들을 기반으로 입시 자료를 만들던 교사들은《수학의 정석》이야말로 서울대학교 입시 준비에 최적인 책이라 생각했을 것이다. 실제로 이 책의 집필 과정에는 서울대학교 수학과 교수가 관여하기도 했다. 한국수학교육학회를 창립하고 서울대학교 사범대학 학장을 지낸 박한식은 생전에 필자와의 인터뷰를 통해 당시 서울대 수학과 교수였던 윤옥경이《수학의 정석》을 집필하는 데 단순한 자문 이상의 도움을 준 것이 사실이라고 밝힌 바 있다. 이렇게 문제집에 들어갈 내용과 문제 선택의 준거도 서울대학교의 본고사 문제에 있었으니, 정말《수학의 정석》은 처음부터 전국의 모든 고등학생들이 아니라 서울대학교를 지망하는 특정 부류의 학생들을 위해 만들어진 문제집이라 보는 편이 더 맞지 않을까.

하지만 시간이 지나 본고사 제도가 폐지되면서《수학의 정석》도 개정이 불가피하게 되었다. 고등학교 평준화와 학력고사라는 새로운 입시제도에 맞춰《기본 수학의 정석》이라는 새로운 시리즈의 책이 출시됐고, 이후 수능 출제 방식에 맞춰 또 한번 개정이 됐다. 그러나 실상 문제의 난이도만 대폭 낮아졌을 뿐 구성과 형식은 1966년 초판과 별반 다르지 않았다.

《수학의 정석》이 어려운 이유,《수학의 정석》으로 공부하는 아이들이 끝내 수포자가 되고 마는 이유의 일부가 바로 여기에 있다. 본고사의 폐지와 함께《수학의 정석》이 참고서 시장을 독점하던 시절은 끝이 났지만 그 영향은 지금까지도 계속되고 있다.《수학의 정석》에 맞춘 수업 방식 즉, 핵심 내용을 암기한 후 이를 적용한 예상 시험문제 풀이만을 반복하는 수업이 현재까지 그대로 행해지고 있고 오늘날 우리 아이들이 '수학 개념서'라고 보고 있는 문제집들도 결국《수학의 정석》을 모태로 만들어진 것들이다. 따라서 '정석의 전성시대'는 끝났지만 우리 아이들은 '정석의 유산'을 그대로 상속받은 것과 다름없다.

그래서 이제부터는《수학의 정석》이 남긴 '유산'에 대해 살펴볼 것이다. 엄밀히 따진다면 그 영향을 받지 않은 것이 없다고 해도 과언이 아닐 테지만 일단《수학의 정석》을 모태로 만들어진 여러 문제집들, 그 '진화한 문제집'들의 힘겨루기부터 들여다볼 생각이다.

참고서의 진화

1980년대 들어 도입된 새로운 입시제도는 《수학의 정석》에 도전하는 새로운 문제집들의 등장을 촉발시켰다. 1981년 본고사가 폐지되고 1993학년도까지 시행되었던 학력고사라는 국가고사제가 첫 계기였다. 10·26사태 이후 정권을 잡은 전두환은 정권의 정통성을 확보하기 위한 방안으로 과외 금지라는 기상천외한 정책과 함께 대학별 본고사를 고액 그룹과외의 주범으로 단정하여 예비고사 성적만으로 대학 신입생을 선발하게 하는 소위 7·30조치를 발표했다. 하지만 이는 그저 눈치 작전이라는 새로운 유행어를 낳게 하는 계기가 됐을 뿐이다. 100만 명에 가까웠던 수험생들을 단 한번의 시험으로 줄 세운 후에 어느 대학에 갈 것인지를 선택하게 하다니, 마치 도박판에서 자신이 들고 있는 패로 나머지 사람들의 패를 추측하여 배팅하라는 것과 다르지 않았다. 그 말도 안 되는 제도를 보완한답시고 내놓은 방안이 '선지원 후시험' 제도였는데 그건 더 말이 안 된다. 자신이 몇 점을 받을지도 모르는 상태에서 갈 대학부터 결정하고 시험을 보라는 제도다.

하지만 이번에도 우리가 주목할 지점은 여기가 아니다. 교육부가 내놓은 정책들이 얼마나 비상식적인지를 보자고 이 이야기를 꺼낸 것이 아니다. 이제부터 할 이야기의 핵심은 이런 변화 속에서 아이들이 어떤 공부, 특히 어떤 수학 공부를 하게 되었는지 살펴보는 것이다. 입시 제도의 변화로 우리 아이들이 《수학의 정석》 말고 어떤 참고서를 보게 되었는지, 왜 《수학의 정석》 대신 그 문제집을 선택했는지 알아보자.

앞서 서울대학교와 도쿄대학교 입시 간의 관련성에 대해 언급한 바있다. 매년 도쿄대학교 입시가 치러지고 나면 곧바로 시험지를 입수해 풀이 과정과 해답을 정리하는 것이 입시 지도 교사와 학원 강사들의 연례행사였고, 한번도 확인된 적은 없지만 모두가 두 시험이 무관하지 않을 거라고 믿었다. 그랬으니 당시 본고사 폐지로 일본의 《차트식 시리즈》와 가장 유사했던 《수학의 정석》이라는 책의 판매가 줄었음은 어찌 보면 당연한 일이다.

이제 더 이상 《수학의 정석》으로 공부하는 것이 수학 공부의 정석이 아니게 됐다. 그 책으로 공부하는 학생들도 눈에 띄게 줄었다. 하지만 국가에서 출제하는 유일한 시험이 대학 입시가 된다는 데도 교과서로 공부하는 학생들은 많지 않았다. '교과서 중심으로 공부해도 충분히 명문대에 갈 수 있다'는 언론매체에 등장하는 서울대 수석 합격자들의 인터뷰와는 달리 교과서만으로는 대학 입시 준비가 불가능했기 때문이다. 수험생들에게는 다른 유형의 문제집이 필요했고 이런 틈을 겨냥해 새로운 문제집들이 속속 등장하기에 이르렀다. 그중 수험생들이 가장 많이 찾은 문제집이 《개념원리》다. 저자가 과외 교사를 하며 정리한 문제들을 수록해 만들었다는 이 책은 《수학의 정석》을 보며 어려움을 느꼈던 학생들에게 '편안함을 주었다'고 한다. 좀 덜 어려운 것도 아니라 편안함이라니, 어디서 비롯된 편안함일까?

잠깐만 화제를 바꾸어보자. 사실 베스트셀러는 가장 많이 팔리는 책일 뿐이지 가장 널리 읽힌 책이라고는 할 수 없다. 책의 구매자가 곧 독자가 되는 것은 아니라는 말이다. 20세기 최고의 과학교양

2부 수학 교육에 대하여

서로 불리는 스티븐 호킹의 《시간의 역사》는 저자의 고국인 영국뿐만 아니라 한국을 비롯한 전 세계에서 베스트셀러가 됐다. 하지만 그중 과연 몇 명의 구매자가 책을 완독했는지는 의문이다. 주변을 둘러봐도 그렇고, 이 책을 제대로 읽은 사람들은 책을 산 열 명 중한 사람도 채 안 된다는 기사를 접한 적도 있기 때문이다. 즉 베스트셀러는 책을 읽은 사람들에 의해 그 가치가 평가되며 자연스럽게 붙은 타이틀이 아니다. 수많은 독자들의 지적 호기심과 허영심에 언론의 부추김이 결합되어 빚어진 인위적 현상이다. 최근에 출간된 토마 피케티의 《21세기 자본》도 순식간에 기록적인 판매량을 기록하며 베스트셀러가 되었지만 얼마나 많은 사람들이 책을 제대로 완독했을지는 모를 일이다. 《수학의 정석》도 마찬가지다. 출간된 이래 4,000만 권 이상이 판매되었다니 타의 추종을 불허하는 베스트셀러임은 틀림없지만, 이 책 역시 많은 사람들에 의해 제대로 읽힌 책이라고는 보기 어렵다.

필자가 강남의 한 고등학교에서 교편을 잡았던 1990년대 초반, 그 학교 학생들 중 《수학의 정석》을 가지고 있지 않은 학생은 한 명도 없었다. 그리고 이미 입학하기 전 적어도 한 번은 문제들을 다 풀어보고 왔다는 학생이 50명 중 45명, 즉 한 학급의 90% 정도였다. 하지만 그들을 직접 가르치고 중간·기말고사를 통해 평가도 해본 결과, 그들이 정말 그 책을 **공부**했다고 보기는 어려웠다. 다른 지역 학생들과 비교할 때 우수한 학생의 비율이 좀 많았음에도 그들의 수학 성적은 그리 신통치가 않았다. 아마도 당시 그 학생들이 '풀어보고 왔다'고 한 것은 책을 제대로 읽고 공부하고 왔다는 의미가 아니라 그저 그 책을 교재로 수업하는 학원 강사의 수업을 듣고 강사가 풀이해주는 해답을 따라 적어보고 왔다는 의미였던 것 같다. 이른바 내비게이션식으로 책을 둘러보고 온 것이다.

사실 서울대 본고사 문제는 중학교를 갓 졸업하고 고등학교 수학을 처음 배우는 학생들이 풀 수 있는 문제가 아니다. 그러니 그들이 《수학의 정석》을 그런 식으로 밖에 보지 못하고 온 것은 어찌 보면 당연하다. 강사가 풀어주는 방식 이외의 다른 풀이법은 생각할 수도 없었을 것이고, 학원을 다니지 않고 혼자 이 문제집을 풀어보았다면 결국 해답집을 옆에 펴놓고 주어진 문제의 풀이 과정을 그대로 복제하는 수준으로 책을 볼 수밖에 없었을 것이다. 그만큼 난도가 높은 문제집이기 때문이다.

반면 《개념원리》는 수록된 문제의 수준도 《수학의 정석》만큼 어렵지 않을뿐더러, 내용도 혼자 보아도 충분하겠다는 생각이 들 정도로 비교적 쉽다. 학습자들이 겪는 어려움을 헤아려 집필한 책이라는 말이 어느 정도는 사실인 것도 같다. 다음은 《개념원리》의 초판에 수록되어 있던 문제 중 하나다.

---

3 등비수열의 합이 될 조건 ☞ 개념체크 26

$S_n = Ar^n + B$가 등비수열의 합이 될 조건은

　　$A + B = 0$

예 $S_n = 3^{n+2} + k$가 등비수열의 합일 때, k의 값을 구하여라.

풀이 $S_n = 3^n \cdot 3^2 + k$에서 $3^2 + k = 0$ ∴ $k = -9$

2부 수학 교육에 대하여

$S_n = Ar^n + B$에서

$n=1$일 때, $a_1 = S_1 = Ar + B$ …… ㉠

$n \geqq 2$일 때,

$a_n = S_n - S_{n-1} = (Ar^n + B) - (Ar^{n-1} + B) = A(r-1)r^{n-1}$

∴ $n \geqq 2$일 때, $a_2, a_3, a_4 \cdots$을 공비가 r이고 $a_2 = Ar(r-1)$인

등비수열 …… ㉡

∴ $a_n = \begin{cases} Ar^n + B & (n=1) \\ A(r-1)r^{n-1} & (n \geqq 2) \end{cases}$

첫째항부터 등비수열이 되기 위해서는

$a_1 = S_1$이어야 되므로 $Ar + B = A(r-1)$

∴ $A + B = 0$

고등학교 학생들이 가장 어려워하는 단원 중 하나인 '등비수열'의 일부다. 등비수열이란 한 줄로 배열된 수열 중에서 1, 2, 4, 8, 16 혹은 1, 3, 9, 27, 81과 같이 수와 수 사이의 비가 동일한 수열을 뜻한다.

$$1 \quad 2 \quad 4 \quad 8 \quad 16 \qquad\qquad 1 \quad 3 \quad 9 \quad 27 \quad 81$$
$$\times 2 \ \times 2 \ \times 2 \ \times 2 \qquad\qquad \times 3 \ \times 3 \ \times 3 \ \times 3$$

《수학의 정석》이 개념서·교과서로 적합하지 않았던 이유는 오로지 공식만 제시할 뿐 그 공식을 풀어 납득시키는 과정을 수록하지 않았기 때문이다. 그런데 《개념원리》는 여기서 한술 더 뜬다. 앞의 공식은 n항까지의 합인 S_n의 식을 보고 등비수열인지 여부를 판단하는 식이다. 즉 $S_n = \frac{1}{2} \cdot 3^n - \frac{1}{2}$이면 $\frac{1}{2} + \left(-\frac{1}{2}\right) = 0$이니 등비수열이 되지만, $S_n = \frac{1}{2} \cdot 3^n + \frac{1}{2}$이면 $\frac{1}{2} + \frac{1}{2} \neq 0$이므로 등비수열이 아니라는 것이

다. 그리고 바로 문제가 주어진다. 등비수열인지의 여부를 앞의 공식을 활용해 판가름하라는 것이다. 문제 풀이자가 할 일은 모든 식을 $S_n=Ar^n+B$의 형태로 보고, A에 해당하는 숫자와 B에 해당하는 숫자를 뽑아내 둘의 합을 구해 0인지 아닌지를 계산하는 것이다. 그리고 바로 이 부분이 학생들에게 편안함을 주는 지점이다.

개념체크 26 등비수열의 합의 꼴

첫째 항부터 제 n항까지의 합을 S_n이라 할 때, 다음 중 등비수열의 합을 나타내지 않는 것은?

① $S_n=2^{n-1}-\dfrac{1}{2}$　　② $S_n=2^{n+1}-2$　　③ $S_n=\dfrac{1}{2}-\left(\dfrac{1}{2}\right)^{n+1}$

④ $S_n=\left(\dfrac{1}{2}\right)^{n+1}-1$　　⑤ $S_n=3^{n+1}-3$

설명 $S_n=Ar^n+B$꼴에서 등비수열의 합이 될 조건 ⇨ $A+B=0$

풀이 ① $S_n=\dfrac{1}{2}\cdot 2^n-\dfrac{1}{2}$ ∴ 등비수열

　　② $S_n=2\cdot 2^n-2$ ∴ 등비수열

　　③ $S_n=\dfrac{1}{2}-\dfrac{1}{2}\cdot\left(\dfrac{1}{2}\right)^n$ ∴ 등비수열

　　④ $S_n=2\cdot\left(\dfrac{1}{2}\right)^{n-1}$ ∴ 등비수열이 아니다.

　　⑤ $S_n=3\cdot 3^n-3$ ∴ 등비수열

답 ④

《개념원리》는 아마 학생들에게 '수학 문제는 어렵게 풀 필요가 없다'는 메시지를 전해주고 싶어한 것 같다. 등비수열을 다루면서 그 개념을 제대로 공부하지 않아도 정답을 구할 수 있는 길을 공식이라 제시했으니 말이다. 《개념원리》가 제시한 공식을 따르면, 공부와 이

해의 과정 없이 덧셈만 해도 정답을 구할 수 있게 된다. 즉《개념원리》는 학습자에게 가장 빠른 길, 제일 편한 계산법만을 익히게 하는 전형적인 내비게이션 수학 책인 것이다. 시키는 대로만 하면 어렵지 않게 정답을 구할 수 있다니, 어느 측면에서는 획기적인 참고서라 볼 수도 있겠다.

하지만 수학이라는 학문에 조금이라도 식견이 있는 사람이라면 위계성이라는 수학의 학문적 특징을 간과할 수가 없을 것이다. 즉 'A+B=0인지를 계산하여 등비수열인지 아닌지를 판별하는 것이 과연 공식으로 취급되어 다뤄질 만큼 중요한 내용인가?'라는 의문을 품을 수밖에 없을 거라는 말이다. 앞의 풀이법은 정의에서 출발하여 정립된 정리나, 공식과 같이 여러 상황에 일반적으로 적용할 수 있는 추상적인 명제가 아니다. 단지 제시된 문제의 풀이만을 위해 만들어진 특수한 하나의 사실일 뿐이다. 그러니 공식처럼 다뤄져서는 안 될 부분이고, 공식보다 앞서 제시되어서도 안 되는 부분이다. 따라서 이와 같은 구성 형식은 필자가 수학을 학문적으로 공부한 사람이 아님을, 즉 전공자가 아님을 보여주는 대목이다.

《수학의 정석》이든《개념원리》든 수학 시험에 대비한 훈련에 적합하게 만들어진 책이라는 점에는 차이가 없다. 다만《개념원리》는 그간《수학의 정석》으로 공부를 하면서는 아무리 애를 써도 문제가 풀리지 않아 결국 해답을 보고 따라 풀 수밖에 없었던 학습자들에게 일종의 성취감을 맛보게 해줄 수 있을 정도로 쉽고 간편한 풀이법을 제공했다는 점에서 상업적으로는 진일보한 책이라 말할 수 있다. 하지만 그럼으로써 패턴의 발견이라는 수학의 본질과는 더욱 멀어졌으며 지식의 위계성이라는 측면까지도 무너뜨렸다. 학습자들이 느끼게 된 성취감 역시 정답을 맞힌 순간에만 잠깐 드는 일시적 감정일 뿐 책의 제목이 표방하는 개념과 원리를 이해해 얻는 값진 성취감이라고는 볼 수 없다.

따라서 《개념원리》는 학습자에게는 오히려 《수학의 정석》보다 더 위험한 책이다. 해야 할 공부를 온전히 하지 않고 단지 제시한 식에 숫자만 넣어 덧셈이나 뺄셈 같은 단순한 계산만을 했을 뿐인데도 온전히 자기 힘으로 문제를 풀었다는 착각을 하게 만드는 책이기 때문이다. 그때 하는 착각은 마치 금지된 약물을 복용하고 자신의 실력이 아닌 외부의 힘에 의존해 경기에 이기고는 그 승리를 온전히 자기 것이라 착각하는 것과 다르지 않다. 도핑은 당장은 몸을 변화시켜 경기 성적을 향상시켜주지만 시간이 지나면 독이 되어 몸을 해친다. 그러니 그들이 이끄는 학습법 역시 당장은 성취감을 줄지 몰라도 시간이 지나면 아이들의 수학 공부를 망치는 원인이 될 것이 분명하다.

하지만 도핑의 위력은 대단했다. 《개념원리》가 성공을 거둔 이후 이러한 내비게이션식 학습법을 드러내놓고 권장하는 참고서들이 대거 등장했고 소위 유형별 풀이법을 표방하는 문제집이 쏟아지며 수학 개념들의 위계성이나 내적 관련성이 무시되는 것은 당연한 경향이 되었다. 오로지 시험에 나왔던, 또 나올 것 같은 문제들만 유형별로 정리해 유형에 맞는 풀이법을 각각 제시하고 외우게 하는 진화된 내비게이션 수학 참고서들이 해마다 늘고 있다. 문제를 마주한 학습자가 풀이법을 사고해야 하는 번거로움까지 전부 도맡아 해주겠다

2부 수학 교육에 대하여

는 고객 중심의 서비스 정신이 문제집을 통해서도 발휘된 것이다. 그리고 이제 그 문제집들은 '사고하기 싫어하는 아이들에게 시험에 나올 문제들만 잘 정리하여 떠먹여주는 암죽식 수업'에서 교재로 선정되어 쓰인다.

학원가의 교재로 사용되던《수학의 정석》이 아이들의 학습법을 완전히 물들였고, 개념서라 불리던 문제집들이 진짜 교과서를 대신하게 되었다. 이제 더 이상 근절시킬 수 없는 한국식 수학 공부법으로 자리 잡아버린 이 참고서 중심의 학습법은 언제까지 계속될까? 진정 이제 우리 아이들에게 수학은 유형별 학습이 필요한 과목, 암기 과목이 되어버린 걸까?

공부의 완성은 암기

사람에게 음식이 얼마나 중요한가를 새삼 강조할 필요는 없다. 특히 자라나는 아이들에게는 늘 더 좋은 음식을 먹이겠다는 것이 부모들의 마음이다. 그래서 식품업체들은 아이들만을 위한 식재료를 따로 개발해내기도 하고 들어있는 영양소를 보다 자세히 표시해 구매하는 부모들에게 신뢰를 주려하기도 한다. 그런데 만일 그렇게 믿고 아이들에게 사준 음식에 영양가는 고사하고 독소만 가득 들어있다면? 그런데도 우리는 그것을 아이들의 건강에 좋은 음식이라 여겨 아무쪼록 많이 먹으라고 권하거나 강요하고 있다면?

놀랍게도 이런 일은 실제로 일어나고 있다. '엄선된 건강한 재료'와 '맛있고 영양이 풍부한 아침식사'를 표방하는 시리얼 회사의 제품들은 사실 설탕 덩어리다. 제품의 절반 이상이 설탕으로 이루어져 있으니 사실상 시리얼 모양의 사탕, 시리얼이 들어간 사탕이라고

2부 수학 교육에 대하여

말하는 것이 보다 더 적절하다. 〈뉴욕타임스〉의 기자 마이클 모스는 《배신의 식탁》이라는 자신의 저서에서 이런 점들을 들어 아이들이 즐겨먹는 가공식품이 얼마나 해로운지, 그런 식품들을 생산하는 거대 기업들이 어떤 방법으로 아이들의 입맛을 길들이는지, 그 결과 아이들의 몸이 어떻게 망가지고 있는지를 상세하게 밝혔다.

하지만 켈로그는 여전히 자신들이 만드는 이 시리얼을 영양소를 골고루 갖춘 완전식품인 것처럼 광고한다. 심지어 시리얼을 먹으면 기억력과 집중력이 향상되어 성적이 올라간다는 광고까지 내보냈다. 아이들의 성적에 관해서라면 언제나 불안할 수밖에 없는 부모들은 뻔한 마케팅 술수라는 것을 어느 정도 감지하면서도 일단 사고 본다. 너나없이 사는 것을 보니 불안하기도 하고, 정말 시리얼이 성적을 1점이라도 올려줄 수 있다면 완벽한 음식이 아니더라도 일단 입에 넣어주는 것이 나쁘지는 않을 것이라고 생각하기 때문이다. 하지만 전혀 그렇지 않다. 그것은 그저 설탕 덩어리를 아이들의 입에 넣어주는 것과 조금도 다르지 않다.

이미 정크 푸드로 낙인찍힌 햄버거와 같은 패스트푸드의 경우는 시리얼보다 더 심한 것 같다. 건강만을 생각한다면 좋은 음식이라 할 수는 없지만 그래도 가장 쉽고 빠르게 허기진 배를 채워줄 수 있는 음식이라 전 세계 4,600만 명 이상의 사람들이 매일 패스트푸드점을 찾는다. 심지어 미국은 네 명 중 한 명이 매일같이 햄버거를 밥으로 먹는다고 한다. 사실 영양성분만 따져보면 햄버거는 그다지 나쁜 음식이라 할 수는 없다. 재료를 보아도 빵과 고기, 채소가 골고루 들어가니 탄수화물과 단백질, 지방을 포함한 5대 영양소를 한꺼번에 섭취할 수 있는 음식이다.

그런데 정말 괜찮을까? 정말 우리 몸에 독소가 아닌 영양소를 공급해 줄 수 있는 음식이 맞을까? 영화 〈수퍼 사이즈 미〉는 바로 이 궁금증을 시작으로 만들어진 다큐멘터리 영화다. 영화를 만든 모건 스펄록 감독은 이 의문을 가지고 '맥도날드 연구'를 시작했다. 자신의 몸을 실험도구로 한 달간 하루 세끼를 모두 맥도날드 음식만 먹으며 이때 나타나는 신체의 변화 과정을 고스란히 화면에 담아냈다. 과연 어떤 변화가 일어났을까?

결과는 그야말로 충격 그 이상이었다. 실험을 시작하기 전까지는 아주 건강한 상태라고 진단되었던 그의 몸에 점차 예기치 않은 증상들이 나타나기 시작한 것이다. 두통과 소화불량이 일어나고 '맥트림'과 '맥방귀'◆가 나기 시작했다. 가슴에는 원인을 전혀 알 수 없는 이상한 통증들이 나타났으며 이따금 호흡조차 곤란해지는 심각한 상황이 발생했다. 심지어 패스트푸드를 먹지 않으면 기분이 우울해지고, 어쩔 수 없이 먹고 나면 곧바로 기분이 좋아지는 일종의 중독 현상까지 생겼다. 실험 초기에 그를 검진하며 신체 변화는 어느 정도 각오하라며 농담조로 이야기하던 의사는 시간이 지나면서 점차 심각한 표정을 짓다가, 나중에는 "야, 인마, 너 그러다 뒈진다고!"라고 소리치며 무섭게 화를 냈다. 보는 사람마저 위기감과 섬뜩함을 느끼게 되는 상황에 이른 것이다. 그의 몸은 그야말로 엉망진창이 되었다. 몸무게는 11kg 가량이 늘었고 체지방은 7%나 증가했다. 콜레스

◆ 맥도날드 음식을 먹었을 때 나는 트림과 방귀

2부 수학 교육에 대하여

테롤 수치도 당연히 높아졌고 간에 이상 증상까지 생긴 데다 심장 마비가 발생할 확률 또한 급격하게 올라갔다. 단순한 신체의 변화만이 아니라 우울증 증세와 중독 현상까지 동반되었으니, 얼마나 위험한 음식이었단 말인가. 그런 음식을 먹으며 행한 실험 역시 얼마나 위험한 것이었는지 의사들도 실험이 끝난 후에야 파악할 수 있었다고 한다.

이 무모한 실험을 담아낸 그의 영화는 패스트푸드 음식이 균형이 덜 잡힌 식단도, 덜 건강한 음식도 아닌 그저 독이었다는 것을 알려준다. 그러니 먹었을 때 어떤 반응이 나타나는지 제대로 살피지 않은 채 표시된 영양성분을 곧이곧대로 믿으면, 결국 우리는 사실상 음식이 아닌 독을 먹는 것이다. 독소를 영양소라고 착각하고 먹게 되는 것이다.

끔찍하지 않은가? 그런데 이런 일이 식탁 위에서 뿐만이 아니라 책상 위에서도 일어나고 있다. 음식이 자라나는 아이들의 신체에 필요한 영양분을 공급한다면, 교육은 정신의 양식, 마음의 양식으로 세상을 바라보는 안목과 지적 능력을 형성하는 데 필요한 영양분을 공급한다. 그러니 교육이라는 이름으로 아이들에게 제공되는 모든 것, 즉 가르치고 배우는 지식은 결국 정신적인 먹을거리라고 할 수 있다. 우리는 그것들을 음식만큼이나 꼼꼼히 따져 아이들에게 전달해야 한다. 하지만 실상은 어떠한가? 눈앞의 음식이 독인지 약인지 따져보지도 않고 급한 허기만 채울 수 있다면 일단 먹고 보는 것처럼, 당장 시험 점수를 1점만 올려줄 수 있다고 하면 그게 뭐가 되었든 일단 아이들의 책상 위로 가져오고 있지 않은가?

독이 되는 음식이 있듯 독이 되는 교육도 있다. 그런데 아이를 키우는 부모로서도, 학생을 가르치는 교사로서도 내가 주는 것이 독인지 아닌지를 잘 살피고 판단해 아이들에게 제공하는 것이 그리 쉽지는 않다. 유기농 음식이 귀한 것처럼 건강한 교재와 교육 프로그램을 발견하기도 쉽지 않다.

더불어 교육과 관련해서는 또 한 가지 염두에 두어야 할 것이 있다. 아이들에게는 아이들 수준에 맞는 교육을 해야 한다는 것. 씹어 삼킬 수 없을 만큼 어렵고 다듬어지지 않은 학문을 아이들에게 그냥 주어서는 절대 안 된다. 어쨌든 피가 되고 살이 될 음식이니 어떻게든 많이 먹이는 것이 좋다고 생각해 가끔 어른들도 먹기 힘들어하는 음식을 몸에 좋다는 이유만으로 아이들에게 억지로 먹이는 경우가 있는데 결국 아이들에게 음식에 대한 혐오감을 심어주는 일밖에 되지 않는다. 현명한 부모라면 그 음식을 아이들이 먹을 수 있는 음식으로 포장하거나 변형시켜 줄 것이다. 그것이 피도 주고 살도 주고 올바른 식습관까지 줄 수 있는 방법이다. 음식과 관련해서는 동의하지 않을 사람도 있겠지만 교육은 정말 그렇다. 조금 더 많이 가르치려는 열망과 남보다 더 빨리 잘하게 하려는 조바심으로 학문적 지식을 그대로 아이들에게 주겠다는 것은 가르치는 사람의 욕심일 뿐이다.

학문적 지식을 학습자의 수준과 경험을 고려하여 가르칠 지식으로 적절하게 변형해 가르쳐야 한다는 것이 이 책에서 일관되게 주장하고 있는 가르침의 원리이며, 이는 교육학 용어로는 '교수학적 변환'이라 표현할 수 있다. 학습자의 수준과 무관하게 오로지 학문적 지

2부 수학 교육에 대하여

식을 그대로 생경하게 전달하는 것은 교육이 아니며 그 결과는 아이들에게 공부는 힘든 것이라는 혐오감만을 심어줄 뿐이다.

우리는 자라나는 우리 아이들에게 어떤 음식을 어떻게 주고 있을까? 먹어도 될 만한 음식을 먹을 수 있게 요리해주고 있을까? 혹시 독소를 영양소로 착각해 먹으라고 주입한 적은 없는지, 먹기에 버거운 음식을 억지로 떠먹인 적은 없는지 지난 시간을 되돌아보자. 이제부터는 초등학교 수학 교과서를 펼칠 것이다. 우리 아이들이 학교에 입학해 처음으로 배우는 수학, 그 수학이 독인지 영양소인지 확인하기 위한 여정이다.

덧셈도 암기, 뺄셈도 암기

이제 막 초등학교에 입학한 1학년 아이들에게 수학은 그리 어려운 과목이 아니다. 1+1=2, 2+1=3 등 초등학교에 들어오기 훨씬 전부터 손가락을 써가며 했던 계산들을 배우는 아니 복습하는 시간이기 때문이다. 문제가 주어지면 아이들은 으레 열 손가락을 폈다 접었다 하며 수를 센다. 그리고 남은 손가락 혹은 접힌 손가락의 개수를 세어 답을 적는다. 즉 1학년 아이들은 덧셈을 **할 줄 안다**. 1보다 1만큼 큰 수가 2라는 것, 한 개에 또 한 개가 더해지면 두 개가 된다는 것도 예전부터 알고 있었다. 하지만 덧셈이 무엇인지 **알지는 못한다**. 덧셈식이라는 수학식이 어떤 의미를 가지는지, 어떤 상황을 표현할 수 있는 식인지 알지 못한다는 뜻이다. 따라서 교사가 수학 시간에 1+1=2라는 식을 놓고 해야 하는 것은 덧셈의 정답을 구하는 것에 초점을 두는 것이 아니다. 덧셈을 해야 하는 상황을 제시하고 이를 '+'라는 수학적 기호로 나타낼 수 있음을 가르치는 것이다.

예를 들어 다음 문제 상황을 보자.

① 사과 세 개를 가지고 있었는데 두 개를 더 얻었어요. 그러면 모두 몇 개의 사과를 갖게 되는 걸까요?

② 남자 친구 세 명과 여자 친구 두 명이 한 방에 있어요. 방 안에는 모두 몇 명의 친구가 있나요?"

이 두 문제의 상황은 전혀 다르다. 첫 번째 상황은 이미 몇 개를 가지고 있었는데 몇 개가 더 생겨서 수를 다시 세어야 하는 경우(첨가)고 두 번째 상황은 남자와 여자같이 서로 다른 두 무리가 있는데 그 두 무리에 속해있는 모든 것들을 한꺼번에 세어야 하는 상황(결합)이다. 하지만 이 두 개의 서로 다른 상황을 수학으로는 동일하게 3+2=5라는 하나의 덧셈식으로 나타낼 수 있으며 그것을 깨닫게 하는 것이 덧셈을 가르치는 것이다. 그럼으로써 아이들 스스로 덧셈이 무엇인지, 어떤 상황에 덧셈을 해야 하는지를 깨우칠 수 있게 해주는 것이 초등학교 1학년 연산의 핵심이다.

한편 뺄셈의 경우는 조금 더 다양하고 복잡하다. 이제부터 제시할 다섯 가지 상황은 모두 8-3=5라는 하나의 뺄셈식으로 표현할 수 있지만 구조적으로 전혀 다르다. 뺄셈을 '할 수 있다'는 것이 뺄셈을 '아는 것'과 어떻게 다른지, 과연 뺄셈을 할 수 있다는 것만으로 다음 예들이 구조적으로 다르다는 것을 인식할 수 있는지 독자들도 스스로 한번 점검해보면 좋겠다.

① 식탁 위에 사과 여덟 개가 있었는데 그중에 세 개를 가방에 넣었어요. 그러면 몇 개의 사과가 남게 될까요?

② 사과 여덟 개 중에 세 개는 초록색 사과였고 나머지는 빨간색 사과였어요. 빨간 사과는 몇 개일까요?

③ 사과 여덟 개 옆에는 바나나도 세 개 있었어요. 사과는 바나나보다 몇 개 더 많이 있는 걸까요?

④ 오늘 기온은 어제보다 3℃가 낮대요. 어제 기온이 8℃였다면 오늘 기온은 몇 ℃ 일까요?

⑤ 동생은 이제 세 살이 되었어요. 여덟 살이 되려면 몇 해가 더 지나야 할까요?

모두 동일하게 8-3=5라는 하나의 뺄셈식으로 표현되지만 다섯 가지의 상황이 각각 다른 수학적 구조를 가지고 있다는 것에 동의하는가? 조금 일반적인 언어로는 아래와 같이 표현할 수 있다.

① 전체에서 일부를 제거하는 상황
② 서로 다른 두 종류의 원소로 이루어진 집합 내에서 한 종류를 제외시키는 상황 (**여집합**의 원소 개수를 구하는 것과 같은 상황이다.)
③ 두 가지 대상을 하나의 기준으로 비교하는 상황
④ 기준점에서 일정치가 **감소**하는 상황 (①의 경우와 유사하다.)

⑤ **증가**하는 상황 (3+□=8이라는 덧셈식으로 표현되는 상황이지만 결과적으로 **뺄셈**을 해야 하는 상황이다.)

굳이 가르쳐주지 않아도 아이들은 덧셈과 **뺄셈**을 할 수 있다. 수 세기를 배우고 익히며 간단한 연산은 자연스럽게 할 수 있게 되기 때문이다. 그러니 초등학교 1학년 수학책에 '덧셈과 **뺄셈**' 단원이 있는 것은 아이들에게 다시금 연산 훈련을 시켜 더 정확한 덧셈과 **뺄셈**을 하게 하려는 의도에서가 아니다. 수 세기를 배우며 자연스럽게 습득한 연산의 과정을 덧셈식과 **뺄셈**식이라는 수학식의 형식으로 나타낼 수 있게 하는 데 그 의미가 있다. 경험할 수 있는 구체적인 상황을 추상적인 수식으로 나타낼 수 있다는 것을 깨닫게 해주며 수학의 첫 걸음을 내딛도록 하는 데 의의가 있다는 말이다. 그렇다고 수학을 처음 배우는 1학년 아이들에게 2+3=5, 8-3=5와 같은 수학식을 제시하고 위와 같은 상황을 구별해 낼 수 있게 특훈을 하라는 것은 아니다. 그저 다양한 상황을 하나의 수학식으로 나타낼 수 있다는 사실을 깨닫게 하고, 그로써 아이들이 자신의 주변 상황을 수학식으로 나타낼 수 있게 되면 그것으로 충분하다.

하지만 교과서는 그런 식의 깨달음을 유도하지 않는 것 같다. 오히려 아이들이 조금 더 빨리 계산을 익히도록 한 후에, 갑자기 덧셈식과 **뺄셈**식의 역의 관계까지 알아내라는 강요를 한다. 덧셈과 **뺄셈**을 처음 배우는 1학년 아이들에게! 다음은 우리 아이들이 사용하는 국정 교과서의 덧셈과 **뺄셈** 단원에 나와 있는 문제의 일부다.

$$2+4=6 \quad \rightarrow \quad \square - 4 = 2 \qquad 8-1=7 \quad \rightarrow \quad 7+\square = 8$$
$$\rightarrow \quad 6 - \square = 4 \qquad\qquad\qquad \rightarrow \quad 1+7 = \square$$

덧셈과 뺄셈 사이의 역의 관계를 묻는 문제다. 덧셈과 뺄셈이라는 연산이 무엇인지 이해하는 것 이상을 요구한다. 즉, 뺄셈과 덧셈의 역의 관계라는 연산의 성질을 파악한 후에 이를 자유자재로 표현하라는 것이다.

그런데 "식탁 위에 사과 두 개와 바나나 네 개가 있어요. 모두 몇 개의 과일이 놓여 있는 건가요?"라는 상황을 2+4=6이라는 식으로 바꿀 수 있다는 사실을 이제 막 알아차린 아이들에게 "그 덧셈식을 뺄셈식으로 만들어보세요"라는 문제를 내는 것이 과연 적절할까? 말하자면 이는 영어를 외국어로써 처음 배우며 이제 겨우 영어로 몇 문장을 쓸 수 있게 된 아이들에게 "지금 쓴 문장을 의문형 문장으로 만들어보세요" 혹은 "시제를 바꾸어 표현해보세요"라는 문제를 내는 것과 같다. 지금까지 배운 내용을 확인하는 문제가 아니라 모르는 것을 물어보는 문제라는 말이다. 몇몇 의식있는 교사들은 이런 문제들을 보고 경악을 금치 못한다.

하지만 어쩌겠는가? 단 한 권의 국정 교과서를 만들어놓고 모든 학생들이 똑같이 그 책으로 공부하게 정해놓았으니, 교사의 판단이야 어떻든 일단 가르칠 수밖에. 학문적 지식과 가르칠 지식을 구별하지 못하는 교과서 필자들의 독단은 이렇게 전국의 모든 초등학교 1

학년 학생들과 교사들을 고통받게 만든다. 교사는 어쩔 수 없이 교과서에 있는 내용을 아이들에게 가르쳐야 하고, 아이들은 어쩔 수 없이 수업을 따라간다. 왜 그래야 하는지는 전혀 모르고 '덧셈식에 있는 수 중에서 가장 큰 수를 제일 앞으로 가져오면 뺄셈식을 만들 수 있다'고 암기한다. '수학은 암기'라는 잘못된 인식을 수학을 처음 배우는 초등학교 1학년 때부터 경험하도록 교과서가 유도하고 있는 것이다. 이 사실을 어떻게 설명하면 좋을까? 교육적 무지의 소치이며 지적 폭력이라 해도 될 만큼 무자비한 행위다.

이런 식의 '묻지마 암기'가 몇 번 지속되면 아이들의 지적 성장은 정체 상태를 빚기 시작한다. 외우기는 했지만 도통 무슨 뜻인지 알 수가 없으니 수학 시간이 점점 더 재미없어지고, 한 번만 뒤처져도 두세 배로 늘어나는 암기량 때문에 지레 겁을 먹고 포기해버리는 아이들도 생긴다. 수학은 암기가 아니며 많이 푸는 사람이 이기는 게임이 아니라는 것을 안다면 적어도 그런 식으로는 포기하지 않을 텐데, 위와 같은 교과서의 강요와 압박이 수학을 '무서운 과목'으로 만들어버린 것이다. 넘쳐난다는 '수포자'들은 초등학교 1학년 때부터 이렇게 만들어진다.

교육계 일부에서는 수포자가 늘어나는 것이 교육 과정의 과다 때문이라는 지적을 한다. 하지만 이는 수박 겉핥기로 현상을 바라본 진단에 불과하다. 아이들이 수학을 포기하는 진짜 이유는 교과서가 진짜 수학이 아니라 수학 비슷한 헛짓거리를 가르치고 있기 때문이다. 수포자를 만든 주범, 수학을 어려운 과목으로 만든 주범은 바로 교과서다.

개념 없는 수학

이번에는 초등학교 3학년 교과서를 보자. 그중 '분수' 단원만을 집중적으로 살펴볼 것이다. 현재 우리 교육 과정은 초등학교 3학년 때 처음으로 분수 개념을 가르치고, 이어 덧셈·뺄셈·곱셈·나눗셈 등의 사칙연산을 3년간 차례로 가르치게 하고 있다. 아주 천천히 체계적으로 가르치도록 짜여 있는 것이다. 3학년 때는 오로지 분수가 무엇인지 그 개념만 배운다. '전체의 몇 분의 몇'이라는 말이 무엇을 뜻하는지, 분수로 표현되는 상황이라는 게 어떤 것인지. 이때 배우는 분수 **개념**의 중요성은 아무리 강조해도 지나치지 않다.

아래는 초등학교 3학년 수학 교과서의 분수 단원 마지막 부분에 수록되어 있는 마무리 문제다.

문제 다음 문제를 풀어보시오.

(1) 4의 $\frac{3}{4}$은 얼마인가?　　　(2) 6의 $\frac{2}{3}$는 얼마인가?

(3) 18의 $\frac{5}{6}$는 얼마인가?　　(4) 24의 $\frac{3}{8}$은 얼마인가?

마무리 문제는 해당 단원에서 배운 내용을 제대로 이해했는지 아닌지를 확인하기 위한 문제다. 따라서 위 문제에는 '18의 $\frac{5}{6}$가 얼마인지 알면 이 단원의 내용을 이해한 것으로 보겠다'는 교과서 집필자의 의도가 담겨있다. 그런데 교사들은 위 문제가 마무리 문제라는 것을 조금 당황스럽게 생각한다. 3학년 교과서에 나오는 분수 개념을 전부 가르쳐도 위 문제는 아이들이 쉽게 풀 수 없는 문제이기

때문이다. 도대체 3학년 때 배우는 분수 개념이 무엇인지, 그들의 당혹감을 이해하기 위해 책을 한번 펼쳐보면 좋겠지만 지면이 허락하지 않고 논의의 주제와도 거리가 먼 이야기가 될 것 같으니, 일단 생략하고 넘어가기로 하자. 여하간 그래서 결국 교사들은 어쩔 수 없이 내비게이션식 수업을 한다. 어쨌든 교과서에 나오는 문제니 풀지 않고 넘어갈 수는 없기 때문이다.

"자, 3번 문제를 볼까? 18의 $\frac{5}{6}$가 얼만지 묻는 문제지? 일단 앞에 있는 자연수 18을 분모 6으로 나누자. 그럼 3이 나오지? 그 3을 분자에 있는 5와 곱해. 그러면 정답이야. 정답은 15."

이런 식으로 문제를 풀어준다는 말이다. 아이들은 이런 식의 수업을 어렵지 않게 받아들인다. 이미 자연수의 곱셈과 나눗셈을 배웠기 때문이다. 선생님의 지시에 따라 풀이 과정을 적고 계산하는 것도 곧 잘한다. 하지만 "왜?"라는 질문을 던지면 당황하는 기색을 비춘다. "왜 앞에 있는 자연수를 분모로 나누고, 그 값을 위에 있는 분자에 곱하는 건데?"라고 물으면 대답할 아이는 아무도 없다. 생각해보자. 우리 아이들이 이 문제를 풀며 배운 '개념'은 무엇인가? 자연수의 곱셈과 나눗셈을 반복하는 것이 분수의 개념을 이해하는 방법인가?

분수의 개념을 이해하는 것이 단원의 목표인데, 위 수업에서 분수의 개념은 하나도 언급되지 않고 있다. 곱셈과 나눗셈은 이 단원의 주제가 아니며 따라서 위와 같은 수업은 잘못되었다. 앞의 문제는 어떻게 풀어주어야 하는 문제일까? 어떻게 수업해야 초등학교 3학년에게 적합한 수업이라고 할 수 있을까? 다음 5학년 교과서를 보며 옳은 방식의 수업에 대해 설명해보겠다.

5학년 때 아이들은 '분수의 곱셈'을 배운다. 교사는 아이들이 분수와 분수의 곱, 자연수와 분수의 곱과 같은 연산에 익숙해질 수 있도록 지도해야 한다. 아래와 같은 문제가 5학년 교과서 분수 단원에 나오는 기본 문제다.

문제 다음 곱셈 문제의 정답을 구하시오.

     (1) $4 \times \frac{3}{4}$ (2) $18 \times \frac{5}{6}$

이 분수의 곱셈 문제의 정답은 어떻게 구할 수 있을까?

"$4 \times \frac{3}{4}$에서 자연수 4와 분모 4는 약분이 되지? 그러면 3만 남으니까 답은 3. 다음 문제를 보자. $18 \times \frac{5}{6}$에서 앞에 있는 자연수 18은 분모 6으로 나눌 수 있지? 약분하면 3만 남게 돼. 그리고 분수를 보면 분자에 5가 남아있잖아? 그 5를 3과 곱하면 정답이지. 정답은 15."

이 풀이를 앞의 3학년 교과서의 마무리 문제 풀이 과정과 비교해보자. 전혀 다르지 않다는 것을 한눈에 알 수 있을 것이다. 그렇다면 왜 우리 교과서는 이 같은 문제를 하나는 3학년 교과서에, 하나는 5학년 교과서에 실어 놓았을까? 집필진의 실수일까, 아니면 '분수의 곱셈은 너무 쉬우니 굳이 5학년이 될 때까지 기다리지 말고 배우고 싶으면 언제든지 배우라'는 재량의 허용일까? 물론 둘 다 아니다. 터무니없는 해석이며, 당연히 3학년 때는 분수의 개념, 5학년 때는 분수의 곱셈을 배우는 것이 맞다. 앞에 제시된 3학년 분수 문제의 풀이는 5학년 수업 때나 나와야 하는 풀이다. 약분과 통분을 배워야만 할 수 있는 문제 풀이기 때문이다. 3학년 교과서의 마무리 문제는 그렇게 풀이해서는 안 된다.

하지만 앞의 문제를 그렇게 풀이한 것을 교사의 탓이라 주장하며 가르침의 방법을 비난해서도 안 된다. 그것은 전적으로 교과서의 탓이며, 교과서가 그렇게 가르치도록 유도했기 때문이다. 교사는 어쩔 수 없이 내비게이션식 수업을 한 것이다. 그러니 이 같은 수업 방식을 바꾸기 위해서 수정되어야 하는 것은 교과서다. 예를 들면 다음과 같은 형식으로 문제를 제시해야 마땅하다.

문제 그림을 보고 물음에 답하시오.

(1) 모두 몇 개의 공이 있나요?

(2) 이 중 $\frac{1}{6}$ 은 몇 개인가요?

(3) 이 중 $\frac{5}{6}$ 는 몇 개인가요?

3학년 아이들에게 위와 같은 질문을 던지려면 반드시 삽화를 함께 제시해 주어야 한다. 3학년 아이들에게 계산은 부차적인 문제다. 그 아이들에게는 '위와 같은 상황이 분수가 필요한 상황이다', '분수라는 것이 이럴 때 쓰이는 것이다'를 인지시키는 것이 우선이 되어야

2부 수학 교육에 대하여

한다. 저학년 수학 교과서 속의 삽화는 무시해서도 안 되고 함부로 삭제해서도 안 된다. 그것들은 아이들의 흥미를 유발하기 위한 부가적 요소가 아니라 텍스트가 전하지 못하는 내용들을 담아내는 필수불가결한 요소다. 3학년 교과서를 만든 집필자들은 아마도 그 사실을 간과했던 것 같다. 교사는 교과서 속의 삽화를 십분 활용하여 아이들에게 분수가 필요한 상황을 알려주고, 전체에서 일부를 수량으로 나타내는 분수의 개념을 이해시켜주어야 한다. 간단한 풀이 과정을 알려준답시고 곱셈과 나눗셈을 시켜 답을 구하게 하는 것은 가르치는 사람으로서 가르칠 내용을 선정하지 못해 저지르는, 무지에 의한 과오다.

하지만 수많은 과오와 착각들이 모여 잘못된 방식의 수업을 고착화시켰다. 내비게이션식으로 가르쳐도 정답만 구하면 개념을 이해한 것이라 치부하고 다음 진도를 나가는 것이 관행이 된 것이다. 초등학교 수학만이 아니라 고등학교 수학에까지 이 관행이 물들어 있다. 이런 상황에서는 수학을 포기하는 아이들이 나타나지 않는 것이 오히려 이상하다. 시간이 지날수록 이해되지 않는 개념들이 쌓이고 또 쌓이는데 어떻게 그 난관을 극복할 수 있겠는가?

앞서 우리나라의 수학 수업 풍경을 언급하며 이야기했던 것과 같이 우리나라 사람들은 수학 가르치는 것을 어려운 일이라 생각하지 않는다. '고작 덧셈, 뺄셈, 곱셈 구구 외우기가 전부일 초등학교 수학 가르치는 것이 뭐 그리 어려울까'라고 생각하는 것이 보통이며, 그렇기 때문에 수학적 **개념**을 **계산** 가르치듯 쉽게 쉽게 가르친다. 아마 수학을 누구보다 더 잘 가르칠 수 있다며 자부하는 교사일수록 그렇게 가르치고 있을 확률이 높다. 슬프게도 우리 교육에는 아직 '내가 제대로 가르치고 있는 것이 맞나?'를 점검하고 수정하게 하는 시스템이 마련되어 있지 않다. 따라서 처음 학교에 발령받은 때 익힌 방식을 정년 때까지 계속해 고수하는 교사들도 꽤 된다.

내비게이션 수업을 할 수밖에 없게 집필된 우리의 수학 교과서, 그 교과서에 적응해 관행처럼 잘못된 수업을 할 수 밖에 없게 된 교사들, 이런 환경 속에서는 아마 계속 수포자가 양산될 것으로 보인다.

수학적 사고를 감당하지 못하는 수학 교과서

"분수의 덧셈을 알고 있는가?"

이제까지의 이야기를 잘 들어왔다면 이 질문이 '분수의 덧셈을 할 수 있는가?'라는 질문과는 다른 것을 묻고 있다는 사실을 금방 알아차릴 수 있을 것이다. **할 수 있는 것**과 **알고 있는 것**은 명백히 다르다. $\frac{1}{2}+\frac{1}{3}$이라는 분수의 덧셈식을 놓고, 이 덧셈을 할 수 있느냐고 묻는 것은 계산 방법을 알고 있느냐를 물어보는 것이다. 하지만, 알고 있느냐를 물으면 '$\frac{1}{2}$에 $\frac{1}{3}$을 더할 때 분모를 6으로 통분하고 분자끼리만 더하는 이유를 알고 있나?'를 묻는 것이 된다. 그러니 만약 초등학교 4학년짜리 아이가 교과서에서 이와 같은 문제를 보고 "$\frac{1}{2}$ $+\frac{1}{3}$이라는 분수의 덧셈을 알려주세요"라는 부탁을 한다면 우리는 이제 이전과 다른 가르침을 줄 수 있어야 한다.

"일단 분모를 같게 만들어야 해. 2와 3의 최소공배수는 6이지? 그 6이 분모가 되게 $\frac{1}{2}$은 $\frac{3}{6}$, $\frac{1}{3}$은 $\frac{2}{6}$로 바꿔야 해. 그래야 덧셈을 할 수 있거든. 바꿨으면 분자끼리만 더해. 2+3이니까 5. 그러니까 답은 $\frac{5}{6}$ 야."

　아무리 친절하게 설명해도 이는 덧셈을 하는 방법에 대한 답일 뿐 덧셈이 무엇인지 묻는 물음에 대한 답은 될 수 없다. 전자제품의 작동 원리가 궁금한 사람에게 매뉴얼을 정성껏 읽어주는 것과 전혀 다르지 않으며, 수학을 가르치는 것이라고는 절대 말할 수 없다. 앞에서 본 내비게이션 수학을 전파하는 일밖에 되지 않고, 이런 가르침 속에서는 수학 교육에서 가장 중요한 것, '수학적 사고'를 기대할 수 없다.

　수학에는 사고가 필요하다. 흔히들 "수학을 잘하려면 수학적 사고가 필요하다"는 말을 한다. 국어적 사고나 음악적 사고와 같은 단어는 아무도 쓰지 않지만 수학을 두고는 꼭 그 사고력 이야기를 들먹인다. 수학에 필요한 사고력이란 대체 무엇일까? 어떤 식의 사고방식이 필요하기에 그냥 사고력이라 하지 않고 굳이 수학적 사고력이라 구분해 말할까?

　간단하게 표현하자면 수학적 사고란 '왜?'라는 질문을 던지는 것이다. 분수에 분수를 더하려면 분모를 같게 해야 한다는 지시에 '왜 분모를 같게 해야 하나요?'라는 질문을 던지고, 분수끼리 더할 때는 분자만 더하면 된다는 계산법에 '왜 분자끼리만 더해야 하나요?'라는 의문점을 제기하는 것이 수학적 사고를 발휘해 할 수 있는 일이다. 1부에서 수학의 정의를 내리며 '수학은 반항적 학문'이라고 했던 것을 떠올려보라. 수학을 할 수 있는 것으로만 그치지 않고 제대로 알기 위해서는 이 독특한 사고 과정이 반드시 필요하다. 가르치는 사람이라면 늘 이런 희한한 질문들을 받을 준비를 하고 있어야 하며 이런 질문들에 어이없는 표정을 짓거나 황당하다는 식의 반응을 보일 사람이라면, 가르치는 일을 그만두는 편이 학생과 자신 서로를 위해 좋을 것 같다.

이번에도 가르치는 실제 상황을 예로 들어보자. 분수의 덧셈은 초등학교 4학년 교과서에 나온다. 실제로 교과서에는 처음부터 분모가 같거나 분모를 통분해 더해야 하는 분수의 덧셈밖에는 나오지 않는다. 따라서 교사는 "분수와 분수를 더할 때는 분자끼리만 더하는 거야"라고만 가르쳐도 충분하다. 물론 질문이 나오지 않는 한에서 말이다. 만약 수학적 사고를 가진 아이가 "왜 안 돼요? 왜 분자끼리만 더할 수 있는 거예요? 분모끼리도 더하면 안 되나요?"라는 질문을 하면 그 순간 교사는 당황하거나 아이를 나무라는 수밖에 없다. 정해진 수업 시간 안에 교과서에 있는 내용들을 전부 가르쳐야 하기 때문이기도 하고, 그런 질문들에 대한 답은 어떤 교사용 지도서에도 나와 있지 않기 때문이다. 하지만 배우는 사람은 질문할 권리가 있고, 가르치는 사람은 그에 답할 의무가 있다. 나아가 진짜로 그런 질문을 던지는 아이가 있다면, 교사는 그 아이를 나무라기보다 그 아이의 질문에서 가능성을 발견해주어야 한다. 아이의 그 질문은 어린 가우스가 수업 시간에 던졌던 질문과 무척이나 닮아있다. 그리고 실제로 분수의 덧셈에는 분자끼리만 더해야 하는 상황 외에 다른 상황이 존재한다. 언젠가 수학적 사고를 가진 아이를 만날 교사들과 부모들을 위해 잠깐 그런 상황들을 몇가지 소개하고 넘어가겠다.

이 문제의 답을 구해보자.

문제 다음 문제를 풀어보시오.

미국 메이저리그에서 활약하는 강정호 선수가 캔자스시티 로얄스와의 연속 경기에서 어제는 2타수 1안타, 오늘은 3타수 1안타를 쳤다. 이 이틀간의 타율을 분수로는 어떻게 나타낼 수 있을까?

어제와 오늘의 타율을 분수로 나타내면 각각 $\frac{1}{2}$, $\frac{1}{3}$로 표현할 수 있을 것이다. 그리고 이틀간의 타율을 합산해서 표현하면 5타수 2안타, 즉 $\frac{2}{5}$로 표현할 수 있다. 이를 분수의 덧셈으로 한번 나타내보자.

$$\frac{1}{2} \oplus \frac{1}{3} = \frac{2}{5} \blacklozenge$$

수업 시간에 배우는 분수의 덧셈과는 분명히 다른 방법에 의한 계산이다. 분자는 분자끼리 분모는 분모끼리 더해야 위와 같은 답이 나오기 때문이다. 뭔가 이상하지만 틀렸다고 하기는 힘든 풀이 과정이다. 다른 예들을 좀 더 살펴보자.

문제 다음 문제를 풀어보시오.

검은 공 2개와 흰 공 3개가 들어있는 주머니 A와 검은 공 17개와 흰 공 28개가 들어있는 주머니 B가 있다. A 주머니 속에 있는 공을 모두 B 주머니로 옮긴 다음 공 하나를 꺼내면 검은 공이 나올 확률은 얼마인가?

◆ $\oplus$기호는 일반적인 +기호와 구별하기 위해 임의로 사용하였으며 통용되는 기호는 아니다.

이 상황 역시 앞과 같은 방식의 분수의 덧셈이 필요한 상황이다. 애초에 A 주머니에서 검은 공을 꺼낼 확률은 $\frac{2}{2+3}$, 즉 $\frac{2}{5}$, B 주머니에서 검은 공을 꺼낼 확률은 $\frac{17}{17+28}$, 즉 $\frac{17}{45}$이다. 그런데 그 모든 공들이 합쳐졌으니 검은 공을 꺼낼 확률은 다음과 같이 계산해 알 수 있다.

$$\frac{2}{2+3} \oplus \frac{17}{17+28} = \frac{2+17}{(2+3)+(17+28)} = \frac{19}{50}$$

재미있지 않나? 분명 학교에서 가르치고 배우는 분수의 덧셈과는 다르지만 이 속에도 명확한 **패턴**이 존재한다. 모순도 없다. 따라서 이 역시 명백한 분수의 덧셈 중 하나로 보아야 한다.

이런 분수의 덧셈이 있다는 것을 알고 나면 교사는 아이들을 어떻게 가르치게 될까? 그럼에도 여전히 분수의 덧셈을 "분자끼리 더하는 것 외에 다른 풀이법은 없어"라고 가르칠 수 있을까? 아마 그럴 수 없을 것이다. 이런 예들을 본 적이 있는 교사는 분명 이를 모르는 교사와는 다른 식의 마인드를 가지고 아이들을 가르치게 될 것이다. 아이들이 던지는 '왜 안 돼요?'라는 질문이 터무니없는 질문이 아니라는 것을 분명히 깨달았기 때문이다.

하지만 문제가 많은 우리 교과서는 이번에도 이런 식의 수업은 유도하지 않는다. 여전히 분수의 덧셈이 무엇인지 알려주기보다는 분수의 덧셈을 어떻게 하는가를 가르치는 것이 효율적이고 체계적인 교육이라 여겨 그 입장을 고수하는 것 같다. 그렇지만 효율성만 따져 '왜?'라는 질문을 쳐내는 교육 과정에서 기대할 수 있는 것은 아무것도 없다. 사고력을 증진시켜 줄 수 없는 수학 교육은 진정한 수학 교육이 아니기 때문이다. 교과서가 친 울타리를 벗어나 자유롭게 사고하며 수학을 공부해야 한다. 지금 한국에서 '교과서 중심으로 공부하는 것'은 절대 답이 아니다. 그것은 아이들의 성장을 감당할 수 없는 이에게 아이들의 교육을 부탁하는 것과 다르지 않은 일이다.

맥락 없는 한국 교육

한 고등학교의 문학 시간, 교사의 지시에 따라 한 학생이 교과서를 읽는다.

"시의 완성도를 가로축에 놓고 중요도를 세로축에 놓으면, 그 시의 위대함은 완성도와 중요도의 영역이다. 바이런의 시는 중요도는 높지만 완성도는 겨우 보통을 넘는다. 반면에 셰익스피어의 14행시는 두 가지 면에서 모두 높다고 할 수 있다."

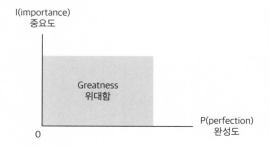

2부 수학 교육에 대하여

교과서를 읽는 학생의 목소리를 따라 칠판을 두드리는 분필 소리가 이어졌고, 교사가 그린 그래프를 그대로 따라 그리려는 아이들에게 충격적인 단어가 들렸다.

"쓰레기."

놀라 고개를 드는 아이들을 향해 교사는 더 강한 이야기들을 퍼붓기 시작했다.

"그게 에반스 프리차드에 대한 내 견해다. 우린 배관을 하는 것이 아니라 시를 이야기하고 있어. 어떻게 시를 아메리칸 밴드스탠드처럼 평가할 수 있다는 말인가? (…) 이제 그 페이지를 찢어버려라. 어서, 그 페이지 전체를 찢어버려. 찢으라고!"

얼마 전에 타계한 로빈 윌리엄스가 주연했던 영화 〈죽은 시인의 사회〉의 한 장면이다. 영화 속에서 그는 미국의 명문 사립 고등학교

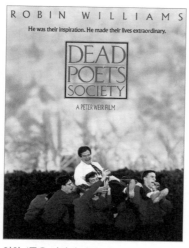
영화 〈죽은 시인의 사회〉의 포스터

웰튼 아카데미의 신임 문학 교사 키팅 역을 맡았고, 매 시간 파격적인 수업을 선보여 교실의 아이들과 극장의 관객들 모두를 감동시켰다. 영화 속 이 장면은 교육의 관점에서 볼 때 매우 상징적이다. 문학, 특히 시를 가르치며 그 본질을 가르치고자 하는 교사와 문학과는 아무 상관없지만 교과서에 나오는, 즉

시험에 나올 지식을 암기하도록 강요하는 기존의 교육 현실 간의 갈등을 그린 장면이기 때문이다. 그의 수업은 강도 높은 주입식 교육에 감수성을 빼앗겨버린 아이들을 다시금 가슴 뛰게 만들었다. 마치 《화두》의 수학 선생님처럼, 그는 휘트먼의 시를 가르치면서는 19세기 미국의 초절주의를, 셸리의 시를 읊으면서는 영국의 낭만주의를 경험케 했다.

하지만 아이들은 쉽게 마음을 열지 않았다. 그의 낯선 수업을 선뜻 받아들이지도 인정하지도 않았다. 교실에 앉아있는 아이들에게 지금 가장 중요한 것은 내년 혹은 후 내년에 있을 대학 입시였고, 그 시험 점수에 따라 결정될 자신이 진학할 대학은 자기 인생의 첫 번째 발판이 될 것이었기 때문이다. 하지만 진심이 담긴 교사의 철학과 교육 방식이 끝내 아이들을 변화시켰고 아이들은 그의 수업을 통해 그동안의 수업에서는 얻을 수 없었던 여러 가지 가치들을 마음에 새기게 되었다.

영화를 보며 내내 영화 속 학교 현장과 아이들의 모습이 지금 우리의 그것들과 다르지 않다는 느낌을 지울 수가 없었다. 한계점이 분명한 평가 도구를 가지고 모든 것을 평가하려 드는 전문가들의 어처구니없는 발상이 기반이 되어 만들어진 교과서, 그 교과서를 고스란히 수업해야 한다는 신념으로 암죽식 교육을 불사하는 교사들, 그럼에도 불구하고 그 교과서를 조금도 거부하려 하지 않고 고스란히 받아들이며 평가 위주로 공부하는 아이들의 모습, 이 모든 것들이 지금 우리 교육 현장에서 일어나는 일들과 너무나 많이 닮아있었다.

지금까지 우리는 이런 우리 교육의 문제점들을 수학 수업이 이루어지는 교실의 모습만을 통해서 살펴보았다. 하지만 이는 비단 수학 교육만의 문제가 아니다. 다른 과목들 역시 오로지 평가에만 초점을 둔 방식으로 학습되고 있기 때문이다. 시야를 좀 확장해 대학 교육을 살펴보아도 비슷한 문제점들이 보인다. 평가, 평가 점수가 실력을 나타내는 유일한 지표, 나아가 성실성을 측정하는 도구가 될 수 있다는 이상한 인식이 학생들 사이에 퍼져, 신입생 때부터 '진정한 지성 찾기'보다는 '전설적인 학점 쌓기'에 열을 올리는 학생들이 많이 생겼다. 시험 기간이면 대학교 주변의 인쇄소들은 족보 인쇄에 정신이 없다. 책 한번 펴보지 않고 족보만 다 외워도 전공 서적만 읽으며 우직하게 공부한 학생들은 거뜬히 이길 수 있다. 그러니 너나없이 시험장을 걸어 나오는 순간 다 잊어버릴 시험을 위한 지식들만 구하고 있다. 잠깐 수학을 제쳐두고 국어, 영어, 대학 수업으로 눈길을 돌려보자.

시를 이해하는 또 다른 방식

이해되지 않는 것을 암기하라 강요하는 것은 지적 폭력을 휘두르는 것과 같다. 하지만 오직 시험을 위해 우리는 이 폭력을 합리화하고 묵인해 왔으며 이제는 적응까지 완벽하게 마친 듯하다. 이러한 폭력이 난무하는 곳에 지적 호기심이 뿌리내릴 자리는 없다. 또한 폭력이 상습화되면 당하는 자는 점차 폭력을 당연한 것이라 여기게 된다. 과거 우리가 공부하던 시절 이런 폭력들은 정말 무차별적으로 우리를 괴롭혔다. 그때 우리는 그것을 당연한 것이라 생각했고 끓어

오르는 호기심들을 스스로 억눌렀다. 그리고 이제는 우리 아이들이 그 폭력을 감당하고 있다. 아이들 역시 그 시절의 우리처럼 점점 이 폭력에 물들어가고 있는 것 같다.

수학도 이해를 전제로 공부해야 하는 과목이지만 국어, 그중에서도 문학, 그중에서도 특히 시는 이해하지 않고서는 받아들이는 것조차 쉽지가 않다. 수학을 이해할 때와는 조금 다른 방식의 이해가 필요하며, 적어도 소리 내 읽고 운율을 음미할 시간은 주어져야 시인이 하고자 하는 이야기들을 제대로 알아들을 수 있게 된다고 생각한다. 물론 주관적인 관점이기는 하나 시를 이해하고 감상한다는 것은 가령 이런 것이 아닐까. 머릿속에 떠오르는 이미지를 표현하기 위해 고심에 고심을 거듭한 시인이 마침내 적어낸 압축된 시어를 보고 그 과정을 역으로 밟아가는 과정. 즉 시어를 음미하고 느껴 머릿속에 자신만의 이미지를 형성하는 것이 시를 제대로 이해하는 것이고 감상하는 태도라 생각한다.

그런데 평가가 전부인 수업에서 아이들에게 이런 감상의 시간이 주어질 리는 만무하다. 더군다나 이런 식의 주관적 이해와 감상은 시험문제의 정답을 맞히는 데는 크게 도움이 되지 않기 때문에 일부 아이들은 스스로 이 감상의 시간을 포기하기도 한다. 그 아이들에게는 시를 이해하며 얻는 기쁨보다 높은 점수를 받아 얻는 기쁨이 더 크기 때문이다. 그래서 정작 시 자체는 제쳐두고 시의 주제나 사조 또는 시인의 계파를 머릿속에 채워 넣는 것을 문학 시간에 주로 해야 하는 일이라 여긴다. '시 공부'가 시가 주는 감상이 아니라 시에 관한 정보를 숙지하는 것으로 탈바꿈한 것이다.

그 결과 조금 우스꽝스러운 일들이 일어나기도 한다. 자기 시를 이해하지 못하는 시인들이 곳곳에서 나타나게 된 것이다.

최승호 시인이 "내가 쓴 시가 나온 대입 문제를 풀어봤는데 작가인 내가 모두 틀렸다"라고 18일 말했다. (…) 그는 "작가의 의도를 묻는 문제를 진짜 작가가 모른다면 누가 아는 건지 참 미스터리"라며 쓴소리를 했다. (…) "언젠가부터 내 시가 교과서나 각종 수능 모의고사에서 나오고 있다더라. 그런데 나는 다 틀린다. 그래서 지금은 안 풀어본다. 시를 몸에 비유해보자. 시의 이미지는 살이고 리듬은 피요, 의미는 뼈다. 그런데 수능은 학생들에게 살과 피는 빼고 숨겨진 뼈만 보라고 한다. 그러니 틀리는 게 아닌가 싶다. (…) 예를 들어 내가 쓴 '너구리, 너 구려. 너 구린 거 알아'라는 시를 보자. 이게 모국어의 맛과 멋이다. 그런데 이 시의 주제가 뭐냐, 시의 사조가 뭐냐, 시인은 어느 동인 출신이냐를 묻는 게 수능이다. 그런 가르침은 '가래침' 같은 거다."

— '최승호 시인, 내 시가 출제됐는데, 나도 모두 틀렸다',
〈중앙일보〉, 2009년 11월 21일자

최승호의 지적에 따르면 우리 아이들은 문학 시간에 시를 배우는 것이 아니라 시를 소재로 만들어진 언어영역 문제 푸는 법을 배우고 있다. 그리고 그 문제들은 하나같이 시의 본질과는 아무 상관없는 것들만을 다룬다. 그러니 아이들은 시를 이해하지 않고도 그 문제의 정답을 맞힐 수 있다. 시 읽는 시간과 그 시간을 통해 얻는 주관적 감상은 시험을 보는 데는 불필요한 요소이며, 높은 시험 성적만을 목표로 하는 수업에서 그런 내용들은 그저 '더 읽을거리', '생각해 볼 문제'에 언급될 수 있을 정도의 부수적인 요소가 되어버린다.

학문의 본질이 가르칠 지식으로 변형되고 있는 것이 아니라 평가의 기준으로 삼기에 적절한 요소들이 가르칠 지식으로 변형되어 전달되고 있다. 교육 내용을 고려해 평가 문제를 만드는 것이 아니라 일단 어떻게든 평가 문제를 만들고 그 문제를 중심 삼아 교육 내용을 수정하는, 앞뒤 없는 교육이 행해지고 있는 것이다. 수학 시간에 벌어지고 있는 현상이 국어 시간에도 똑같이 나타나고 있다. 수학의 기본 개념과 원리를 이해할 수 있게 수업을 진행하고 이후 평가를 통해 그 이해도를 측정하는 방식이 아니라 일단 평가 문제를 만들어 놓은 다음 그 문제를 중심으로 수업을 변형하는, 본말이 전도된 그 방식이 버젓이 성행하고 있다.

이런 문학 교과서는 도대체 어떤 '전문가'들이 만들었으며 왜 우리는 일말의 의심도 품지 않고 마치 진리인 양 그것들을 받아들이고 학습했을까? 한발 양보해 시인보다 시를 더 잘 이해하는 학생이 있을 수 있다고 하자. 하지만 시인도 모르는 시의 실체가 시험지를 통해서 탄생할 수는 없고, 진짜 본질이 아니라 껍데기, 가래침만 숙지하는 것이 시 공부가 되어서는 안 된다. 그것은 문학 시간을 문학을 감상하고 이해하는 시간이 아니라 그저 암기 능력 향상 시간으로 변질시켜버리는 것과 같다.

영어도 암기부터

앞서 우리의 수학 교육을 논하며 《수학의 정석》을 간과하는 것은 어불성설이라 했던 것과 같이 우리의 영어 교육을 논하는 데 빠뜨리면 안 되는 '참고서'가 있다. 《수학의 정석》보다 한 해 늦게 출간된 《성문종합영어》다. 진짜 수학 대신 수학 시험공부를 유도했던 《수학의 정석》처럼 《성문종합영어》역시 영어 공부가 아니라 영어 시험공부를 하기에 적합한 교재였으며, 암죽식 수업에 의해 전달이 되고 책 속의 문제들을 다 외우는 것이 《수학의 정석》을 숙지하는 가장 좋은 방법이었듯 이 영어책 역시 암죽식 수업을 야기하는, 그래서 책 속의 모든 것을 암기해야 되게 짜인 책이었다. 책이 베스트셀러가 된 데 가장 큰 영향을 끼친 것이 서울대학교 본고사라는 점도 두 책의 공통점이다. 지문과 보기를 제시하고 답을 선택하게 하는 수능과 달리 당시 본고사들은 전부 주관식으로 출제가 되었고 따라서 학생들은 영어 지문을 우리말로, 우리말 지문을 영어로 정확하게 옮기는 훈련을 해야만 했다. 예문이 수두룩하게 수록되어 있는 《성문종합영어》는 그 훈련에 가장 적합한 책이었다. 어문학의 분과, 학교 수업의 과목이기도 하지만 명실공히 언어인 영어가 수학과 다르지 않은 방식으로 공부해야 하는 암기과목이 되어버린 이유를 정확히 알 수 있지 않겠는가?

얼마 전까지만 해도 우리나라에서는 영어라 하면 문법, 문법이라 하면 5형식이 가장 먼저 공부해야 할 영어의 핵심이었다. "세상의 모든 영어 문장은 1형식 아니면 2형식, 아니면 3형식, 4형식, 5형식이다"라고 가르치는 교사도 있었다. 어떻게 말이라는 자연스럽고 제한 없는 것을 한 사람이 만든 불완전한 프레임 속에 가둘 수 있다는 것인지 그 발상이 신기할 정도다. 그렇지만 누군가는 그 교사의 말을 곧이곧대로 믿었을 것이다. 정말 세상의 모든 영어 문장이 이 공식에 들어맞을 것이라는 믿음을 가지고, 5형식만 완벽하게 숙지하면 영어 구사 능력이 갖추어질 것이라 믿고 5형식 암기에 밤을 지새운 사람이 분명히 있다. 내 주변에서도 적잖게 찾아볼 수 있다.

하지만 시간이 흘러 영어권 나라에서 만든 영어책들이 대거 유입되고 영어권 나라의 학생들이 국어책으로 쓰는 책들을 영어 시간의 교재로 사용하게 되면서 그 믿음들은 와르르 무너졌다. 실제 영어권 사람들이 일상적으로 사용하는 문장들은 대부분 이 5형식으로 분류할 수 없다는 사실, 오히려 '문법적 예외가 허용된 문장'이라며 단원의 말미에 참고사항처럼 적혀있었던 문장들이 실제로는 더 자주 사용되는 문장이라는 사실을 알게 되며 꽤 많은 사람들이 배신감을 느끼기까지 했다. 결국 그렇게 열심히 했던 것이 영어 공부가 아니라 영어 시험을 위한 공부, 더 정확하게 말해 영어 공부 비슷한 헛짓거리였다는 것을 깨달으며 말이다. 이제 많이들 알고 있겠지만 '5형식'이라는 용어를 아는 나라, 영어를 가르치고 배우는 데 '5형식'이라는 프레임을 사용하는 나라는 전 세계에서 일본과 우리나라밖에 없다. 영어로 의사소통하는데 아무런 쓸모가 없는 이 희한한 문법 체계는 왜, 언제, 어떤 경로를 통해 우리나라에 들어왔을까?

유입 경로는 일본의 도호쿠대학교 도서관에 있는 한 논문에 의해 밝혀졌다. 에토우 히로유키라는 언어학자의 논문으로, 그는 "5형식론의 기원은 1904년 영국의 찰스 탤벗 어니언스가 집필한《고급

영어 통사론》에 있다"고 저술했다. 이어 그 책의 영향을 많이 받았다는 일본의 《영문법범론》과 해당 저서를 비교 분석해놓았는데, 자세한 내용은 논의 밖 이야기가 될 것 같아 논문에 대한 이야기는 이쯤에서 그만하는 것이 좋을 것 같다.

어쨌든 그 논문을 통해 5형식의 창시자가 영국인이라는 사실은 밝혀졌다. 그런데 문제는 그가 영어학자가 아니었다는 거다. 어니언스의 이름은 어떤 영어학 저널이나 강연에서도 발견할 수가 없고, 단지 그즈음 발간된 《새영어사전》과 《옥스퍼드 영어사전》의 판권에서나 볼 수 있다. 그러니 그의 직업은 아마 사전 편집자쯤 되었던 것 같다. 언어에 대한 제대로 된 연구도 없이 언어를 가두는 프레임을 만들다니 어떻게 생각하면 무모하고 어처구니없는 발상을 가진 사람이 아닌가 하는 생각이 들지만 다른 한편으로는 언어의 패턴을 발견하려는 시도, 노력 끝에 만들어진 결과물을 문서화시켰다는 생각이 들어 진위 여부와는 관계없이 그 행동의 가치를 폄하하고 싶지가 않다. 앞서 수학을 패턴의 발견이라 정의하며, 일상에서 패턴을 발견하기 위한 노력을 하는 것이 수학자의 주된 업무라 말했으니 쓸데없는 일이라 치부하기에는 두말을 하는 것 같아 마음도 편치가 않다.

하지만 그에게는 의미 있는 일이었을지언정 영어를 처음 배우는, 그것도 모국어가 아닌 외국어로써 배우는 학습자에게 처음부터 이 '영어 문장의 5형식론'을 알려주는 것은 적절하지 않은 일이다. 어떤 대상을 분류하는 것은 그 대상 전체 집합을 충분히 접한 후에 할 수 있는 작업이다. 쉽게 말해 어느 숲에 있는 나무들을 분류하는 일은 일단 그 숲 전체를 관망하고 조금 가까이 가 숲 속에 있는 나무들을 하나하나 만져보고 점검한 후에야 할 수 있는 일이라는 것이다. 이런 관점에서 그의 작업은 의미가 있든 없든 외국어 학습서에는 수록되면 안 되는 내용이다. 외국어 학습서는 그 언어에 대해 아직 잘 모르는 이들이 그 언어를 접할 수 있게 도와주는 책이기 때문이다.

그런데 그가 그 책을 쓴 연유를 영어를 외국어로 배우려는 이들에게 교재로 쓰게 하기 위해서라고 단정할 수는 없다. 그의 책과 책 속에 들어있는 5형식 내용은 그의 책을 통해 직접 우리에게 전해진 것이 아니라 일본의 다른 문법책을 통해 간접적으로 전해졌기 때문이다. 우리에게 영어 5형식을 전해준 책은 1917년 오사카상업고등학교에서 영어를 가르치던 호소에 이츠키 선생이 쓴《영문법범론》이다. 일본에서 거의《성문종합영어》를 능가하는 필수 참고서가 되어 영어를 가르치는 교사들과 공부하는 학생들에게 널리 읽힌 이 책은 어니언스의《고급영어통사론》을 그대로 옮겨 짜깁기한 책이다. 책을 살펴보면 1부는 어니언스의 책을 그대로 번역한 내용으로, 2부는 약간의 재구성이 덧붙여진 내용으로 구성되어 있다.

《성문종합영어》의 저자 송성문은 그의 책을 우리말로 재번역하여 자신의 저서로 둔갑시킨 것으로 보이고, 이 책이 본고사 형태로 치러졌던 대학 입시를 준비하기에 최적이라는 평가를 받으며 모든 한국 학생들이 5형식의 늪에 빠지게 된 것 같다. 물론 현재도 베스트셀러 자리를 내주지 않고 있는《수학의 정석》과 달리《성문종합영어》는 이미 몇 년 전 벌써 퇴물 취급을 받고 문제집 시장에서 서서히 자취를 감추고 있지만,《수학의 정석》이 남긴 유산이 이후의 문제집들을 진화시켰듯《성문종합영어》가 남긴 유산도 이후의 문제집

2부 수학 교육에 대하여

들에 고스란히 전수되었다. 아직도 우리나라에서는 문법 위주의 영어 공부 방식을 선호하는 교사와 학생들이 많다는 게 그 증거다.

시 공부를 논하며 말한 것과 같이 5형식을 강조해 가르치는 것은 영어를 가르치는 것이 아니라 영어에 대한 정보를 가르치는 것과 같다. 그런 식의 수업은 언어 그 자체를 습득하게 하는 수업이 아니라 영어라는 대상을 객체화하여 그에 대한 지식, 그것도 검증되지 않은 불확실한 지식을 습득하게 하는 수업이다. 새로운 언어를 그 자체로 받아들이지 않고, 모국어의 체계를 전제로 껍데기부터 받아들이면 우리는 절대 그 외국어에 익숙해질 수 없다. 그 언어만이 지니고 있는 독특함과, 그 언어 속에 스며있는 타국의 문화는 그 언어를 말로써 배워야 느낄 수 있는 것들이다.

우리가 영어라고 배우는 내용이 과연 언어로서의 영어라 할 수 있을까? 누군가에 의해 영어로 둔갑된 사이비 영어라 하는 편이 더 낫다는 생각을 하는 것은 조금 지나친, 극단적 생각일까? 수학 공부에 그토록 많은 시간과 노력을 들였음에도 결국 고등학생이 되며 수학을 포기해버리는 현상과 영어 공부에 그토록 많은 시간과 노력을 들였음에도 영어를 못하거나 자신이 없는 것은 동일한 패턴을 보인다. 그렇다면 원인도 같을 것이라 추정할 수 있지 않을까? 그 '수학'이 진짜 수학이 아니라 수학 비슷한 헛짓거리였기 때문에 우리가 그것을 포기했듯, 우리가 학교를 졸업하고서도 내내 공부했던 '영어'가 우리 영어 실력을 높여줄 수 없었던 이유는 그것이 진짜 영어가 아닌 '짝퉁' 영어, 영어 비슷한 헛짓거리여서 그런 것은 아닌지. 왠지 시리얼 모양의 설탕, 든든한 한 끼로 둔갑한 독성 가득한 햄버거를 계속 먹고 있었다는 생각이 든다. 그럼에도 이 현상이, 이 이상한 식습관이 바뀌지 않고 있지만 말이다.

모든 학문의 시작점에는 개론서 암기가 있다

요즘 대학가에는 고등학교 공부는 대학 공부에 비하면 아무것도 아니었다고 불평하는 대학생들이 있다고 한다. 오랜 취업난 때문에 입학하자마자 어쩔 수 없이 학점 경쟁에 뛰어들어야 하고, 좋은 학점을 받기 위해서는 고등학교 교과서와는 비교도 안 되게 두꺼운 개론서들을 소화해야 하기 때문이다. 아니 사실 소화한다기보다 통째로 집어삼킨다고 말해야 맞을 것 같다. 생애 처음으로 접하는 학문의 역사, 창시자, 분파 등이 주로 1학년 중간고사 문제가 되는데 외우지 않고서는 절대 숙지할 수 없는 내용이기도 하고 고등학교 때와는 달리 주관식 혹은 서술형으로 문제가 나오기 때문이다. 수능 때까지 써먹으며 발전시켜온 '찍기 신공'은 이제 소용이 없다. 오로지 '암기 신공'으로만 승부를 보아야 한다. 그러니 그런 불평이 나올 수밖에.

사실 대학 교육은 비판의 사각지대에 있다. 교육의 내용뿐만이 아니라, 시험 제도, 평가 방식 모두가 가르치는 한 사람의 주관적 의사에 의해 정해지는 경우가 많고, 그것들에 의문을 제기하는 사람이 거의 없기 때문이다. 또한 가르칠 수 있을 만큼의 전문적 지식을 보유한 사람이 아주 많지가 않고, 그들을 비판할 수 있을 만큼 해당 학문에 정통한 사람을 찾기도 쉽지 않다. 하지만 그렇다고 그 교육에 대한 논의를 간과할 필요까지는 없다고 생각한다. 아이들이 대학에 입학해 느끼는 학습의 어려움은 고등학교 때 느꼈던 그것과 별반 다르지 않기 때문이다. 일단 이제 막 고등학교를 졸업하고 대학 공부를 시작한 신입생들이 주로 듣는 전공 기초 수업부터 살펴보자. 경제학 개론, 언어학 개론 등 '○○학 개론'이라는 이름이 붙은 수업이 그런 기초 수업에 해당한다.

개론 강의는 아직 해당 학문에 발 들여 놓았다고 보기는 어려운 초보자, 입문자들을 위한 강의다. 그들을 그 학문의 세계에 초대하는 것이 수업의 목적이며, 말 그대로 학문 전체의 내용을 대강 추린 것이 수업·교재의 주 내용이 된다. 대체로 첫 시간에는 '○○학이란 무엇인가'를 주제로 해당 학문의 정의를 제시하고 이후 학문의 발달 과정과 역사, 그 과정을 통해 생겨난 여러 학파와 학설, 주의 등을 차례로 가르친다. 하지만 이제 막 그 학문에 입문하려는 초심자들에게 그런 식의 수업 방식과 교재 구성이 적절하다고 할 수 있을지는 잘 모르겠다. 일단 그런 천편일률적인 구성은 학습자의 흥미나 동기를 유발하는 데는 그리 성공적이지 않을 것이 분명하며, 제아무리 기초, 기본이라 한들 학문적 용어로 기술된 정의를 그 학문을 접해 본 적 없는 입문자에게 들이미는 것은 외워 익히라는 말밖에는 안 된다고 생각하기 때문이다.

심리학을 예로 들어보자. 50종도 넘는 시중의 심리학 개론 책에는 대부분 다음과 같은 표가 들어 있다. 심리학이라는 범주 내에서 생겨난 여러 가지 학파와 사조를 시대 순으로 정리한 표이며, 각 학파의 창시자와 주요 개념만이 간략하게 정리되어 있는 것으로 보아 몇 페이지에 걸친 설명 중 가장 핵심적인 것만을 추려 표에 담은 것

심리학 사조의 학파들◆

명칭	역사적 사건	주요 개념
구조주의	1879년 Wundt가 처음으로 심리학 실험실을 설립	마음의 요소와 그것들을 조합하는 (…) 내관법을 사용
기능주의	1890년 James의 《Principles of Pschology》 발표	사고, 감정, 행동이 왜 일어나며 (…) 연구함
형태주의 심리학	1912년 지각된 움직임에 대한 Wertheimer의 논문 발표	생각이나 경험의 종합적인 양식에 초점을 둠
정신역동 이론	1927년 Freud가 《The Ego and Id》를 발표	의식과 무의식 간의 갈등이 (…) 이룬다고 봄
행동주의	1913년 Watson의 (…) 1938년 Skinner의 (…)	심리학이 다루어야 할 주제 (…) 이해가 가능하다고 봄
인본주의 심리학	1954년 Maslo의 《Motivation and Personality》 발표	사람은 자유의지, 창의성을 지니고 있다는 믿음.
인지 심리학	1967년 Neisser의 《Cognitive Psychology》 발표	심리 사건들은 (…) 유추할 수 있다고 함
인지 신경과학	1989년 《Journal of Cognitive》 (…) 등장	마음의 구조는 (…) 연구하여 이해됨
진화 심리학	1992년 Barkow (…) 의 《The Adopted Mind》 발표	중요한 심리적 전략들 및 목표들은 (…) 봄

같다. 암기용으로 딱 좋은, 시험 출제자인 교수의 입장에서는 빈칸 채우기 문제를 내기에 적격인 표다.

아마 심리학 개론 수업을 수강하는 학생들은 위 표가 나와 있는 페이지에 포스트잇을 붙여놓고, 언제든 백지 위에 그 내용을 그대로

◆ 로빈 S. 로젠버그·스티븐 M. 코슬린 지음, 이순묵·도경수·서용원 옮김, 《심리학개론》, 피어슨에듀케이션코리아, 2012.

옮겨 써낼 수 있을 때까지 보고 암기할 것이다. 그리고 그렇게 공부하는 것을 심리학 개론 학습이라 여길 것이다. 가령 아래와 같은 문제들이 출제된다면 열심히 외운 표의 내용을 그대로 옮겨 적기만 하면 된다. 그렇게만 하면 기대한 만큼의 높은 성적을 받을 수도 있다.

> **문제** 다음 문제를 잘 읽고 서술하시오.
>
> 1. 구조주의는 누가 창시자이며 그 주요 개념은 무엇인가?
> 2. 진화심리학을 주장한 사람과 그 주장의 개요를 말하여라.

하지만 위 문제에 완벽히 답했다 하여 그것을 두고 그 학생이 정말 심리학의 개념을 이해했다고 말할 수 있을까? 심리학이 무엇인지 고민 한번 해보지 않고, 책에 나와 있는 각각의 사조들이 서로 어떻게 다른지 의문조차 가져본 적 없이 그저 글자를 읽고 외운 것뿐인데도 말이다. 아마 위와 같은 시험이 아니라 아래와 같은 시험이 출제되었다면 학생은 책을 전부 외우고도 답안지를 채우는 데 진땀을 뺐을 것이다.

> **문제** 다음 문제를 잘 읽고 서술하시오.
>
> 1. 심리학은 마음에 관한 과학이라고 한다. 그럼에도 행동주의 심리학은 왜 마음이 아닌 행동에 주목하게 되었는지 설명하라.
> 2. 구조주의 심리학과 인지심리학의 차이가 무엇인지 설명하라.

앞서 '해당 학문의 세계로 누군가를 초대'하는 것이 개론 강의의 기능이라 설명했다. 만약 초대하는 곳이 학문의 세계가 아니라 취미 생활의 공간이라 생각해보자. 신입 회원을 모집해야 하는 독서 동호회 혹은 바둑 동호회가 있다면 그들은 어떤 식으로 외부인들을 '초대'할까? 아마 우리가 모여 무슨 활동을 하는지, 그런 취미 활동이 우리 삶에 왜 필요한지, 어떤 식의 유익함을 주는지를 먼저 설명할 것이다. 그 어떤 동호회도 동호회의 역사와 발전 과정, 창립자, 내부의 분파 등을 먼저 말하지 않을 것이다. 어떤 생각이 드는가? 자연히 눈이 가고 마음이 끌리는 동호회들도 이런 식으로 사람들을 초대하는데, 하물며 그보다 훨씬 높은 벽을 가지고 있는 학문들이 들어오고자 마음을 연 사람들을 그런 식으로 초대하는 것이 과연 바람직하다 말할 수 있을까. 아마 기대에 부풀어 마음의 문을 활짝 연 사람들도 이런 식의 설명부터 들으며 그 문을 들어서면 금세 지쳐 학문에 지루함부터 느낄 것이다. 진정으로 입문자들을 초대하는 교재이고 강의라면 우선 그 학문에 종사하는 사람들은 어떤 연구를 하는지, 그 학문은 도대체 왜 필요하며 우리 삶의 어떤 곳에 쓸모가 있는지, 그리고 그 학문을 이해한다는 것이 어떤 의미를 갖는지부터 알려주는 것이 바른 순서라 생각한다. 그 시간을 통해 그 학문의 실용성과 존재 이유를 깨닫게 된다면 앞의 표는 그저 찌꺼기에 불과한 것이 될 것이다.

심리학 개론을 저술한 사람들은 심리학을 전공으로 선택하고 그 학문에 종사하겠다는 결심을 굳힌 지 적어도 10년 이상 된 사람들이다. 그들에게는 당연히 학문 세계 전체를 조망할 수 있는 안목이 있고, 그 안목과 그간 배워온 지식을 결합하여 앞에 제시된 것과 같은 표를 만들어 낼 수 있는 능력이 있다. 그들의 입장에서 이 표는 암기의 산물이 아니며 그저 앎을 최소한의 지면에 정리해 놓은 하찮은 결과물이다. 하지만 초심자, 입문자들에게는 전문가의 안목과 능력이 없으며, 앞의 표를 숙지하기 위해서는 절대적인 암기의 시간이 필요하다. 하루아침에 스스로 표를 그려낼 수 있을 만큼의 이해를 쌓는다는 것이 불가능하며 학문 세계 전체를 조망할 수 있는 안목은 책 한 권을 다 읽어도 생길 리 만무하기 때문이다. 그러니 앞에서 언급한 것과 같은 표는 개론서에 있어야 될 내용은 아니라 생각된다.

그럼에도 대다수의 개론서들은 그 표 만들기와 같은 일에 갈수록 더 많은 신경을 쏟고 있는 것처럼 보인다. 100년이 넘는 시간 동안 차곡차곡 쌓아온 엄청난 양의 연구 주제를, 보통의 일반인들이라면 듣도 보도 못한 외국인들의 이름과 함께 단 하나의 표에 요약 정리하여 제시하는 것이 개론서의 역할이고 특징이라 생각하는 것 같다. 그들의 그러한 행동은 학습자들에게 동기를 유발하기는커녕 이해되지 않는 것을 무조건 머릿속에 집어넣으라는 강요, 압박으로 받아들여져 반감을 유발한다. 학생들로 하여금 일종의 지적 폭력까지 경험케 한다. 캠퍼스에서 이루어지는 대부분의 개론 강의가 강제 수업과 같은 이미지를 갖게 된 이유도 바로 여기에 있다고 본다. 자율을 중시한다는 대학 캠퍼스에서 초·중·고등학교에서 느꼈던 구속감을 다시 한번 경험하는 계기가 되는 것이다. 수학과의 경우 두세 시간 동안 교수 혼자 교재에 제시된 문제들은 칠판 가득 풀이하고 지우는 작업을 몇 번씩 반복하는 것이 수업의 전형이며, 그들은 그것을 '가르치는 것'이라 여긴다. 도대체 왜 이런 상황이 대학에서까지 반복이 되는 것일까?

필시 가르침에 대한 커다란 오해로부터 빚어진 현상이다. 학문적 지식과 가르칠 지식을 구분하지 못해 학문적 지식을 학습자에게 그대로 전달하고, 그것을 '가르치는 것'이라 여기기 때문에 이 악순환이 끊이지 않는 것이다. 같은 학문을 공부한 같은 분야의 전문가들끼리 학문에 대한 이야기를 할 때는 소위 '지식의 변형' 과정이 굳이 필요치 않다. 그들은 학문적 지식만을 가지고도 아무런 불편 없이 의사소통을 할 수 있기 때문이다. 하지만 그 학문의 세계에 입문조차 하지 않은 10대 후반, 20대 초반의 학습자들을 논의에 참여시키기 위해서는 반드시 지식의 변형 과정을 거쳐야 한다. 그들의 경험과 언어를 고려하여 학문적 지식을 가르칠 지식으로 전환해야 하며, 가르치는 사람은 학습자들의 반응과 질문을 예민하게 받아들여 그들의 입장에서 이해하기 힘든 것이 무엇인지, 더 세세한 설명이 필요한 부분이 어느 대목인지 알아차릴 수 있는 민첩성을 발휘해야만 한다.

알고 있다는 것과 가르치는 것은 다르다. 박식한 학자가 반드시 유능한 선생이 된다는 법은 없지 않은가. 바로 이 지식의 변형 과정 때문에 그런 현상이 일어난다. 앞서 언급했듯 교육학에서는 이를 **교수학적 변환**이라 하며 교사에게 굉장히 필요한 역량으로 취급한다.

여기까지 가르치는 사람으로서 가르침을 받는 학생의 입장을 생각하지 못한다면 결코 바람직한 수업을 할 수 없다는 중요한 교육학적 개념을 대학생들의 학습 방식과 개론 강의를 통해 살펴보았다.

'점수 맛'에
중독된 사람들

프롤로그에서 예고한 대로 2014년 가을 〈월스트리트 저널〉에 게재되었던 기사를 다시 한번 보자. 애초에 기사의 내용이 아니라 기사에 반영된 관점을 언급하려 꺼낸 소재였지만, 내용의 오류를 정확히 지적하는 것이 많은 사람들이 가지고 있는 일반적인 오해와 착각을 깨뜨리는 일이 될 수 있을 것 같아 다시 한번 이야기를 하게 됐다. 일단 기사의 내용을 요약 정리해보면 다음과 같다.

동양인이 서양인 보다 수학을 잘하는 이유는 동양인들이 사용하는 언어가 숫자를 읽기에 더욱 적합하기 때문이다. 한국인들은 일, 이, 삼, 사, 오, 육, 칠, 팔, 구, 십이라는 열 개의 단어로 백만의 모든 숫자를 표현할 수 있다. 반면 영어로 그 숫자들을 표현하려면 적어도 스물네 개 이상의 단어가 필요하다. 따라서

한자 문화권에 속한 나라의 학생들은 어렸을 때부터 수 세기를
쉽게 익힐 수 있고 자라서도 수학을 더 잘할 수밖에 없다.

기사의 내용에 동의하는가? 정말 한국어가 수학을 배우는 데 유
리한 언어라고 생각하는가? 어린 시절의 경험을 돌이켜 생각해보자.

10시 10분을 가리키는 시계다. 한국
인이라면 당연히 이를 '열 시 십 분'이라
고 읽는다. 아무도 '십 시 십 분', '열 시 열
분'이라고 하지 않는다. 똑같은 10인데도
시간을 말할 때는 '열'로, 분을 말할 때는

'십'으로 읽는 것이다. 굳이 이유가 있어서 그러는 것이 아니다. 그저
그렇게 읽는 것이라 배웠고 그 방식에 익숙해져있기 때문이다. 하지
만 이제 겨우 수 세는 법을 배우고 시계 보는 데는 익숙해지지 않은
아이들은 종종 실수를 한다. '십 시 십 분'이라 말하기도 하고 '열 시
열 분'이라 읽기도 한다.

당연하다. 어쩌면 아이들의 입장에서는 '열 시 십 분'이라 읽는 것
을 더 이상하게 여길 수 있다. 같은 숫자인데 왜 다르게 읽어야 하는
지, 그 이유를 제대로 가르쳐 준 사람이 없기 때문이다. 분명히 같은
5인데 5인분은 오 인분, 5사람은 다섯 사람이 되는 이유를 아이들은
배운 적이 없다. 3권은 세 권, 3월은 삼월이라 읽게 된 것은 누가 가
르쳐주어서가 아니라 어른들이 그러니까 그저 따라한 것일 뿐이다.

한자 문화권에 속한 나라들 중에서도 일본과 우리나라에서만
나타나는 이 독특한 이중 구조는 아이들을 적잖게 애먹인다. 대부

분의 아이들이 숫자 읽고 쓰는 방법을 전부 배우고도 숫자를 만나면 순간적으로 고민을 시작한다. 1이 '일'이 되는 순간과 '하나'가 되는 순간은 수 읽기처럼 자세하게 배우고 연습한 적이 없기 때문이다. 하지만 이는 당연히 초등학교, 유치원에서 가르치고 배워야 하는 내용이다. 한국어에는 순우리말 수 단어와 한자 수 단어가 공존한다는 것, 그 둘을 상황에 따라 구분해 사용해야 한다는 것은 아이들을 가르치는 교사라면 틀림없이 유념하고 있어야 하는 점이고, 아이들의 수준에 맞게 변형해 전달해주어야 하는 내용이다. 그렇지만 불행하게도 지금까지는 이런 내용을 다루고 있는 교사용 지도서가 없어 수 세기를 가르치는 교사는 알아서 이 이중 구조의 중요성을 파악해야 한다. 가르치는 방법도 혼자서 연구해야 한다. 따라서 이를 알고 지도할 수 있는 1학년 담임교사를 만나는 것은 전적으로 운에 달린 일이며, 운이 따르지 않으면 아이들도 스스로 수 읽기 방법을 터득하는 수밖에 없다.

예를 좀 더 들어보자.

2번

어떻게 읽어도 상관없는 숫자다. 다만 어떻게 읽느냐에 따라 뜻이 달라진다. '두 번'이라 읽으면 횟수, '이 번'이라 읽으면 번호가 되기 때문이다. 그러니 숫자가 보이는 순간 아이들은 재빨리 판단부터 해야 한다. 이 숫자가 횟수를 나타내는지, 번호를 나타내는지. 아이들이 수 읽기를 완벽하게 익히는 것이 얼마나 어려운 일인지 이제 좀 짐작이 되는가? 기사의 내용과 달리 우리 아이들은 우리말 수 세기 방식에 익숙해지기 위해 영어권 나라의 아이들보다 몇 배로 더 많이 노력해야 한다. 유감스럽지만 우리말의 우수성을 거론하며 많은 한국인들에게 자부심을 안겨주려고 했던 앞의 기사는 명백히 오보다.

하지만 진짜로 유감스러운 것은 기사가 오보라는 사실이 아니라, 그럼에도 불구하고 우리가 우리의 수 세기 교육을 재고하지 않고 있다는 것이다. 순우리말 수 단어와 한자 수 단어가 공존함을 모르는 사람은 없고 이를 구분해 사용하는 것이 중요하다는 것을 스스로 깨우친 교사들도 꽤 되는데, 소위 전문가 집단에 의해 거듭 개정되고 있는 초등학교 1학년 수학 교과서에는 여전히 이 내용이 없다. 짐작건대 아이들이 이중 구조 때문에 겪는 어려움을 인식하지 못한 데서 비롯된 것이라 여겨진다.

그들은 여전히 우리 아이들이 충분히 수학을 잘한다고 생각한다. 실제로 TIMSS수학·과학 성취도 국제비교 연구와 PISAOECD 학업성취도 국제비교 연구 결과로만 보면 한국의 학업성취도는 세계 최상위 수준이다. 이 지표에 근거해 그들은 한국 아이들은 기본적으로 외국 아이들에 비해 공부의 재능을 타고 났으며, 현재의 교육 과정과 교과서에도 큰 문제가 없다고 주장한다. 하지만 우리 아이들이 그 시험들을 잘 보는 이유는 '시험만을 위한 내비게이션 공부'를 될 때까지, 죽도록 하기 때문이다. 공부의 재능을 타고 나서도, 현재 우리 국정 교과서가 훌륭해서도 아니다. 오로지 절대적인 공부 시간이 독보적으로 길다는 것, 그 시간에 오로지 시험을 위한 공부만 한다는 것 때문에 높은 점수를 받는 것이다.

한국 교육은 지금 '점수 맛'에 중독되어있다. 교재, 교사, 학부모,

학생 모두가 높은 점수만을 위해 달린다. 사실상 그것은 공부가 아닌 헛짓거리에 온 힘을 쏟고 있는 것과 다르지 않은 데도 말이다. 하지만 사람들은 아직도 그 상황의 심각성을 정확히 인지조차 못 하고 있는 것 같다. '점수 맛'에 중독되어 우리가 교육이라고 행하고 있는 것이 실상 무엇인지, 진짜 교육의 가치를 아는 사람들이 그런 우리 교육을 어떻게 평가하고 있는지 말이다.

한글을 사용하는 우리 아이들에게 수 세기 교육을 할 때는 수 단어만 가르쳐서는 안 되고, 상황에 맞는 수 단어를 선택할 수 있게 수 읽기 연습까지 제공해야 한다. 아래는 그 연습의 중요성과 가치를 아는 교사들과 함께 만든 수 읽기 연습문제다.

문제 아래 글을 읽으며, 알맞은 수 단어에 동그라미 하시오.

7(칠 / 일곱)월 21(이십일 / 스물하나)일. 오늘은 소풍가는 날이다. 학교 운동장에는 이미 버스 6(육 / 여섯)대가 서있었고 우리 반 학생 37(삼십칠 / 서른일곱)명은 5(오 / 다섯)번째 버스에 올랐다. 선생님께서는 정확히 9(구 / 아홉)시 45(사십오 / 마흔다섯)분에 출발해 2(이 / 두)시간 후 도착할 것이라고 말씀하셨다.

약물에 의한 성적 증강

스포츠에는 '도핑의 덫'이 있다고 한다. 도핑이란 몸에 일시적인 변화를 주기 위해 호르몬제·신경안정제·흥분제 등의 약물을 복용하는 것을 말하는데, 건강을 해치기도 하고 체력을 비정상적인 수준까지 끌어올려주는 효과를 내기 때문에 노력으로 연마한 신체의 기량을 겨루는 운동 경기에서는 대체로 이를 금하고 있다.

도핑 검사는 1988년 서울올림픽을 기점으로 정착되었고, 당시 잠실의 올림픽 주경기장에서 열린 육상 경기의 남자 100m 종목에서 세계 신기록을 세운 벤 존슨이 도핑 검사 후 금메달을 박탈당해 세계의 조롱거리가 된 바 있다. 더 기가 막힌 일은 그때 2위를 기록해 자연히 금메달을 승계했던 미국의 칼 루이스도 경기 전 미국에서 자체적으로 실시했던 도핑 검사에서 양성 판정을 받았다는 거다. 하지만 미국 올림픽 당국이 그 사실을 함구했고, 진실은 15년이 지나서야 밝혀졌다. 운동선수들은 도대체 왜 금지 약물에 대한 유혹을 떨쳐버리지 못하는 걸까?

선수들이 가장 많이 쓴다는 약물인 스테로이드는 근육을 빠르게 만들어 근력을 강화시켜주고 단기적인 집중력을 향상시켜주는 데다 강도 높은 운동을 하여도 지치지 않게 해주는 효과가 있다고 한다. 야구 선수의 경우에는 약물을 복용하는 순간 근력이 강화되고 순간 스윙 속도가 놀랍게 증대되기 때문에 그 어렵던 홈런까지 쉽게 칠 수 있을 정도가 된단다. 그러니 성적과 기록이 곧 자신의 수익과 명예가 되어버리는 프로 선수들에게 그 유혹이 너무나 달콤한 것은 실상 당연한 일이 아닌가 싶다. 하지만 어쨌거나 정정당당한 수단은 아니며, 무엇보다 건강을 해치기 때문에 진짜 자신을 위한다면 그런 약물은 복용하지 않는 편이 좋을 것 같다.

그런데 재미있게도 도핑의 유혹을 받고, 유혹에 못 이겨 결국 좋지 않은 선택을 해버리는 선수들의 모습은 앞에서 살펴본 우리 아이

2부 수학 교육에 대하여

들의 모습과 닮았다. 시험 성적과 점수가 곧 자신의 지능과 수학 능력이 되어버리는 지금의 교육 현실에서, 한번만 먹으면 시험 잘 보는 기술이 단숨에 높아져 성적이 향상되고 시험에 나올 문제들만 쏙쏙 보여 힘이 많이 드는 진짜 공부는 굳이 하지 않아도 좋은 점수를 받을 수 있다는데 과연 어떤 아이들이 그 유혹을 떨쳐낼 수 있을까? 아마 뿌리치는 아이들이 거의 없을 것이고 만약 그런 약물이 진짜 나온다면 아이들이 거부한대도 그 부모들이 얼른 그 약을 구해다 어떻게든 먹게 할 것이다. 혹 그것이 아이의 건강을 조금 해치는 약이라 해도 말이다.

앞서 면면히 살펴본 유형별 수학 문제집들과 그 문제집들을 풀이해주는 것을 수학이라고 가르치는 이른바 족집게 강사들, 그리고 그들의 강의가 바로 시험을 목전에 앞둔 수험생들을 유혹하기에 충분한 금지 약물이다. 개념과 원리에 대한 이해 없이도 시험 성적을 잘 받을 수 있게 편집된 유명한 문제집 역시 타석에 들어서서 힘껏 풀 스윙을 해봐야 기껏 110m밖에 안 나오는 야구 선수를 금세 홈런을 치게 하는 스테로이드와 하나도 다르지 않다. 한순간 엄청나게 큰 능력을 '발휘'하게 하고 선수의 건강을 앗아가는 금지 약물들. 이것이 당장 한 달 후 시험에서는 높은 점수를 받게 해줄 수 있지만 결과적으로는 아이들의 학습 능력에 아무런 도움도 주지 못하고 결국 이상한 공부 방식에 길들게만 하는 유형별 문제집들과 뭐가 다를까.

설상가상으로 그 금지 약물은 복용이 금지되고 있기라도 하지만 우리 교육은 금지 약물에 해당하는 유형별 문제집, 족집게 강사, 그 강사들의 강의를 전혀 제재하지 않고 있다. 심지어 정부가 그런 문제집을 만드는 데 동참하고, 그 문제집에 수록된 내용을 그대로 수능에 낼 것이라 발표까지 해 그런 식의 공부 방식을 정상적인 학습으로 둔갑시키고, 이제 TV를 통해 그 문제집을 풀어주는 족집게 수업까지 하고 있다. 전 세계에서 유례도 찾아볼 수 없는 터무니없는 교육 정책이다.

금지 약물이라니! 어쩌면 너무 과한 비판이 아닌가라는 생각을 하는 사람도 있을 것 같다. 도대체 외우라고 나와 있는 공식 열심히 외우고, 정리되어 있는 유형 달달 외워 시험 잘 보겠다는데 뭐가 문제가 되냐며 반론을 제기하는 사람도 있을 것이다. 그런데 크게 두가지 이유에서 묵인하고 넘어가서는 안 되는 게 바로 도핑이고, 같은 이유로 이 같은 공부도 근절되어야 한다. 이유는 첫째 건강을 지키기 위해, 둘째 공정성을 준수하기 위해서다.

도핑을 제지하는 가장 큰 이유는 도핑이 선수의 건강에 치명적인 해를 주기 때문이다. 스포츠 경기라는 것은 출전 선수가 현재 자신의 몸 상태에서 최대의 능력을 발휘해 하는 것이다. 최대의 능력치가 발휘될 수 있게 컨디션을 조절하는 것 또한 경기력의 일부며, 따라서 일시적으로 경기력을 끌어올리기 위해 약물을 복용하는 것은 전문가인 의사의 견해에 따르면 능력이 안 되는 몸을 억지로 돌려 과부하에 걸리게 하는 것과 같다고 한다. 과열 상태의 전기 모터를 더 강하게 돌려 모터를 태워버리는 것과 다르지 않다는 것이다. 약물을 남용하면 이후 선수는 심각한 건강 이상 상태에 빠지게 된다. 하지만 슬럼프에 빠져 예전만큼 성적을 내지 못하고 있는 어린 선수들에게 건강은 부차적인 문제다. 당장의 슬럼프를 극복하고자 뭐든

하고 싶어할 것이고 그 방안으로 충분히 약물을 선택할 수 있다. 하지만 선택하는 순간 몸이 망가져 선수 생활을 할 수 있는 시간이 줄고 죽음에 가까이 가게 될 것이다. 그러니 어린 선수들을 보호하는 차원에서도 약물은 절대 금지해야 하는 것이 맞다.

이를 우리 교육에 빗대어보자. 수학뿐만 아니라 여러 과목을 동시에 공부해야 하는 아이들로서는 최소한의 노력과 시간을 들여 최대한의 성과를 올릴 수 있는 효과적인 방안이 여기 있다고 할 때 그 유혹을 뿌리치기 어려운 것이 당연하다. 그런데 그렇다 하더라도 기본 원리와 개념은 빼놓고, 시험에 나올 문제만 공부하고 외우는 것은 몸에 과부하를 부르는 일이다. 앞에서 언급한 것과 같이 수학은 패턴의 발견이며 따라서 곱셈공식을 이해하기 위해 이미 알던 지식을 응용하고 넓히는 것이지만, 암기는 그런 연계 과정을 생략하고 전혀 새로운 지식을 계속 받아들이는 것이기 때문이다. 다시 말해 장기적인 안목으로 보면 유형별 학습, 내비게이션식 학습은 절대적인 학습량을 늘리는 일이며, 알고 있던 지식들을 정리해 여유있게 공부할 기회를 앗아가는 것이다.

도핑을 금지하는 두 번째 이유는 도핑이 윤리적으로 문제가 되는 일이기 때문이다. 금지 약물을 복용하고 운동 경기에 임하는 것은 결코 공정하지 않다. 스포츠는 정해진 규칙 내에서 인간 육체의 자유로움을 만끽하고 그 한계에 도전하는 일이다. 등산이 멋진 스포츠가 되는 이유도 바로 그 때문이다. 산 정상에 오르는 방법은 여러 가지지만 산악인들은 몇 가지 장비만을 지니고 자신의 두 발로 정상을 정복한다. 그들에게는 마침내 정상을 정복했다는 결과만이 전부가 아니다. 발걸음이 닿지 않은 경로를 찾아내고, 그 험한 경로를 어떻게든 개척해나가며 자신의 한계를 극복하는 그 모든 과정이 등산이고 스포츠다. 그 과정이 실상 결과보다 더 중요하며 그들에게 등산의 기쁨을 만끽하게 해주는 순간들을 더 많이 만들어준다.

그런데 만약 그들처럼 스스로 노력해 산을 정복하려 하지 않고 '나에게는 재정적인 능력이 있으니 장비 대신 헬리콥터를 구입하여 정상에 오르겠다'고 하는 사람이 있다고 하자. 조금 이상하긴 하지만 일단 헬리콥터를 타고 정상에 오르는 것 자체가 문제가 되지는 않는다. 그는 그의 자유의사에 따라 행동할 권리가 있기 때문이다. 하지만 그 방법으로 장비를 사용하여 산에 오르는 산악인들과 경쟁을 벌이겠다고 하면 이는 결코 사리에 맞는 일이라 할 수 없다. 그 누구도 그의 승리를 인정하지 않을 것이고, 자축하는 그의 모습도 우스꽝스럽게 비춰질 것이다. 그의 행동은 등산에 대한 모독이며, 엄청난 무례다.

학문에서는 어떨까? 앞에서 언급한 바 있는 타일러의 교육 과정 원리에서 두 번째, 세 번째 단계였던 교육 내용의 선정과 조직은 등산하는 과정과 비교해보면 계곡을 따라 갈 것인지 암벽 등반을 할 것인지 아니면 새로운 경로를 개척하여 오를 것인지 선택하는 과정에 해당한다고 볼 수 있다. 산을 정복하는 것보다 더 중요한 등산의 핵심에 해당하는 활동인 것이다. 따라서 그 과정들을 모조리 건너뛰고 시험에 나올 문제들만을 공부하라고 가르치는 것은 교육이라 할 수 없다. 헬리콥터를 타고 정상에 올라 산악인들의 도전을 밀어내라고 가르치는 것과 같은 것이다.

하지만 누가 뭐래도 끝까지 헬리콥터를 타고 산에 오른다면 어떻게 그것을 말리겠는가? 그 앞에서 도덕성을 운운하며 공정하지 않다고 등산입네 아니네 하는 것은 일말의 설득력도 가지지 못할 것이다. 대신 '효과'를 논하면 조금 솔깃해할지도 모르겠다. 사실 그런 식의 등산은 아무 의미도 소용도 효과도 없으니 안 하느니 못하다고. 그렇다. 그렇게 매번 헬리콥터에만 의존해 산에 오르면 헬리콥터 없이는 아무것도 할 수 없게 된다. 공부로 치면 매번 선생님이 풀어주는 문제 풀이만을 열심히 외우는 것이 헬리콥터를 타고 산에 오르는 것과 같은 것인데, 그런 식의 공부는 아무리 해도 소용이 없다. 선생님이 옆에 있을 때는 문제가 생기지 않지만 선생님이 없어지는 순간 문제도 풀리지 않기 때문이다. 문제는 바로 그런 상황이다. 흔히 아이들이 "기본 문제 푸는 데는 아무 문제가 없고 계산도 안 틀리는데, 응용 문제만 나오면 문제 뜻 이해하는 것도 힘들어요"라는 어려움을 토로하는데, 그게 바로 이 때문이다. 헬리콥터를 타고 등산했기 때문에, 내비게이션식으로 공부했기 때문에 그런 문제에 봉착한 것이다.

내가 가진 육체와 스스로 기른 체력을 기반으로 평가에 임하겠다는 것이 스포츠 정신이다. 그처럼 내가 가진 사고력과 열심히 쌓은 실력을 기반으로 시험을 보는 것이 진정한 '배움'이고, 교사는 아이들을 그렇게 가르쳐야 한다. 공부가 안되면 도핑이라도 하자, 돈이 있으면 헬리콥터라도 타자, 그리고 '진짜 공부는 대학 가서 하자'라는 식으로 아이들을 설득하는 것은 교육도 논리도 아니다. 가르침과 배움이란 해당 학문의 기본인 본질을 파악하는 것이고, 쉽지 않지만 그 과정을 온전히 거치게 하고 함께 감당하는 것이 교육의 본질, 교육하는 자의 태도다.

공부 잘하는 한국 아이들, 똑똑하지는 않다

몇 년 전 미국 대통령 버락 오바마가 한국을 방문하며 했던 말 때문인지 외국에는 한국 아이들의 높은 성적을 꽤나 긍정적으로 받아들이는 이들이 있는 것 같다. 한국 사람들 역시 공신력 있는 시험에서 '공부 잘하는 아이들'로 인정받는 우리 아이들의 모습을 보며 괜스레 뿌듯해 하는 경우가 많다. 하지만 높은 시험 점수가 반드시 학습자의 이해도나 실력을 보여주는 것은 아니다. 실력은 점수에 반영될 수 있지만, 점수가 실력을 나타내는 유일한 지표는 될 수 없기 때문이다.

2013년 OECD 공식 발표에 따르면 우리 아이들의 수학 성적은 그야말로 세계 최고다. 수능보다 신뢰성과 타당도가 몇 배나 더 높은 PISA에서 당당히 1위를 차지하며 OECD 회원국 가운데 수학 성적으로는 그 어떤 국가도 따라잡을 수 없을 만큼 상위에 있다는 것을 입증했다고 한다. 2위를 차지한 일본과도 18점이나 차이가 났으니 실로 놀랄만한 결과다. 많은 한국 사람들이 이를 자랑스러워했고, 여러 다른 나라 사람들도 칭찬을 아끼지 않았다. 나 역시 그 자체에 큰 의미를 두고 싶지는 않았지만 무시할 수는 없는 수치고, 결과라고 생각했다.

그런데 전혀 그렇게 생각하지 않는 사람도 있었다. 과거 미국에서 한 공립 고등학교를 방문해 그 학교의 교장을 인터뷰한 적이 있는데, 그녀는 실력과 성적을 아예 별개의 것으로 생각하고 있었다. 한국 아이들의 높은 점수도 그런 시각으로 봐야 한다고 생각하는 것 같았다. 뉴저지주에 위치해 있던 그 학교는 명문대 진학률이 높아 지역 교포들 사이에서 꽤 괜찮은 고등학교로 소문이 나 있었는데 인터뷰를 하던 당시는 공교롭게도 한국 학생들의 위장 전입 사실이 밝혀져 당국이 그것을 색출하는 어이없는 촌극까지 빚어지고 있는 상황이었다. 어찌됐든 그런 상황에서 그 학교를 방문했고, 나는 별다른 의도 없이 한마디를 던졌다.

"이 학교에 한국 학생들이 많이 다니는 것 같은데, 성적도 우수하다고 들었어요. 한국 아이들이 꽤나 똑똑하죠?"

별 이견이 없어 이야기를 풀어나가기에 적당한 첫마디라 생각해서 꺼낸 말이었다. 그런데 그 교장 선생님이 정색을 하고 답변을 하는 것이었다.

"나는 그 말에 동의할 수 없습니다."

살짝 당황했지만 그녀의 단호함에 궁금증이 일었고, 그 궁금증을 내세워 대화를 이어갔다.

"성적이 좋은 것은 사실 아닙니까? 그러니 똑똑하지 않다고 할 수도 없고요."

상대 역시 좀 더 진지하게 답변을 하기 시작했다.

"글쎄요. 한국 학생들의 성적이 높은 것은 맞아요. 정상급에 많은 학생들이 분포되어 있지요. 그런데 이 아이들은 학교가 끝나고 나서도 같은 내용을 또 반복해서 공부한답니다. 반면에 미국 아이들은 풋볼이나 농구, 또는 밴드 활동을 하죠. 만일 미국 아이들도 한국 아이들처럼 공부한다면 그런 성적을 받을 수 있을 겁니다. 하지만 그렇게 하지 않는 이유는 그것을 교육이라 여기지 않기 때문이지요."

말문이 막힐 수밖에 없었다. 더 이상 무슨 말을 할 수 있었을까. 그녀와의 만남 이후 나는 성적과 실력이 동일하지 않다는 믿음을 더 강하게 굳혔다. 그리고 이 책의 많은 부분에서 그런 점들을 강하게 내세웠다. 그런 생각들에 기반해 책의 집필을 시작했기 때문이다.

사실 그녀가 아는 것이 전부가 아니었다. 그녀가 한국 아이들의 방과 후 활동을 다 알고 있는 것은 아니었다는 말이다. 물론 그녀에게 그런 말들을 전하지는 않았지만 만약 진짜 실상을 알았다면 아마 그녀는 정말 경악을 금치 못했을 것이다. 지금도 그렇지만 당시도 한국 고등학생들은 학교 수업이 끝나면 학원에 갔다. 그곳에서 학원 수업을 받았고 학교 수업에서 다루지 않았던 문제집도 풀었다. 그런데 그 문제집이라는 것은 사실 서점에서 파는 일반적인 참고서가 아니라 이른바 족보, 그동안 시험에 나왔던 문제들과 앞으로 시험에 나올 문제들을 정리한 자료였다. 아이들은 방과 후면 학원에 모여 그 족보를 달달 외웠고, 그 암기를 기반으로 시험을 봤다. 그리고 미국으로 유학을 떠나며 그 족보 외우기 공부 방식도 그대로 가져갔다. 아이들은 방과 후에 학교에서 배운 내용을 반복해 본 것이 아니라 그중에서 시험에 나올 것들만을 추려 달달 외우고 있었던 거다.

받아들이기 쉽지 않은 우리 교육의 불편한 진실이지만 한국 아이들의 뛰어난 성적은 교과 내용의 이해보다는 시험에 나올 문제 풀이가 위주인 '전략적 방과 후 학습'에 의해 만들어진 것이다. 이는 한국 내에서만이 아니라 미국이나 캐나다 또는 남반구의 오스트레일리아와 뉴질랜드에서도 행해지고 있다. 그곳에 거주하는 한국 아이들은 그곳에 가서도 공부는 한국식으로 한다. 한번 맛본 '점수 맛'을 잊을 수가 없기 때문이다.

이런 자세한 내막을 모르는 오바마와 같은 외국인들은 단편적인 결과만을 보고 한국 아이들의 우수성을 부모들의 교육열, 그리고 교사들의 열성적인 지도가 어우러져 낳은 것이라 여긴다. 자신들의 사고 체계에서 한국 교육을 바라보았기 때문이라 생각된다.

다시 2013년 OECD 발표로 돌아가자. 진짜 중요한 항목을 놓치고 왔다. 이 수치는 앞서 살펴본 성취도 등수와 달리 우리 아이들의 심정을 대변하고, 점수 맛 중독의 폐해를 고발하는 역할을 한다. PISA 문항에는 성취도 평가 문항만 있는 것이 아니다. 성취도와 함께 여러 가지 항목들을 평가하는 설문조사 문항들이 있고, 그 조사에서 우리 아이들은 또 한번 놀라운 결과를 보여주었다. 성취도 분야에서 당당히 1위를 차지한 우리나라는 수학에 대한 흥미가 있느냐, 수학 공부가 즐겁냐를 물어보는 '내적 동기' 분야에서 평균 이하의 점수를 기록하며 세계 65개국 중 58번째, 즉 아무 즐거움 없이 공부하는 아이들이 여덟 번째로 많은 나라에 등극했다. 수학이 미래, 앞으로의 직업에 유용할 것 같으냐를 물어보는 '도구적 동기' 분야에서는 62위를 차지했다. 세계에서 수학이 아무 쓸모없다고 여기는 사람이 네 번째로 많은 나라라는 의미다. PISA만이 아니라 TIMSS에서도 같은 결과가 나타났다. 초등학생·중학생을 대상으로 하는 그 시험에서 우리나라 초등학교 4학년 학생들은 50개국 중 성취도 2위, 흥미 50위, 자신감 48위를 기록했고 중학교 2학년 학생들은 42개국 중 성취도 1위, 흥미 41위, 자신감 39위에 올랐다. 이 현상을 어떻게 설명해야 좋을까?

'성취도는 높은데 흥미와 자신감은 낮다.'

높은 성취도를 당연시하는 이들이 할 수 있는 진술이다. 이 현상을 이렇게 진술한다면 우리 교육에 문제 삼을 수 있는 것은 아무것도 없다. '우리 아이들이 수학을 잘하는 것은 예전부터 당연한 일이었고, 수학이 재미없는 것도 어찌 보면 당연한 일 아닌가? 그래도 좀 재밌게 가르칠 수 있도록 노력은 해야겠다.' 이 정도가 그들이 할 수 있는 최선의 생각이다. 하지만 완전히 다른 진술도 가능하다.

'흥미와 자신감이 최저인데도 불구하고 성취도는 높다.'

이렇게 생각하면 높은 성취도는 당연한 것이 아니라 이상한 것이 된다. 재밌고 자신 있는 것을 잘하는 것은 당연하지만, 재미도 없고 자신 없는 것을 잘하는 것은 이상하기 때문이다. 그렇다면 우리 아이들이 수학을 잘하는 현상은 반드시 설명을 필요로 하게 된다. 수학을 이토록 싫어하고 힘들어 하는 아이들인데 도대체 성적은 왜 이렇게 잘 받아오는 걸까?

다시 한번 강조해 말하지만 우리 아이들은 원래, 당연히, 타고나서 수학을 잘하는 것이 아니다. 한국 아이들의 수학 점수가 높은 이

2부 수학 교육에 대하여

유는 아이들이 그만큼 시험 문제집 풀이에 수없이 많은 시간과 헤아릴 수 없는 노력을 쏟아 붓기 때문이다. 학교 수업을 마친 후에도 시험을 위한 족집게 학원 수업, 과외 수업을 또 한번 받기 때문이다. 전 세계 어디에도 없는 문제집 시장이 어마어마하게 형성되어 있기 때문이다. 시험에 출제될 모든 문제들을 만들어 이를 유형별로 분류하고 아이들에게 제공하는 것을 교육이라 여기는 교육관 아래서 살고 있기 때문이다.

교육학의 어떤 분야에서도 이런 관행과 교육관은 찾아볼 수가 없다. 하지만 이런 한국식 교육은 그야말로 세계적인 '성공'을 거두었고 아이들은 그 '성공적 방식'에 길들고 있다. 초등학교·중학교 수준에서 다루는 수학적 지식의 양은 사실 그리 많지 않다. 그러나 그것들을 가지고 문제를 만들라면 끝도 없이 만들어 낼 수 있다. 쉽고 재밌게 배울 수 있는 많지 않은 수학을 어렵고 힘들게 반복해 익혀야 하는 어마어마한 양의 수학 시험으로 재탄생시킨 것이 바로 우리 수학 교육의 실제다. 우리는 그 문제들을 차곡차곡 풀어나가는 것을 교육 과정이라고 착각하고 있다. 그러니 재미가 없을 수밖에. 지적 호기심을 자극하고 흥미를 유발하는 부분은 쏙 빼고 대신 갈수록 어려워져가는 문제들을 그 자리에 집어넣어 놓았으니 자신감 역시 점점 낮아질 수밖에. 흥미 없고 자신 없는 공부에 매달려 1등하는 우리 아이들, 불행한 1등은 이렇게 만들어지고 있다.

3

해법은
있는가

교육을 둘러싼
여러 세력들

저마다 교육을 말한다. 마치 모두들 금방이라도 문제를 일거에 해결할 묘책을 내놓을 수 있다는 기세로 자신 있게 목소리를 높인다.

교육부가 내놓는 정책들은 하나같이 상식과는 거리가 멀다. 열린 교육에서부터 스토리텔링 수학까지, 모두가 전국의 교사들과 학생들을 시름에 잠기게만 하고 있다. 그들의 결과물은 그저 '교육부가 있고, 뭔지는 모르지만 뭔가를 하고 있다'는 것을 알려주는 증거일 뿐, 큰 역할은 하지 못하고 있는 것 같다.

교육부에 결탁하는 교육학자들도 다르지 않다. 그들은 이 땅의 교육에는 관심을 가지지 않고 해외, 특히 미국에서 벌어지는 일들에만 안테나를 곤추세운다. 설상가상으로 지켜보는 것으로만 그치지 않고 뭔가 상품이 될 만한 것들이 있으면 잘도 찾아내 정치인과 관료들에게 제공한다. 그러면 국가는 그들에게 그 대가로 명예욕을 가득 채워주는 자리를 내어주고 연구비까지 지원한다. 그 '상품'은 제대로 된 프로그램이 아니어도 괜찮고 한국 실정에 맞지 않는 제도여도 상관없다. 실패의 원인은 그들이 아니라 현장에서 그 정책을 시연하고 실천한 교사들에게 있기 때문이다. 그렇게 책임을 돌려버리면 그만이다. 그 결과 현재 한국의 교육 현장은 그들이 차용해온 교육학 이론들의 실험실이 되어버렸다.

소위 참고서라는 문제집을 출판하는 회사들과 학원을 운영하는 사교육 기업들은 오늘도 저마다 홍보에 여념이 없다. '완전정복', '정석', '눈높이', '사고력' 등 붙일 수 있는 좋은 말들은 다 가져와 상품명으로 내걸었지만 정작 그들이 만든 '상품'의 본질은 **교육**도 아닌 **훈련**에 불과하다. 그런 허울 좋은 상품을 팔며 그들이 가장 즐겨하는 홍보 중 하나는 상품 구매 능력이 있는 사람들에게 학교에 대한 불신을 심어주는 것이다. 끊임없이 불안감을 조성하여 그들을 학교로부터 멀어지게 한다.

최근에는 시민단체라는 또 다른 세력도 등장했다. 그들은 마치 자신들과 같이 행동하는 것만이 아이들의 고통에 진심으로 공감하는 것인 양 감정에 호소한다. 그리고 자신들의 대열에 동참하지 않는 사람들을 아이들의 고통에 무관심한 사람이라 낙인찍고 구별 짓는다. 그렇게 교육에 행사하는 영향력을 조금씩 확장시켜 나가고 학교 교육을 둘러싼 힘 있는 세력으로의 발돋움까지 시도한다. 특정 언론과 합세하여 점점 커져만 가는 그들의 목소리를 듣고 있노라면, '스스로 자기 생명까지 포기하는 사람들이 세계에서 가장 많은 나라에 살고 있는데 그까짓 수학 공부 하나 포기하는 것에 뭐 그리 야단법석을 벌까' 하는 자조적인 반감까지 슬며시 치밀어 오른다.

교육을 둘러싸고 힘겨루기를 하는 이들 다양한 집단들의 존재 이유는 무엇일까. 그들은 정말 진정으로 교육이 중요하다고 생각하고 있을까. 진정 교육 영역의 최전선에 있는 교사들과 학생들을 위해 행동하고 말한다고 할 수 있을까. 그리고 이들 각 세력들이 해결책이라고 내놓는 것들은 정말 실현 가능한 해결책일까.

이들과 멀찌감치 거리를 두고 이런 의문들을 제기하다가 문득 다음과 같은 우화 하나를 떠올리게 되었다.

캄캄한 밤 어두운 골목길 희미한 전등 하나가 켜진 전봇대 밑에서 한 사나이가 쭈그리고 앉아 뭔가를 찾고 있었다. 무심코 지나치려다 발길을 멈추고 그에게 말을 건넸다.

"무슨 일이죠? 뭘 찾고 계십니까?"

"열쇠를 떨어뜨렸어요. 그런데 보이지 않네요."

열쇠를 잃어버렸다니 집에도 들어가지 못할 것 같아 안타까운 심정에 함께 찾아주기로 하고 전봇대 주변을 샅샅이 뒤졌다. 하지만 한참을 찾아도 열쇠는커녕 개미 새끼 한 마리 보이지 않았고 답답한 심정에 다시 한번 그에게 물었다.

"열쇠를 잃어버린 곳이 여기가 맞나요?"

그제야 그는 고개를 들고 전봇대에서 멀리 떨어진 어두컴컴한 구석진 곳을 손가락으로 가리키며 말했다.

"저쪽에서 잃어버렸는데요."

기가 막혀 재차 물었다.

"그런데 왜 여기서 찾는 것이죠? 잃어버린 곳에서 찾아야 하지 않나요?"

돌아오는 그의 대답은 정말 어이가 없었다.

"거긴 어둡잖아요. 여기는 희미하지만 그래도 불빛이 있어 볼 수 있으니까 여기서 찾고 있습니다."

"……."

위 우화에는 듣고 싶은 것만 듣고, 보고 싶은 것만 보며, 말하고 싶은 것만 말하려는 이들의 행태가 그려져 있다. 교육을 둘러싼 여러 세력들의 주장을 자세히 들어보면 이런 결론에 닿게 된다.

'이들은 교육을 논하는 것이 아니다. 교육을 소재로 자신들의 이야기를 하고 있다.'

나는 이들의 활동을 이렇게 본다. 교육을 말하는 수많은 사람들을 보며 나는 그들이 자신들의 입지를 보존하고 존재감을 드러내기 위해, 또는 자신들의 이익 창출을 위한 도구로 교육을 활용하기 위해 모종의 활동을 다양하게 전개하고 있다는 인상을 지울 수가 없다. 특히 수학 교육과 관련해서는 더욱 그렇다. 그들은 오늘날의 우리 교육에 짙은 안개를 몰고 왔다. 그들이 해결책이라고 내놓은 수많은 정책들과 이론, 수업 방식과 교재는 우리 교육에 해결책을 제시해 준 것이 아니라 전부 안개가 되어 우리로 하여금 교육에 관해서는 한 치 앞도 보지 못하게 만들었다. 그런데 어떻게 그들의 활동을 교육을 '위한' 것이라 말할 수 있겠는가.

3부에서는 이 여러 세력들의 활동을 면면히 보고 조목조목 비판

3부 해법은 있는가

하는 일을 해 볼 것이다. 그리고 동시에 그들이 말하는 '해결책' 대신 진짜 해결책을 찾기 위해 노력할 것이다. 작지만 실현 가능하고 많은 것을 바꿀 수는 없지만 현실성은 분명히 있는 진짜 해결책을 말이다.

실패할 수밖에 없었던
교육 정책들

닫혀버린 열린교육

한때 '열린교육'이라는 광풍이 교육계 전체를 뒤흔들어놓은 적이 있었다. 당시는 마치 열린교육이 이전까지 대두되던 심각한 한국 교육의 문제들을 일거에 해결할 것이라 주장하는 사람들이 많았다. 그리하여 열린교육에 대한 각종 세미나와 연수, 워크숍이 전국적으로 개최되었고, 교사들은 학교 수업을 연기하고서라도 그런 모임들에 불려 다녀야 했다. 전국 각지의 수많은 학교들이 열린교육 시범학교로 선정되었고, 선정된 학교의 교사들은 열린교육의 지침에 따라 학교 운영과 수업 방식에 뭔가 새로운 것을 도입해야 한다는 강박감 속에서 하루하루를 지냈다. 매일 같이 실천 방안과 계획서, 실적 보고서 등을 작성하는 업무를 추가로 해내야 했다. 그렇게 열린교육의 시대는 한참 동안이나 지속되었다.

그 광풍 속에서 우왕좌왕 갈피를 못 잡는 이들도 있었다. 그전까지 나름 훌륭한 수업을 전개하거나 성실하게 교육에 전념했던 나이 든 경력 교사들이었다. 그들은 처음에는 그저 어리둥절할 수밖에 없었고 시간이 지나면서는 자신들이 설 자리가 좁아지고 있다는 느낌에 불안해했으며 결국 스스로 위축되고 말았다. 그들 중 일부는 "열린교육을 따라가지 못해 마치 닫힌 교육을 하는 닫힌 교사가 된 것 같은 기분도 들었다"라며 "시대에 뒤떨어진 존재가 된 것 같아 소외감을 느끼기도 했다"라고 말했다.

그런데 한바탕 태풍이 휩쓸고 지나간 후에는 언제 그랬냐는 듯 학교 현장에 휘몰아치던 열린교육의 광풍이 자취를 감추어버렸고, 지금은 열린교육의 '열'자도 들리지 않게 되었으니 도대체 무슨 일들이 있었기에 그리 되었는지 궁금하지 않은가?

열린교육이란 '오픈 에듀케이션open education'이라는 영어 단어를 우리말로 그대로 번역한 용어로서, 그간 전통적인 교육 제도하에서 행해져 왔던 교육을 보다 많은 사람들의 참여로 이끌어가자는 취지에서 고안된 개념이다. 잘못된 기존 제도들이 만들어낸 교육 참여를 가로막는 장애물들을 걷어내고, 교육의 문을 열어놓자는 뜻에서 탄생한 용어인 것이다. 교육 프로그램과 교육 자료에 대한 접근도 용이하게 하자는 것이 그들의 뜻이었으며, 당시는 컴퓨터와 인터넷이 막 발달하기 시작하던 때였으므로 그런 기반들이 교육의 취지를 실현시키는 데 발판이 되어주기도 했다.

열린교육의 중심에는 '지식의 공유'라는 명제가 자리하고 있었다. 누구든 수강하고자 하는 강의, 열람하고자 하는 교육 자료에 접근해 양질의 교육을 제공받을 기회를 갖게 하자는 것이 열린교육의 핵심이었고 따라서 그를 가로막고 있던 법적 장치를 철폐하고 재정 문제를 해결할 수 있게 제도적 도움을 주는 것이 당시 열린교육을 주창했던 이들이 했던 주요 활동 중 하나였다. 이는 자연스럽게 '학습자 중심의 교육' 실현을 가능케 했다. 학습자의 동기와 흥미와는 무관하게 진행되었던 일제식 수업과 전통 교육의 폐단들이, 열린교육의 실현으로 점차 옅어지고 사라졌기 때문이다. 열린교육은 곧 대안교육이라는 명성을 얻게 되었고, 국내에서는 몇몇 의식 있는 소수의 교사들이 자발적으로 이를 연구하고 실천하는 모임을 만들었다. 도입 단계의 열린교육은 그런 모습이었다.

그런데 1996년, 교육부가 열린교육 운동에 개입하겠다는 선언을 했다. 열린교육을 독려하는 수많은 정책들을 내놓았고, 이듬해인 1997년에는 7차 교육 과정 총론에 열린교육 실시를 명시하기까지 하며 불과 1~2년만에 열린교육 시대를 도래하게 했다. 항상 그랬듯 교육부의 정책이 시행되자 전국의 시·도 교육청은 학교 평가 항목에 열린교육 시행 여부를 신설해 넣고, 시행 여부를 재정 지원 평가의 차등화 기준으로 삼았다. 그랬으니 교육청과 일선 학교장들은 열린교육이 무엇인지도 모른 채 예산과 승진만을 위해 경쟁적으로 열린교육을 표방하기 시작했고 그때부터는 '무늬만 열려 있는' 희한한 열린교육들이 등장하기에 이르렀다. 심지어 기존에 사용하던 교육 자료에 '열린교육 학습지', '열린교육 놀이' 등의 이름만을 붙이기도 했고, 어느 열린교육 시범학교는 학교 교문과 담벼락은 물론 교실 사이의 벽도 허물어 말 그대로 학교를 물리적으로 완벽하게 열어놓기도 했다. 학습자 중심의 교육 방법 중 하나였던 열린교육이 교육부의 개입을 기점으로 획일적으로 정형화된 방식을 강요하는 닫힌 교육 제도로 변모한 것이다.

그리고 오늘날 우리 교육 현장에서 그 열린교육은 자취를 완전히 감추었다. 열린교육만이 우리 교육의 병폐를 없애는 유일한 길이라며 모든 교육에 '열린' 자를 갖다 붙이던 관료들은 지금 어디 있을까?

열린교육 열기가 뜨뜻미지근해지고 결국 사라져버리고 말았을 때 그들이 어떤 말로 열린교육을 평가하고 막 내리게 했을지 자못 궁금해진다.

학부모의 숙제가 된 수행평가

1999년 새로 출범한 김대중 정부는 교육개혁을 추진하는 하나의 방안으로 새로운 평가제도인 '수행평가'를 도입했다. 미국에서 건너온 그 새로운 평가 제도는 선택형이나 기술형 지필 검사가 가지고 있는 근본적인 한계를 보완하기 위해 고안된 것이었다. 교육학자들은 그것이 학습자의 실제 능력을 보다 제대로 평가할 수 있을 것이라 예언했고, 우리나라는 그 제도를 들여오자마자 전국의 초·중·고등학교에서 단번에 전면적으로 실시하게 했다.

수행평가에는 다양한 평가 도구들이 사용되었다. 시험지 대신 리포트, 발표, 포트폴리오 등이 모두 평가의 도구가 되었으며 학생들은 자신이 알고 있는 것을 능동적으로 보이지 않고서는 점수를 받을 수 없었기에 기존 평가에서 보였던 태도와는 다른 태도로 평가에 임했다. 한편 교사는 이 제도의 도입으로 자신의 가르침을 보다 즉각적으로 피드백받을 수 있게 되었다.

수학의 경우에는 제시된 문제의 풀이 과정을 모두 기록하게 하는 식의 평가를 수행평가로 많이 냈는데 사실 이는 본고사 시절 사용했던 출제 방식과 크게 다르지 않다. 물론 그 밖에도 다양한 문제가 수행평가라는 이름하에 개발되었고 아직도 개발될 여지가 많다.

수행평가 역시 취지도 좋았고 도입도 좋았다. 하지만 이번에도 교육부가 개입하여 이를 한국의 학교 현장에서 전면적으로 실시하게 하면서 그 좋은 제도가 세계 어디에서도 찾을 수 없는 이상한 시험으로 변질되기 시작했다. 시험 점수에 목매는 한국의 학부모들이 이 시험에 개입하며 수행평가가 부모들이 함께 해주어야 하는 온가족 시험이 되어버렸기 때문이다. 일간지들은 이런 변질된 수행평가의 모습들을 보도하고 문제점들을 지적하기 시작했다.

- 어느 중학교 근처의 과일가게들에 사과가 동이 났는데, 그 이유가 수행평가의 과제로 사과 돌려 깎기가 나왔기 때문이라고 한다. 가족들이 둘러앉아 사과 깎는 시범을 보이면 아이는 난생처음 사과를 깎느라 먹을 사람도 없는 사과를 열 개 넘게 깎았다고 하니 동네 과일가게는 뜻하지 않게 대목을 맞이했다.
- 나에 대한 글을 써오라는 국어 수행평가가 출제되자 엄마들은 글을 어떻게 써야 할 것인가에 대한 정보 수집을 시작했다. 그리고 교사의 채점 방식과 취향을 입수해 아이에게 그에 맞춘 글쓰기를 하게 했다. 결국 정확한 정보를 입수한 엄마를 엄마로 둔

아이들이 좋은 결과를 받았다. 수행평가가 아이들의 실력을 평가하는 것이 아니라 엄마들의 정보력을 평가하는 수단이 되어버린 것 같다.

• 과학 수행평가는 아예 처음부터 돈을 주고 전문 업체에 맡겨야 좋은 점수를 받을 수 있고, 음악 수행평가는 성악 레슨을 붙여야 점수가 나온다. 수행 때문에 사교육을 더 못 끊는다. 수행평가 점수는 아이 실력이 아니라 그 집 경제력과 상관관계가 더 높다.

수행평가는 지금까지도 행해지고 있다. 그리고 아직까지도 학부모들의 수고는 줄어들지 않았다. 좋은 취지와 좋은 발상으로 만들어진 평가제도가 왜 한국에서는 이상한 괴물로 변질되었을까? 생각건대 그 이유는 우리가 이를 처음 들여올 때 이미 수행평가의 핵심을 잘못 이해했기 때문이라고 본다. 평가에 다양한 수단을 사용한다는 것은 수행평가의 장점은 맞지만 핵심은 아니다. 수행평가의 진짜 핵심은 교사가 평가권을 가진다는 것에 있다. 학습자의 실력과 수업에 대한 이해도는 아이들의 행동을 가장 가까이서 관찰하는 교사가 판단하게 해야 한다는 게 수행평가를 고안한 이들이 가지고 있었던 근본 생각이었다. 따라서 수행평가가 제대로 되려면 기본적으로 교사의 권위가 보장되어야 하고 평가권을 교사에게 전적으로 위임해야 한다. 하지만 우리 교육부는 교사에게 평가권은 주지 않고 책임만 묻겠다는 입장을 견지한다. 이는 제대로 된 수행평가를 실행할 수 없게 덫을 친 것과 마찬가지며 교사로 하여금 교육적 안목을 발휘하는 것이 아니라 면책이 가능한 안일한 수단을 찾게 유도하는 것과 다를 바 없다. 그런 상황에서 교사는 지극히 관료적인 판단기준을 가질 수밖에 없다.

결국 교육부가 이 상황을 만든 장본인이다. 현장 교사의 자율적인 평가를 허용할 의도도 없이 수행평가라는 허울 좋은 이름으로 생색만 내는 정책을 발표했기에, 애꿎은 교사와 학부모 사이의 갈등만이 조장된 것이다.

동화책을 읽어주며 수학을 가르쳐라?

2012년 1월 교육부는 느닷없이 '수학교육선진화방안'이라는 거창한 발표를 했다. '개선'도 아니고 '선진화'라니, 교육부 스스로 우리가 지금까지 수학 교육 후진국이었음을 자인하는 셈이 됐다. 우리 아이들의 높은 수학 성적표가 자신들의 업적인 양 자화자찬하던 것과는 사뭇 다른 태도의 연유는 가늠하기 정말 어려웠고, 더욱이 그들이 사용한 수학 교육에서의 후진국과 선진국이라는 용어는 정말 생경하기 짝이 없었다. 국민총생산이나 1인당 국민소득과 같은 경제지표로 선진국과 후진국, 개발도상국을 분류하는 것은 들어본 적이 있지만, 교육 분야에서 선진국과 후진국을 나누는 것은 금시초문이었기 때문이다. 더군다나 '교육 강국'이라는 이상한 단어까지 만들어 국민을 호도할 때는 언제고, 이제 와서 교육 후진국, 그것도 수학 교육 후진국이라고 납작 엎드리기까지 하니 어느 장단에 춤을 추어야 할지 난감하기도 했다. 그런데 그 교육부 자료 속에서 또 다른 생경

한 용어를 발견했다. 바로 '스토리텔링 수학'이 그것이었다.

　교육부가 내놓은 수학교육선진화방안은 수학 교과서를 쉽고 재미있게 만들기 위해 노력하겠다는 것을 골자로 하고 있었고, 사업의 일환으로 초등학교부터 고등학교까지 스토리텔링 교과서를 만들어 보급하겠다는 내용을 담고 있었다. 그런데 이전까지 대다수의 사람들은 스토리텔링으로 수학을 가르친다는 것이 어떤 것인지 전혀 모르는 상황이었다. 사업계획안을 내놓은 교육부조차 스토리텔링 수학이 수학 교육의 선진화와 어떤 관련이 있는지에 대해서 제대로 논의한 적이 없었다. 국내의 유일한 스토리텔링 관련 도서였던 《스토리텔링으로 수학 가르치기》라는 책마저도 발표 이후에 발간되었을 정도다. 그 책의 역자도 역자 서문을 통해 자신의 의견을 아래와 같이 밝혔다.

　　수학에 대해, 수학자에 대해 그리고 수학을 하는 것에 대해 **이야기를 한다는** 부분은 뭔가 공감하기 힘든 대목인 듯 보인다. 30년 정도 수학을 배워왔고 활용하고 있으며 수학 교사 양성을 하고 있는 역자의 경험에 비추어보아도 (…) 수학을 스토리텔링으로 가르친다는 것이 가능할지 궁금했다.

　책을 번역하며 어느 정도 스토리텔링의 내용 파악을 했을 역자들조차 수학 교육에 이를 적용한다는 사실에는 회의적이었다. 그리고 스토리텔링 교과서 제작에 참여한 집필자들도 교사들을 대상으로 하는 연수에서 "스토리텔링에 동의하지는 않지만 이미 정해졌기에 그에 맞추어 내용을 채웠을 뿐이다"라고 말했다 하니, 도대체 누가 왜 이를 적극적으로 추진하고 있는지 의심스러울 정도다.

교육 과정이 개편되거나 교과서가 새로 발간될 때마다 이러한 일이 반복되는 것은 국가가 그 모든 것을 독점하고 있는 시스템에서 그 원인을 찾을 수 있다. 교육부는 항상 충분한 연구와 검토를 진행한 후에 정책을 수립하는 것이 아니라 일단 언론 플레이를 통한 홍보부터 해놓고 일을 시작한다. 마치 새로운 영화를 제작하기로 하고 영화는 베일에 가려둔 채 '개봉 박두, 기대하시라!'와 같은 문구만을 내세우는 영화 제작사처럼 말이다. 그런데 문제는 그들의 그런 행태 때문에 정작 교사와 학생들이 혼란에 빠지게 된다는 거다. 곧 시행될 새로운 교육 정책이 있다는 것은 알지만 그 새로운 정책이 무엇인지는 모르는 상황에서 교사와 학생들은 '앞으로는 무엇을 어떻게 가르치고 배워야 하나'를 고민하며 갈피를 못 잡고 어리둥절 헤맬 수밖에 없게 된다. 반면 사교육 업체들은 그 기간을 잘 이용해 얼른 선수를 쳐버린다. 교육부의 발표 후 밀실에서 새 교과서가 집필되는 동안, 시중에 스토리텔링이라는 제목을 붙인 참고서들을 범람케 하는 것이다. 그러면 불안한 학부모들은 어쩔 수 없이 먼저 나온 참고서에 의존을 하게 된다.

그런데 그렇게 요란하게 선전을 했던 스토리텔링 교과서라는 것은 사실 기존의 교과서에 각 단원의 내용과 관련이 있다고 여겨지는 동화를 덧붙여 내놓은 것밖에 되지 않았다. 초등학교 수학 교과서에는 마치 그림 동화책에서나 볼 수 있는 삽화가 단원당 8쪽씩, 모두 4~50쪽이나 덧붙여졌고 그 결과 현재 우리나라 초등학교 1~2학년 아이들은 세계 최초로 국가가 발행을 한 엄청나게 무겁고 두꺼운 세계 유일의 국정 스토리텔링 수학 교과서를 짊어지고 다니는 신세가 됐다.

하지만 그럼에도 정말 그것이 아이들의 학습에 도움이 되는 것이라면 과정이 어떻든 그 결과만으로도 의미와 보람은 있을 수 있다. 그런데 현장의 반응은 그리 긍정적이지가 않은 것 같다. 가뜩이나 부담이 많았던 수학 과목에 더 큰 부담을 지웠다는 목소리가 간간히 들리고, 필자가 진행하는 수업을 수강하는 현장 교사들도 다음과 같은 반응을 보였다.

> "수학과 학습 목표에 스토리텔링을 무리하게 끼워 맞췄다는 생각이 듭니다."
> "수업 전 흥미 유발을 위한 하나의 장치 혹은 문장제 문제라는 느낌을 받았어요. (…) 실제 수업에 스토리텔링을 적용하는 것이 참 어렵답니다."
> "스토리텔링의 주제 제시 방식이 학생들의 경험이나 실생활과 관련성이 부족하며 억지스럽네요."

오픈 에듀케이션을 열린교육으로 직역했듯 교육부는 이번에도 스토리텔링이라는 단어를 글자 그대로 받아들여 '이야기 말하기', 즉 아이들에게 동화를 들려주는 것으로 오해를 한 것 같다. 그리고는 이제까지의 관행대로 충분한 검토나 연구 없이 전면적 시행부터 지시했을 것이다. 그런 그들의 교과서 속에서 스토리텔링이 왜 필요한

가에 대한 성찰의 흔적은 좀처럼 찾아보기 힘들다. 오로지 수학과 관련된 동화 만들기에만 전념했기에 이야기로만 교과서가 가득 차 있다. 그러니 당연히 현장 교사들이 냉소적인 반응을 보이는 것이 아니겠는가. 이제는 마땅한 소재가 바닥이 났는지 급기야 현장 교사들에게 '스토리텔링 사례 발굴'이라는 현상 공모까지 하는 상황에 이르게 됐다. 스토리텔링을 수학 교육에 도입하는 이유가 무엇인지 진지하게 따져보지도 않고 마구잡이로 도입만 한 결과, 설상가상으로 지금 교과서에 실려 있는 동화들도 이미 오류투성이다. 그 실례는 잠시 후 다음 장에서 함께 살펴보자.

앞에서 보았던 열린교육이나 수행평가와 마찬가지로 교육부에 의해 우리나라에 도입된 이 스토리텔링 수학은 이상한 형태로 변형되어, 획일적이고 전면적으로 실시되고 있다. 따라서 감히 예측하건대 이 또한 반짝 수선을 피우다가 조만간 곧 사라지게 될 운명을 맞이할 것 같다. 이런 일들이 70년 동안이나 반복되고 있다. 교육부가 앞장서 나서기만 하면 어떤 이론이나 정책도 이상한 괴물로 돌변해 마치 태풍이 몰아치듯 교육계를 한바탕 뒤집어놓고 돌연히 폐기되어 사라져버리니, 그들은 혹시 '저주의 손'을 가진 존재가 아닐까.

경제개발 계획을 연상시키는 '제2차 수학교육종합계획'

교육부는 그 '저주의 손'을 지금도 여전히 부지런하게 움직이고 있다. 이 책을 집필하는 와중인 2015년 3월에도 교육부는 소위 '제2차 수학교육종합계획'이라는 정책을 발표했다. 정책 이름에서 벌써 박정희 시대의 '경제개발 5개년 계획' 또는 북한의 '경제개발 10년 계획'이 연상된다. 국민 경제를 국가 주도로 이끈 것처럼 수학 교육도 국가 주도로 이끌겠다는 뜻이 담겨있는 것 같다. 국사나 국어 과목과 달리 이데올로기와도 전혀 관련 없는 수학이라는 과목을 왜 국가가 주도하여 수업 방식까지 이끌고 가겠다는 것인지 도통 알 수 없지만 말이다.

그런데 '제2차 수학교육종합계획'이 나오려면 당연히 '제1차 수학교육종합계획'도 있어야 하는 것 아닌가. 느닷없이 '2차'라는 단어를 붙여 정책을 발표하고, 3년 전에 '수학교육선진화방안'으로 발표했던 정책을 이제 와 '제1차 수학교육종합계획'이었다고 우격다짐으로 주장하는 것을 보면, 그 정책이라는 것이 얼마나 무계획적이고 즉흥적으로 만들어진 것인지를 쉽게 엿볼 수 있다. 그들의 말대로 '수학교육선진화방안'이 '제1차 수학교육종합계획'이었다 치자. 그런데 그렇다하더라도 1차 계획 이후 2차 계획을 수립하기 위해서는 당연히 1차 계획의 성과 검토와 반성의 단계가 전제되어야 하는 것 아닌가. 교육부는 3년 전 사업 시작 단계에서 "생각하는 힘을 키우는 수학, 쉽고 이해하고 재미있게 배우는 수학, 더불어 함께하는 수학"을 실현하겠다는 목표를 설정했고 수학 교육의 변화를 도모하겠다고 발표했다. 그러니 이제부터 2차 사업을 시작하겠다면 그들은 다음 세 가지 질문에 답해야 할 의무가 있다.

- 공식과 문제 위주의 딱딱한 구성의 교과서가 흥미를 유발하며 창의성을 키우는 새로운 구성의 교과서로 변모했나?

• 재미없고 실생활에 도움도 안 되는 과목이 쉽고 재미있으며 삶에 도움이 되는 유익한 과목이 됐다는 인식의 변화가 있었는가?

• 지식 전달 위주와 수동형 학습 환경의 교실이 체험 탐구가 가능한 능동형 학습 환경의 교실로 바뀌었나?

이런 질문을 던진다면 교육부는 당연히 충분히 그렇게 바뀌었다고 우길 것이다. 우수 사례 발표회라는 것을 개최하고, 몇몇 현장 교사들을 뽑아 개척 교회의 부흥회를 연상하게 하는 '간증회'를 열고, 보기 좋은 결과물들을 전시하는 부스를 만들어 보여주며 이에 참여한 몇몇 교사들에게 표창장까지 수여할 것이다. 그들은 늘 그렇게 국민의 세금을 들여 자신들의 업적을 과시하는 장場을 만들고, 그곳에서 다음 정책을 당당히 펼 명분까지 얻어갔다.

언론도 그들의 보여주기 위한 자화자찬을 비판적으로 보지는 못하는 것 같다. 정부가 어떤 정책을 발표하면 대개의 언론은 정부의 보도 자료를 그대로 받아 전달하는데 그친다. 제2차 수학교육종합계획이 발표 된 이후에도 그랬는데, 그중 한 일간지의 기사가 눈에 띄었다. '수학 시간, 계산기 써도 될까요?'라는 제목의 기사였다.

교육부는 지난 15일 제2차 수학교육종합계획을 발표했다. 재미있는 수학을 위한 긴급조치다. 학습량을 줄이고 계산기 등 공학도구를 수업 중 제한적으로 도입하는 방안이 담겼다. 이 중 '계산기 사용'은 뜨거운 논쟁을 일으켰다. 계산기를 쓰면 학생들은 무거운 수학의 짐에서 해방될까. 결과적으로 계산기가 필요없는 수학 시간을 만들 수 있을까. 초등학교 단계만이라도 모두를 위한 수학은 가능할까.

— '수학 시간, 계산기 써도 될까요?', 〈경향신문〉, 2015년 3월 27일자

앞의 기사는 교육부의 발표 중 계산기 사용에 관한 부분을 특히 조명하고 있다. 그런데 정책 발표 이후 정말 짚고 넘어가야 했던 대목은 계산기 사용이 학습에 효과가 있는지 그 여부가 아니었다. 수없이 많은 교실에서 저마다의 방식으로 진행되는 수학 수업에서 계산기를 사용할 것인지를 교육부가 획일적으로 결정해 일일이 간섭을 하는 게 과연 적절한지, 그것을 물어야 했다. 물론 그런 기사를 본 적은 없지만, 안목 있는 언론인이라면 그런 의문을 제기했을 것이라는 생각이 든다.

교육에 대한 우리 정부의 행태는 만기친람萬機親覽이라는 고사성어를 떠올리게 한다. 모든 정사를 친히 보살폈던 그 옛날 임금처럼 교육의 모든 분야를 사사건건 오지랖 넓게 간섭해 정하려 드니 말이다. 그런 식의 행태에서는 교육부 관료들이 현장의 교사들을 어떤 관점으로 바라보는지, 그 의식의 한 단면까지 함께 엿볼 수 있다. 그들은 자신들의 지시가 교실 수업에 직접 영향을 미칠 것으로 판단하고 수업을 하는 교사들을 자신들의 지시를 그대로 받아들이는 기능인에 불과한 존재로 여긴다. 겉으로는 교권의 확립이 공교육을 살릴 수 있다고 외치면서 실제로는 자신들은 머리, 교사들은 자신들의 지시를 수행하는 손과 발 정도로 보는 것이다. 새로운 정책을 실현하기 위한 계획으로 매년 5,000명의 수학 교사를 대상으로 '연수'를 실

시하겠다고 하는데, 사실상 그 '연수'는 연수라고 할 수 없다. 아마 교사 재교육이라는 명분을 내세운 연수가 어떻게 진행되는지 그 실제 내막을 아는 사람들은 필자의 이런 주장에 바로 동의할 수 있을 것이다. 관료들이 주체하는 '연수'란 사실상 정책의 홍보에 불과하다. 교사의 역량을 계발시켜주는 연수와는 전혀 다른 것이며, 설상가상으로 이상한 짐을 떠안게 되는 계기까지 될 수 있다. 연수가 시행되면 정부에게는 '우리가 그렇게 예산까지 확보해 연수를 시켜주었음에도 수학 교육의 문제가 계속된다면 이는 정책 탓이 아니라 교사들의 게으름과 무지 탓이다'라고 할 수 있는 면피성 자기 변명의 기회가 확보되기 때문이다. 이런 교육부의 오만과 독선은 도대체 어디서 연유한 것일까.

혹자는 이런 비판을 하는 필자를 냉소적이고 정치적이라며 비난할지도 모르겠다. 하지만 비난을 받을지언정 교육부의 정책들은 반드시 두 눈을 부릅뜨고 살펴보아야 한다. 가치중립적인 학문인 수학과 달리 수학 교육은 절대 가치중립적이지 않기 때문이다. 교육부가 차지한 위치와 그들이 가지고 있는 권력은 한국의 수학 교육에 막대한 영향력을 행사한다. 따라서 교육과 수학 교육은 절대 정치적인 영향력에서 벗어날 수 없고, 그렇기에 교육을 위하고 아이들을 생각한다면 반드시 교육부가 내놓는 교육 정책들을 냉정하게 분석하고 비판할 수 있어야 한다. 그렇지 않으면 그 저주의 손은 영원히 그 움직임을 멈추지 않을 것이다.

✅ 소용돌이의 한국 사회

가르치고 배우는 교육이라는 행위는 지극히 개인적인 과제다. 내 자녀가 어떤 사람으로 어떠한 삶을 살아갈 것인가를 결정한다는 점에서 그렇다. 우리 삶에는 생활에 필요한 재화를 어떻게 충당하며 풍족한 삶을 영위할 것인가라는 경제 영역, 아프지 않고 건강한 신체를 어떻게 유지할 것인가라는 보건 영역, 그리고 타인으로부터 침해를 받지 않고 각종 재난으로부터 안전하게 살아갈 수 있을까라는 치안과 안전이라는 영역들이 있지만, 한 개인의 삶이라는 측면만 놓고 보면 교육은 다른 어떤 것들 못지않게 중요하다.

그렇다면 교육은 온전히 국가의 결정에 내맡길 수만은 없는 문제가 아닌가. 물론 지금 이 정부 당국과 언론, 국민들은 모두 교육에 관한 문제를 전부 국가가 결정하는 것을 당연한 것으로 여기고 고스란히 받아들이고 있지만 말이다.

사실 교육의 중요성을 알고, 이를 모두 국가의 손에 맡기는 것이 이상한 일이라는 것을 잘 아는 소위 우리 사회의 지도층들은 이미 자신들의 자녀를 이곳이 아닌 다른 나라로 보내 그곳에서 교육을 받게 하고 있다. 매번 국회에서 열리는 청문회를 보면 등장하는 사람들 중 자녀를 이 땅에서 교육받게 하고 있는 이들은 거의 가뭄에 콩 나듯 보이는 정도다. 물론 이들의 자식 사랑을 비난할 의도는 전혀 없다. 하지만 이렇게 자기 자녀를 외국에 보낸 그들이 이 땅에 머무를 수밖에 없는 다른 아이들의 교육에 대한 결정을 좌지우지한다는 것까지 묵과할 수는 없지 않은가. 물론 대다수의 사람들이 이 상황도 당연한 것이라 생각하며 자연스럽게 받아들이고 있지만 말이다. 과연 이 이상한 현상과 반응들은 어떻게 설명할 수 있을까.

1948년 주한 미국대사관의 부영사로 부임해, 그해 8월 15일 이승만 뒷자리에서 한국의 정부 수립을 지켜보았던 그레고리 핸더슨은 20년 후 미국으로 돌아가 《소용돌이의 한국 정치》라는 책을 출간했다. 격동의 시절에 한국에서 두 번이나 주재 근무를 한 탓에 그는 특히 해방 전후 시기에 있었던 아주 중요한 역사적 일들을 몸소 체험했고, 그의 책은 그런 사건들을 고스란히 기록하고 있다. 그는 예리한 안목을 발휘해 다른 역사책들을 통해서는 쉬이 볼 수 없는 한국 사회의 특성들을 면밀히 묘사해냈다. 그가 책 제목으로 쓴 '소용돌이'라는 단어는 한국사회의 역동성을 극적으로 묘사하기 위해 사용된 수식어였다.

> "한국의 정치역학법칙은 사회의 여러 능동적 요소들을 권력의 중심으로 빨아올리는 하나의 강력한 소용돌이 형태를 띠게 되었다. 유럽이나 일본식 봉건사회를 경험하지 못한 데서 오는 취약한 하부구조를 가진 중앙집권적 관료정치에서는 중앙에서 내리누르는 수직적 압력은 그것을 억제할 만한 지방 세력이나 혹은 독립적인 집단들이 존재하지 않기 때문에, 그리고 일단 형성된 소용돌이를 제어하지 못하기 때문에 반작용이 걸리지 않는다. 더욱 놀라운 것은 중간 집단들이 만들어질 수 있는 여지가 전혀 없다는 점이다."

그가 본 바와 같이 한국 사회 구성원들은 대체로 중심부로 진입하려는 욕망을 가지고 있다. 그리고 그 욕망이 행동으로 나타나면 팽이처럼 회전운동을 일으키는 소용돌이가 나타난다. 그 소용돌이는 그가 주한 미국대사관의 부영사로 근무하던 그 옛날부터 지금까지 계속 한반도 상공을 날고 있다. 실제로 우리는 요즘도 이성적으로 판단하면 당연하지 않은 여러 가지 일들을 단지 권력의 중심에서 일어난 일이면 당연한 것이라 취급하고 받아들이고 있다.

권력의 중심부를 지향하는 오랜 인습이 있다는 사실이 정부가 교육을 비롯한 사회 전반에 대해 독점적 지위를 행사하고 있는 현실을 설명해주는 메커니즘이 되는 것 같아 이렇게 그의 글을 소개해보았다. 아마 그 소용돌이가 없어지지 않는다면 교육부가 휘두르는 저주의 손은 앞으로도 계속 우리 교육을 좌지우지할 것이 분명하다.

권력에 포섭된 학계

격동의 시절 한국에서 주재 근무를 했던 미국대사관 부영사였던 그레고리 핸더슨은 정치의 중심부를 향하고 있는 소용돌이는 지금도 한반도 상공 위를 날아다니고 있다고 말했다. 추측컨대 그 소용돌이는 세월을 거치며 압도적인 위력을 갖게 됐고 이제는 정치 영역만이 아니라 사회 전반의 모든 영역을 아우르고 있는 것 같다. 그런데 이 커다란 소용돌이 안에는 중앙 정부의 수직적 압력을 강화해주는 또 하나의 축이 있다. 소위 전문가 집단이라는 세력이 그것이며 이제부터는 그 집단에 대한 이야기를 해볼 것이다.

정부의 관료들이 어떤 새로운 정책을 표방할 때면 종종 그 뒤에 근엄하게 앉아 이를 지켜보는 학자들의 모습을 목격할 수 있다. 그 학자들은 평생 연구를 통해 쌓아온 업적과 그 과정에서 얻은 자신의 지위를 이용해 정부의 헛된 정책에 힘을 실어주고, 대신 권력이

집약되어 있는 중심부를 향한 소용돌이 속으로 들어갈 기회를 얻는다. 전형적인 어용 학자들의 모습이라 할 수 있으며, 그들이 어떻게 소용돌이 속으로 들어가는지를 여실히 보여주는 교육사의 한 장면으로는 유신 시절 박정희 정권에서 이루어진 〈국민교육헌장〉 제정을 손꼽을 수가 있다.

1968년 12월 5일, 당시 대통령이었던 박정희는 특유의 카랑카랑한 목소리로 〈국민교육헌장〉을 낭독했고, 그 모습은 전국에 생중계되었다. 모두 393개의 글자로 이루어진 이 헌장의 내용에 따르면, 이 땅에 태어나는 모든 사람은 "민족중흥의 역사적 사명"이라는 무거운 짐을 짊어질 수밖에 없으며, 따라서 나 개인의 이익보다는 공익과 사회적 질서를 우선시하며, 나라의 융성이 나의 발전의 근본임을 깨달아 언제나 국가의 부름에 희생할 각오로 살아야만 했다.

정부의 지침에 따라 이 헌장은 발표와 동시에 출간되는 모든 서적과 영화, 음반의 첫 부분에 의무적으로 삽입되었다. 공무원들과 학생들은 무조건 전체 내용을 암기해야만 했고 하다못해 시청의 청소부가 되기 위해서도 헌장 내용은 반드시 알아야 했다. 지금은 그 누구도 입에 올리지 않는 오래된 유물이 되어버렸지만 따지고 보면 이 헌장이 공식적으로 폐기된 바는 없으니 법적으로는 아직도 유효한 살아있는 헌장이다.

그렇게 무조건적으로 제정이 되었고 강제로 주입되기는 하였지만 헌장을 제정할 당시에 반발이 없지는 않았다. 학자들은 헌장 내용이 19세기 말 일본제국주의가 공익과 국가에 대한 의무를 강조하며 천황제 군국주의를 교육 면에서 뒷받침하기 위해 공표한 〈교육칙어〉와 유사하다는 것을 근거로 반론을 펼쳤다.

하지만 그럼에도 〈국민교육헌장〉이 끄떡없이 제정 공포된 것을 보면 학계가 권력에 포섭되어 얼마나 나약한 존재로 전락할 수 있는지를 알 수 있지 않은가. 당시 헌장의 초안을 작성하기 위해 학계의 중진重鎭 약 40명이 동원되어 준비회가 결성되었다는 점과 그들이 헌장 제정 요강에 따라 논문을 작성·제출하여 그 초안을 완성했다는 점, 이후 헌장의 보급을 위해 얼마나 많은 윤리학자들과 교육학자들이 주도적으로 앞장섰는지는 굳이 세세히 열거할 필요도 없을 것 같다. 다만 관官의 주도하에 논문이라는 이름으로 발표되는 수많은 연구물들은, 우리의 학자들이 상황에 따라 학문에서 가장 중요한 요소인 지적 정직성을 얼마든지 내팽개칠 수도 있음을 보여주는 증거가 되니 조금 유심히 살펴보아야 할 것이다. 수학 교육의 영역에서도 이런 '증거'들은 적지 않게 찾아볼 수 있다.

지적으로 정직한 논문은?

2012년 수학교육선진화방안이 발표되며 골자가 마련됐던 스토리텔링 수학 교과서 제작은 급속하게 진행이 되어 이듬해인 2013년에는 초등학교 1~2학년용 교과서가 완성되었고, 1년 후인 2014년에는 3~4학년, 2015년 올해는 5~6학년 교과서까지 만들어져 지금은 우리나라의 모든 초등학생들이 스토리텔링 교과서로 수학을 공부하고 있다. 그 과정에서 우리 학계는 과거 〈국민교육헌장〉 제정 과정에서 했던 것과 마찬가지로 뛰어난 '활약'을 보여주었고, 소위 전문가들은 이 새로운 교과서의 도입을 정당화하는 데 큰 '공'을 세웠다.

새로운 정책이 발표될 때면 대체로 그 정책의 학문적 정당성을 마련해줄 연구위원회가 함께 발족되기 마련이다. 주로 학자들로 구성된 연구위원회는 때로는 관료들의 무지와 태만을 은폐하기 위한 목적으로 이용되기도 하지만 어쨌든 정책을 보완하는 역할을 할 수도 있다. 때문에 발족 자체가 문제가 되지는 않지만 위원회를 구성하는 소위 전문가라는 사람들이 내놓은 연구 결과물은 문제의식을 갖고 보아야 할 필요성이 있다. 그 정직성을 의심해야 하는 상황이 무척 개탄스럽다.

정책의 기반을 굳히는 데 이용되는 논문을 발표한다는 것은 어찌 보면 학자들에게는 굉장히 매력적인 대가를 가져다주는 일이 될 수 있다. 그 일을 함으로써 학자들은 핸더슨이 묘사한 '소용돌이'의 상승 기류를 타고 중앙부로 진입할 수 있는 절호의 기회를 제공받을 수 있으며, 국가의 일을 한다는 자부심으로 지적 허영심까지 충족할 수가 있고, 경력 관리와 경제적 이익까지 한꺼번에 얻을 수 있게 된다. 입장을 바꿔 생각해보아도 이 모든 대가가 따르는 그 일을 아무 이유 없이 마다할 이유는 전혀 없지 않겠는가. 그러니 그들의 행태를 무조건적으로 비난하기는 힘들 것 같다. 하지만 그 '용역을 하청받아 이루어낸 연구 결과물로서의 논문'들이 지적인 정직성을 담보하고 있는지는 꼼꼼하게 살펴볼 필요가 있는데, 그 이유는 그것들이 수많은 교사와 학생들의 삶에 커다란 영향을 미치기 때문이다.

다음 표를 통해 지난 3년간 학자들이 어떤 '공'을 어떻게 세웠는지를 살펴보자. 〈구글〉에서 '스토리텔링'이라는 주제어를 검색해 찾은 논문들의 목록이다.

	제목	발행년도
1	디지털 스토리텔링이 초등학생의 수학 학업성취도 및 태도에 미치는 효과	2008
2	고등학교 수학 교사의 스토리텔링 수학 교과서에 대한 이해	2012
3	수학 교육에서 스토리텔링에 대한 문헌 분석 연구	2013
4	스토리텔링 기반 수학과 수업설계전략 모형 개발: 확률과 통계를 중심으로	2010
5	스토리텔링 수학 교수, 학습에 대한 초등 현직 교사와 예비 교사의 인식 분석	2013
6	초등 수학 교과서에서 스토리텔링에 대한 효과	2014
7	중학교 2학년 스토리텔링 모델 수학 교과서 개발 및 적용	2013
8	초등학교 수학과 개념 학습을 위한 스토리텔링 기반 학습 콘텐츠 개발	2010
9	스토리텔링을 적용한 수학 수업이 초등학교 학생의 학업성취도 및 수학적 태도에 미치는 영향	2007
10	중학교 1학년 수학 교과서에 나타난 스토리텔링 특성에 대한 분석	2013
11	스토리텔링 기반 수학과 수업설계전략 모형 개발 연구	2008
12	스토리텔링을 적용한 초등 수학 교과서에 내재된 문제점	2014
13	스토리텔링 수학 교과서 가능한가?: 모델 교과서 개발을 통한 탐색적 성찰	2013
14	스토리텔링 수학 모델 교과서의 개발 원리와 현장적용 가능성에 대한 연구	2013
15	스토리텔링 수학 교수, 학습에 대한 초등 현직교사와 예비교사의 인식	2013

⋮

37	고등학교 수학 스토리텔링 모델 교과서 개발과 적용	2013
38	스토리텔링 모델 교과서를 적용한 수업 사례	2013
39	수학사탐구형 고등학교 스토리텔링 모델 교과서 개발 사례	2013
40	스토리텔링 수학 수업의 예상되는 문제점과 해결 방법의 모색	2013

이 표에 제시된 논문들의 발행 연도에 주목해보라. 색으로 표시한 네 편을 제외한 모든 논문들이 전부 2012년 이후에 발표되었다. 이전까지는 아무에게도 관심을 받지 못했던 주제를 발표 한번으로 단숨에 가장 뜨거운 연구 주제로 탈바꿈시키다니, 새삼 교육부의 권력이 엄청나다는 것이 느껴졌다. 수학 교육 학계가 얼마나 발 빠르게, 그리고 부지런하게 움직이고 있는지도 엿볼 수 있었고 말이다.

그런데 논문들의 제목과 내용을 살펴보면서 조금 이상한 공통점을 하나 발견했다. 앞의 논문들은 거의 대부분 다음과 같은 내용의 글을 서론에 빠지지 않고 싣고 있었다.

> 국제학업성취도 비교 연구에 따르면 우리나라 학생들의 수학에 대한 학업성취도는 상위 수준을 차지하지만 수학에 대한 자신감이나 호감도는 하위 수준에 머물고 있다. (…) 미래 사회에 대비하여 수학 교육을 사고력과 창의력을 키우는 방향으로 개선하고, 수학에 대한 학생들의 흥미와 긍정적 인식을 높이기 위해 (…) 대안으로 스토리텔링 수학 모델 교과서의 도입을…….

주제나 관점 역시 비슷했다. 대개 '스토리텔링을 도입하여 수업을 전개했더니 이러저러한 효과가 있었다'는 주장을 몇 가지 통계 숫자를 곁들여 펼치는 식이었고 그렇지 않으면 '스토리텔링으로 수학을 가르치기 위해 이런 저런 사례를 개발했다'는 내용을 담고 있었다. 타당성이나 실질적인 필요성에 의문을 제시하며 '왜?' 혹은 '하필이 시점에?'와 같은 비판적 질문을 제시하는 논문은 찾아보기가 힘들었다. 너무나 일관적으로 '어떻게 잘 적용하고 실천할 것인가?'라는 도구적 이성에 의한 내용만을 다루고 있었다. 마치 수학 교육계 전반이 모종의 특정한 방식으로 행동하고 사고하도록 프로그램화된 것이 아닌가 하는 착각을 일으킬 정도로 말이다.

물론 이들 논문 중 상당수는 교육부의 산하기관인 창의교육재단을 발주처로 하고 있을 것이다. 그렇기에 그런 '용역을 하청받고 정책을 뒷받침하는 (실제로는 홍보하는) 의도로 쓰여진 논문'을 보며 지적인 정직성이 담보된 학문적인 글을 기대하는 것은 애초부터 불가능한 일이었을지 모른다. 하지만 그러한 용역과는 무관하다고 할 수 있는 논문들의 내용까지도 대동소이한 것을 보면 논문 작성자들이 지적인 정직성은 고사하고 과연 자유의지를 소유하고는 있는 것인지조차 의심스럽다.

수학적 오류를 담은 스토리텔링

졸속으로 진행되는 정책은 설익거나 부실함을 면치 못하며 결국 부작용을 초래할 수밖에 없다. 스토리텔링 수학 교과서 역시 그 일반적 진리의 예외가 될 수는 없었다. 교육부와 학계 중진들이 힘을 모아 야심차게 내놓았다 자랑하는 국정 스토리텔링 수학 교과서는 1학년 1학기 첫 단원에서부터 허점을 드러냈다. 덕분에 초등학교에 입학한 우리 아이들은 생애 첫 수학 수업에서부터 잘못된 내용을 배우게 됐다. 다음은 2013년부터 사용된 초등학교 1학년 1학기 수학 교과서의 첫 단원 '9까지의 수'의 첫 번째 페이지다.

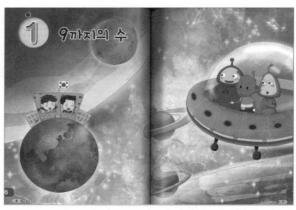

2013년부터 사용된 초등학교 1학년 1학기 수학 국정 교과서

아이들은 초등학교에 입학하여 첫 번째 맞이하는 수학 시간에 모두 여섯 쪽에 달하는 왼쪽의 그림들을 보고 교사가 들려주는 다음 이야기를 듣게 된다. 교사용 지도서를 보면 교사가 아이들에게 이야기를 직접 들려주라는 지시가 적혀있다.

외계인이 우주선을 타고 우리가 사는 지구로 와서 학교에 입학했습니다. 학교에 들어가니 선생님께서 자, 가위, 풀, 색종이, 클립과 같은 준비물을 바구니에 담아주셨습니다. 그런데 외계인은 옆 친구와 부딪혀 바구니 2개를 엎어 버리고 말았습니다. <u>아직 수를 알지 못하는 외계인</u>은 옆 바구니에 있는 준비물들을 보며 나무 막대에 눈금을 새기기 시작했습니다. 자는 1개이니까 눈금 1개, 가위는 2개이니까 눈금 2개, 풀은 3개이니까 눈금 3개, 색종이는 4장이니까 눈금 4개, 클립은 5개이니까 눈금 5개를 표시했습니다. 이제 외계인은 나무 막대에 표시된 눈금을 보면서 준비물을 바구니에 담으려고 합니다. 외계인은 엎어진 준비물을 잘 담을 수 있을까요?

위의 줄친 부분에 주목해보기 바란다. 수와 숫자는 같은 단어가 아니기 때문에 우리는 두 용어를 구분해 사용해야 한다. 수는 사물을 세거나 양을 헤아릴 때 사용되는 **개념**이며 숫자는 수 개념을 나타내는 **기호**다. 그러니 우리가 흔히 사용하는 아라비아 숫자나 로마 숫자 등은 수가 아니라 숫자이며, 수를 모르는 것과 숫자를 모르는 것은 다른 의미다.

그런데 제시된 삽화를 보면 외계인은 나무 막대에 눈금을 새겨 가위의 개수를 헤아리고 있다. 각각의 사물에 대응하는 눈금을 나무 막대에 하나씩 새기고 있으니 이는 그가 가위가 몇 개인지 셀 수 있다는 뜻이며, 따라서 그를 "수를 알지 못하는 외계인"이라 말한 것은 잘못된 것이다. 그가 모르는 것은 단지 수 개념을 표기하는 기호인 아라비아 숫자일 뿐이지 수 개념은 정확하게 습득하고 있으며, 어쩌면 나무에 새겨진 눈금들이 그가 사용하는 숫자일 수 있기 때문이다. 그런데 우리 교과서는 이 중요한 두 개념을 전혀 구분하지 않고 있다.

그러니 만일 교사가 '국정'과 '전문가'라는 단어가 가지는 지위와 권위를 맹종해, 수와 숫자를 구별하지 못한 교과서 집필자의 의견을 그대로 수용하고 수업을 한다면 본의 아니게 아이들에게 거짓된 정보를 전달하게 된다. 아주 어처구니없는 일이지만 아마 많은 아이들이 이미 이 거짓된 정보를 주입받았을 것이고, 해마다 이런 일이 반복되고 있다. 그리고 이런 오류들은 사실 초등학교 1학년 수학의 첫 단원뿐만 아니라 다른 학년의 다른 단원에서도 생각보다 많이 발견이 되지만 지면상 그 오류들을 전부 여기 실을 수는 없으니 이 이야기는 여기서 마무리 하도록 하자. 대신 실제로 스토리텔링 교과서로 수업을 진행해본 현장의 교사가 보내온 글을 소개한다. 가르치는 사람의 입장에서 겪는 실질적인 어려움이 고스란히 느껴지는 글이었다.

교과서는 단지 자료일 뿐이네요. 그것도 별로 좋지 못한 자료라 그냥 문제집 정도로만 생각해야 할 것 같아요. 지도서와 교과서에 충실하면 참으로 비효율적인 수업을 하게 된다는 생각이 듭니다. 개정 교육 과정에 의해 새로운 교과서와 지도서가 만들어졌지만 자연스럽지 못한 부분들이 많아요. 많은 예산을 들여 만들었을 텐데 미흡한 부분이 많아 참 안타깝습니다. 이 교과서로 수업하려면 매시간 수업을 위한 적절한 재구성이 필요할 것이고 그만큼 노력이 많이 들 것 같아요. 앞으로는 가르치는 선생님들의 고민을 덜어줄 수 있는 좋은 가이드가 되는 자료가 나왔으면 좋겠습니다.

✅ 스토리의 힘

이제껏 적지 않은 교사들로부터 이런 반응들을 심심찮게 들어왔고 실제로 스토리텔링 교과서를 보며 제시한 것과 같은 오류까지 발견하고 나니, 교육부의 그 새로운 교육 정책은 도저히 호의적으로 받아들일 수 없는 것이 되었다. 도대체 왜 수학을 가르치며 이상하고 어색하며 관련도 별로 없는 이야기를 들려주어야 한다는 것인지, 아직도 이해하기 힘들고 인정하기도 싫다. 하지만 그래도 이 교과서로 매일 같이 수업을 해야 하는 현장의 교사들과 학생들을 외면할 수는 없었기에 부정적인 관점은 별개로 제쳐두고 아래와 같은 고민을 시작하게 되었다.

'수학 교과서에 스토리텔링을 도입하는 것이 정말 의미 있는 일이기는 할까? 어째서, 왜 수학 학습에 그것을 도입하려고 하는 것일까?'

그리고 질문에 대한 답을 모색하던 도중에 문득 25년 전 여행했던 프랑스의 한 자그마한 농촌 마을을 떠올릴 수 있었다. 함께 그곳으로 떠나보자.

프랑스 파리 근교에는 오베르 쉬르 우아즈라는 마을이 있다. 파리에서 자동차로 약 40분을 달리거나 파리 북 역에서 기차를 타고 한 시간 정도를 가면 그 마을에 닿을 수 있는데, 반 시간 정도면 마을 전체를 전부 돌아볼 수 있을 정도로 크기가 작다. 마을에 들어서서 볼 수 있는 거라고는 자그마한 교회와 아담한 공동묘지, 바람결에 이리저리 흩날리는 밀밭 정도가 전부다. 그런데 이 마을에는 다른 어떤 곳들과도 비교가 안 되는 범상치 않은 스토리가 흐른다. 그곳은 정열적인 삶을 살았던 프랑스의 천재 화가 반 고흐가 생을 마감하기 직전까지 살았던 마을이다. 마을 어귀에 자리 잡은 작은 공동묘지들 중에는 고흐와 마지막까지 그의 정신적 버팀목이 되어준 동생 테오의 무덤이 나란히 자리 잡고 있다. 아마 반 고흐의 삶과 죽음이 이 마을과 함께 흐르고 있음을 알고 나서 이 마을을 그냥 지나칠 수 있는 사람은 아무도 없을 것이다. 사람들은 이 마을 구석구석을 샅샅이 훑어가며 곳곳에서 고흐를 만나기를, 천재 화가의 삶의 흔적을 찾기를 기대하고 고대할 것이다. 자신을 권총으로 쏘고 나서 비틀거리며 돌아왔던 하숙방 라부 여관, 평범한 시골 의사였지만 고흐가 그려준 초상화 덕택에 세계 많은 사람들에게 알려진 가셰 박사가 살았던 집, 그림 속 풍경과 똑같이 바람에 마냥 이리저리 흔들리는 밀밭

과 마을 뒤편의 평안한 구릉, 그리고 그림 속에서는 금방이라도 쓰러질 것 같았지만 곧게 서있었던 오베르 성당. 아마 고흐를 떠올리며 천천히 오베르 마을을 한 바퀴 둘러본 경험이 있다면 이 모든 것들이 평생 잊을 수 없는 강렬한 이미지가 되어 뇌리 속에 남아있을 것이다.

그렇다. 이것이 바로 스토리의 힘이다. 이전까지 내 머리 속에 존재하지 않았던 오베르 쉬르 우아즈라는 프랑스의 작은 농촌 마을을 파리보다 더 아름다운 곳으로 기억하게 하고 나아가 사랑하게까지 하는 것. 이 현상은 고흐라는 인물과 얽혀있는 마을의 스토리가 아니었다면 나타나지 않았을 것이다.

스토리는 이렇게 알 수 없었던 대상과 무관심으로 스쳐 지나가버릴 수도 있었던 대상을 엄청나게 강렬한 이미지로 만들어 우리 머릿속에 각인시켜주는 힘을 가지고 있다. 그리고 그 힘은 대상이 추상적인 때는 더 강하게 발현된다. 아마 수학 교육에 스토리텔링을 적용해야 한다고 주장한 이들은 바로 이 점을 근거로 자신들의 논지를 펼친 것이 아닐까? 수학은 추상적인 개념을 다루는 학문이니 다른 학문에 비해 스토리텔링이 더 많이 필요하며, 연관만 잘 시키면 엄청난 효과를 거둬낼 수 있을 것이라 근거를 대며 말이다. 그렇게 보면 그들의 주장은 아주 틀린 말이라고는 할 수 없을 것 같다.

하지만 그렇다고 하여 스토리텔링을 '이야기 들려주기'로 해석할 수는 없다. 스토리텔링에서 이용되는 이야기란 사건이나 사실의 단순 나열이 아닌 공감을 불러일으키는 기제이며 도구다. 그러니 제대로 된 스토리텔링 교과서를 만들려면 쓸모도 없는 이야기를 자꾸 만들어내기만 할 것이 아니라 아이들이 어떤 구체적 상황을 수학적 개념과 연관시킬 수 있을지를 탐색하기부터 해야 할 것 같다. '스토리텔링 수학 교과서가 왜 필요할까?'라는 생각을 잠시만이라도 해보았으면 한다.

사교육과
새로운 시민단체의 목소리

우리 아이들은 수학을 공부하며 수없이 많은 이중 구조의 틀 속에 갇히게 된다. 초등학교도 들어가기 전에 이중 구조로 된 수 세기 단어를 배우고, 교과서를 접함과 동시에 참고서라는 이름의 문제집을 만난다. 학교에 입학함으로써 공교육이라는 시스템 안으로 들어가지만 방과 후에는 학원에 다니며 사교육 시스템을 접한다. 조사에 따르면 우리나라 학생 열 명 중 일곱 명은 학교 이외의 다른 교육기관에서 별도의 교육을 받는다고 한다. 물론 그 '다른 교육기관'에는 EBS 방송국 등은 포함되지 않을 것이고 조사에 솔직히 응하지 않은 사람도 분명 있을 테니, 실제로는 학교에 다니는 모든 아이들이 공교육과 사교육이라는 이중 구조 속에서 교육을 받고 있다고 보아야 할 것 같다.

이중 구조는 사교육에 대한 사람들의 반응에서도 나타난다. 사람들은 사교육을 '사회 불평등을 조장하며 학부모의 부담을 가중시키는 것'이라고 여기면서도 '대학 입시라는 경쟁 구도 속에서 살아남기 위해서는 어쩔 수 없이 택해야 하는 필수 과정'이라 생각한다. 언론 역시 사회면을 통해서는 사교육을 비난하고 근절해야 한다는 기사를 전하지만, 교육면에는 사교육 시장에서 유명세를 얻은 사람들의 인터뷰와 그들이 쓴 '올해의 입시 전략'을 싣는다.

사교육은 사실상 우리나라의 교육의 한 '분야'다. 어차피 현실이 되어버렸고 앞으로도 그 시장은 축소되기보다는 오히려 확대될 가능성이 높다. 최근 사교육으로 부를 축적한 '눈높이'의 〈대교〉, 〈종로M스쿨〉, 〈메가스터디〉 등과 같은 기업을 방문하는 외국인들의 수가 부쩍 늘었다고 한다. 그들의 잦은 왕래는 대한민국이 명실공히 사교육의 메카라는 것을 입증해주는 듯하며 틀림없이 몇 년간은 그 타이틀이 계속 유지될 것으로 전망된다. 그런데 이와 같은 전망은 필자 개인만의 견해가 아니니 사교육에 대한 이야기는 반드시 한번쯤 논하고 넘어가야 할 주제가 아닐까.

사교육은 영어로 섀도 에듀케이션shadow education이라고 한다. 아마도 적발하기 어려운 불법 경제인 지하경제를 뜻하는 섀도 이코노미shadow economy를 참조해 만든 단어로 보인다. 사교육은 특히 동아시아 지역에서 많이 성행하는데, 1992년 미국의 교육부 관료였던 스티븐슨과 미국가톨릭대학교의 베이커라는 학자는 함께 이 현상에 관심을 갖게 되어 일본을 중심으로 연구를 펼쳤고, 시카고대학교 출판부에서 발행하는 사회학 논문집에 자신들의 연구 결과를 발표한 바 있다. 그들은 논문을 통해 일본의 사교육을 다음과 같이 명쾌하게 정의했다.

> 사교육이란 **선발 과정**을 성공적으로 통과하게 하여 학생의 기회
> 를 넓혀주기 위해 고안된, 학교 밖에서 이루어지는 교육적 활동
> 의 총체를 말한다.

위 정의의 '선발 과정'이라는 단어에 주목해보자. 근대 교육 제도
가 성립되며 학교가 가지게 된 중요한 기능 중의 하나는 사회 각 분야
에 필요한 인재를 선발하여 배치하는 것이었다. 그런 측면에서 보면
학교를 다니며 자아실현과 행복한 배움의 체험을 기대하는 것은 어
쩌면 굉장히 낭만적인 구호에 불과할지도 모르겠다. 그러니 만일 자
녀에게 그런 기쁨을 주고자 한다면 학교를 보내기보다는 오히려 홈스
쿨링을 시도하거나 대안학교 진학을 선택하는 편이 나을 것 같다.

어쨌든 두 사람은 일본의 사교육을 정의하며 사교육이 탄생하고
성행할 수밖에 없는 필연성을 교육의 선발과 배치 과정의 특성에서
찾아냈고 사교육이 성행할 수밖에 없는 사회적 조건을 다음 세 가지
로 정리했다.

> 첫째, 선발과 배치가 **국가가 주도**하에 실시되는 일정한 형식의 **시
> 험 제도**에 의해 이루어질 것.
> 둘째, **학교** 내에 성적을 향한 **무한 경쟁 시스템**이 작동할 것.
> 셋째, 초·중·고등학교에서 받은 **성적**이 미래의 교육 기회나 직업
> 더 나아가 일반적인 **사회적 계급**에 직결될 것.

이 세 가지 조건을 모두 갖추게 되면 그곳에는 교육이 성행할 수밖에 없는 토양이 형성된다고 한다. 비록 그들의 연구는 일본의 경우에 국한되어 있지만, 그들이 열거한 세 가지 특성은 우리의 교육과 사회에도 그대로 나타나니 이들의 논리대로라면 우리 사회는 사교육이 근절되기는커녕 오히려 필연적으로 번창할 수밖에 없는 좋은 토양을 가지고 있는 셈이 아닌가.

이전까지는 주로 동아시아지역에서만 나타나던 사교육이 최근에는 미국과 캐나다에서도 성행하고 있다. 미국의 대학 입시인 SAT 준비를 위해 학원을 찾는 학생들이 부쩍 늘었고, 때문에 〈프린스턴 리뷰〉와 〈카플란〉 같은 대형 학원 업체들이 큰 수익을 얻고 있다고 한다. 한국과 일본, 대만, 홍콩 등에서만 보이던 사교육 '기업'이 전 세계로 확산되고 있는 것이다.

사私교육이라는 우리말 단어에는 교육의 재원을 국가가 아닌 개인이 부담한다는 의미가 들어있다. 사교육을 뜻하는 영어 단어 섀도 에듀케이션에도 이런 메타포가 하나 숨어있는데, 그 비유를 해석하다보면 사교육을 또 다른 측면에서 생각해볼 수 있게 된다. 지금은 박물관에나 있는 유물이 됐지만 과거 인류는 해시계를 이용하여 시간을 예측했다. 시계 속에 표시되는 막대기의 그림자는 태양의 움직임에 따라 바뀌었고, 그 그림자의 길이와 각도가 그 시점의 시간을 나타내주었다. 어쩌면 섀도 에듀케이션이라는 단어도 그런 연유로 만들어진 것이 아닐까? 물론 앞서서는 이 단어를 사교육이 겉으로 잘 드러나지 않는 지하경제와 유사점을 가지기 때문에 생긴 단어라 소개했지만 이 비유도 꽤 그럴듯하니 어쩌면 정말 섀도 에듀케이션이라는 용어는, 태양의 방향에 따라 움직이는 해시계의 그림자처럼 사교육이 공교육의 방향에 따라 움직인다고 생각해 만들어진 단어 일지도 모르겠다. 그리고 그렇게 보면 사교육은 공교육의 실태를 알려주는 하나의 지표라고 볼 수 있다. 그러면 사교육 현장에서 이루어지는 교육의 내용도 어느 정도 예측이 되지 않는가?

사교육은 공교육을 보완하거나 보충하는 교육 시스템이 아니다. '학교에서 이해 못하면 학원 가서 배우면 되지'라고 생각하는 것은 정말 순진하기 이를 데 없는 생각이다. 공교육도 그 초점을 오로지 시험과 평가에만 맞추고 있는데 그 그림자인 사교육은 오죽하겠는가. 따라서 개념을 좀 더 탄탄히 배우기 위해 또는 수학적 개념과 원리가 무엇을 의미하는지 더 깊이 알아보기 위해 사교육을 이용하려 한다면, 그런 수업은 찾을 수 없을 테니 이내 실망하거나 낙담하고 말 것이다. 미처 따라가지 못한 학교 수업의 진도를 사교육을 통해 따라잡겠다고 마음먹는 것도 어리석다. 사교육 현장의 수업은 개념 이해나 공식의 발견 과정이 아니라 오로지 시험에 나올 것으로 예상 되는 문제 풀이에만 치우쳐 있다.

흔히들 우리의 수학 교육 과정을 앞에서 배웠던 내용을 이후에 다시 반복적으로 등장시켜 심화해 배울 수 있게 하는 '나선형'이라 말한다. 하지만 이는 교육 과정의 문서에만 선언적으로 기술되어 있는 허울 좋은 단어일 뿐 사실과는 전혀 다르다. 오히려 '직선형'이라 부르는 것이 더 적절하다. 수업 결손이 발생하거나 이해되지 않는 부분이 있어도 이를 다시 복습할 수 있게 되돌아 볼 기회를 주지 않고 정해진 진도 나가기에 급급하기 때문이다. 학교에서의 수학 수업은 중간에 탈락하는 학생을 구제할 수 있는 시스템이 아니다. 그러니까 계속해서 수포자가 발생하는 것이다.

학원 강사들이 자꾸만 어떤 문제를 어떻게 풀어주어야 할까에만 관심을 집중하는 것도 자연스러운 현상이다. 다른 곳에서 찾아보기 어려운 희귀한 문제와 특별한 방법에 의해서만 풀 수 있는 문제들을 학생들에게 제시하는 것은 그들의 생존 전략이며 사교육의 존립 근거다. 사교육 시스템은 교육적 배려의 토대 위에 구축될 수가 없다. 늘 효과를 즉각적으로 보여주어야 하기 때문이다. 눈에 드러나지 않는 효과, 즉 이해도와 사고력 향상 등에 중점을 두고 교육해서는 절대 학부모라는 소비자를 잡을 수 없다. 사교육의 존립 근거는 입시, 즉 시험에 있는 것이지 배움에 있는 것이 아니며, 따라서 그들은 공교육인 학교가 이를 준비하는 기관으로서 별 도움이 되지 않는다는 것을 강조해 살길을 마련한다. 즉 공교육과 학부모 사이를 끊임없이 이간질하며 학부모들의 불안감을 조성하는 것이야말로 그들의 가장 커다란 생존 전략이 아닐 수 없다.

그렇다면 현재의 사교육은 아무런 효과도 없다는 것인가? 그렇다고 단정 짓기는 어려울 것 같다. 하지만 사교육의 도움을 받을 수 있는 학생은 일부에 불과하다. 어느 정도의 학습 수준을 갖추고 있는 학생, 그러니까 적어도 기본 개념과 원리에 대한 이해는 이미 끝난 상태로 좀 더 다양한 문제 풀이 방식을 알고자 하는 학생들에게만 효과적일 수 있다는 말이다. 이는 앞에서 《수학의 정석》이 어떤 학생들을 위한 문제집이었는가를 다루며 했던 이야기와 일맥상통한다.

시민단체의 때아닌 출현

한편 이 책을 집필하는 와중에 수학 교육을 둘러싼 여러 목소리들 가운데서 아주 뜻밖의 새로운 목소리를 발견했다. 우리 교육계에 기존에 없던 새로운 세력이 등장한 것이다. 조금 뜬금이 없었지만 그들의 정체는 시민단체였다.

어떤 문제든 사회문제로 불거지면 그다지 전문적이지도 않은 사람을 '논객'으로 치켜세우고 그들의 말로 여론 몰이를 하는 것이 언론의 오랜 속성이기에 이번에도 그저 일과성—過性이겠거니 치부할 수 있었지만, 뜬금없이 나타난 시민단체라는 세력이 언론을 등에 업고 학교 내에서 이루어지는 실질적인 교육에까지 관여하려 드는 것을 보니 마음이 마냥 편치만은 않았다. 더군다나 교육을 이야기한답시고 꺼낸 이야기들이 전부 그저 자신들의 이야기인 것이 아닌가.

그들의 활동을 비난하고 싶은 마음은 없지만, 그래도 혹 시민단체라는 새로운 세력이 말없이 현장을 지키고 있는 우리 교사들에게 또 다른 압력을 행사할 위험성을 간과할 수는 없으므로 여기서 잠깐 그들의 활동을 살펴보아야 할 것 같다.

'수학을 줄여달라'는 호소가 애잔하다. 이에 아랑곳없이 교육부는 2018년부터 도입되는 '2015 교육 과정' 개정을 강행하면서 오히려 수학 부담을 5~10%까지 늘게 해 교육계의 반발이 크리라 예상된다. (…) 한 시민단체는 "'2015 수학 교육 과정 개정 시안'을 분석했더니 중3과 고교 인문계 수학 교육 과정이 10%씩 증가하는 것으로 분석됐다"고 밝혔다. 그들은 일부 교과 항목을 상급학교로 올리자고 제안한다. 가령 "대부분의 나라에선 비례식 등을 중학교에서 배운다. 한국은 이를 초등학교에서 가르치지만, 학생들이 따라잡지 못하는 게 현실이다"라고 주장한다. 그리고 "중학생 수포자 양산의 큰 원인인 기하 증명을 고교로, 어차피 대학에서 다시 배우는 고교 이과 미적분Ⅱ는 대학 교양과정으로 올리자"라고 주장한다.

— '교육부 역주행…중3·고교 인문계 수학 학습량 10% 늘려',
〈한겨레〉, 2015년 5월 28일자

2015년 5월 한 일간지를 통해 보도된 기사다. 기사를 보면 알 수 있듯 한 시민단체가 교육부의 개정 교육 과정을 조목조목 따지며 자신들의 의견을 피력한다. 우리 교육의 문제를 지적할 때면 항상 외국의 교육을 비교 대상으로 가져오는 교육학자들의 이상한 풍조를 그들도 학습하였는지 이를 그대로 답습하며 다음과 같은 주장을 펼친다.

예컨대 '입체도형의 모양'을 한국은 초등 1학년 때 배우지만 독일은 2~3학년, 핀란드는 2학년 때 배우는데 이런 항목이 스물세 개를 넘는다.

어떤 근거로 자료를 준비했는지 모르겠지만 이들의 주장은 사실이 아니다. 독일에서는 이미 유치원 과정에서 '입체도형의 모양'을 다룬다.

• 대부분의 나라에선 비례식과 비례부분, 정비례와 반비례 등을

중학교에서 배운다. 한국은 이를 초등학교에서 가르치지만, 학생들이 따라잡지 못하는 게 현실이다.

• 한국에서는 초등학교에서 약분과 통분을 가르치지만 미국에서는 중학교 때 그 내용을 가르친다.

이 이야기는 사실이다. 하지만 맞는 이야기는 아니다. 우리나라는 현재 6·3·3학제를 채택하고 있는데 초등학교 6학년 과정은 다른 나라의 중학교 1학년 과정과 같은 경우가 많다. 그러니 우리나라 학제하에서는 당연히 그 내용을 초등학교에 편성하는 것이 맞고 그것을 두고 다른 나라에 비해 학습 속도가 빠른 것이라 재단해서는 안 된다. 즉, 한국의 교육제도를 감안하지 않고 무조건 외국과 비교부터 하려 드는 것은 문제의 해결을 위한 것이라 볼 수 없다.

앞에서 살펴본 바와 같이 과다한 학습량은 교과서의 분량 때문에 생긴 것이 아니다. 평가 위주의 교육이 성행하고 그에 따라 암죽식 수업이 행해지고 그것을 따라가려 내비게이션식으로 수학을 공부했기 때문에 생긴 결과다. '약은 약사에게 진료는 의사에게'라는 구호가 있듯이, 교육 과정의 선정과 조직은 시민단체가 나설 일이 아니다. 무엇을 어떻게 가르치는가에 대한 간섭보다는 모든 것을 국가가 장악하고 결정하는 이 체제를 바꾸자고 주장하는 것이 '건전한' 시민단체가 할 일이라 생각한다. 예컨대 그들이 시선을 두어야 할 지점은 초등학교 수학을 국가가 지정한 교과서로만 공부하게 하는 나라는 세계 어디에도 없다는 사실이나 국가가 결정하고 발표하면 하루아침에 교육 제도가 바뀐다는 부당한 관습이 아닐까.

저 깊은 심연에
가라앉아 있는 교사들

교육을 둘러싼 여러 세력들의 여러 목소리가 들려온다. 그런데 정작 가장 들려야 하는 소리는 들리지 않는 것 같다. 교육을 논하는 장에 교사라는 존재가 빠져있는 것이다. 교사들은 잘 알고 있다. 교육에 목소리를 높이는 세력들은 겉으로는 교육에 매우 고상한 가치를 부여하는 것처럼 보이지만 실제로는 가르치는 행위를 매우 하찮게 보고 있다는 사실을. 그렇기에 침묵하고 있을 뿐이다.

그들의 말이 맞다. 교육을 논하는 이들은 대부분 암묵적으로 가르치는 행위를 누구나 할 수 있는 것이라 여기며 교사를 단순한 기능인으로 간주한다. 그들뿐만이 아니다. 정책이 정하는 대로 교육과정을 따르기만 하는 일반인들도 다르지 않은 생각을 가지고 있다.

'안되면 선생이나 하지.'

한때 유행어처럼 번졌던 이 말이 그 생각을 증명한다. 물론 요즘과 같이 교직에 입문하는 것이 어려운 상황에서는 격세지감을 느끼게 하는 말이 될 수도 있다. 하지만 교사라는 직업을 선호하는 것은 불확실하고 불안정한 경제 상황에서 비롯된 지극히 비정상적인 현상일 뿐이다. 불과 3~40년 전까지만 해도 마음만 먹으면 비교적 쉽게 입문할 수 있는 곳이 교직이었고, 따라서 앞으로도 이전과 같은 경제적 호황이 도래하면 이 유행어는 다시 부활할 가능성이 높다. 이렇게 우리 사회에는 가르치는 일은 아무나 할 수 있는, 그리 어려운 일이 아니라는 인식이 팽배해 있다.

수학을 가르치면 이런 인식을 보다 더 실감할 수 있게 된다. '알고 있고 할 수 있으면 가르칠 수도 있다'는 인식이 수학 교육에서는 정말 극명하게 드러난다. 수학은 수학 문제를 풀 수만 있으면 가르칠 수 있다고들 여기기 때문이다. 따라서 대부분이 고등학교 정도만 졸업하면 초등학교 수학은 문제없이 가르칠 수 있다고 생각한다. 초등학교 교과서에 수록되어 있는 문제를 푸는 것은 어렵지 않으니 말이다. 장차 교사가 될 교육대학교 학생들도 비슷한 생각을 가지고 있다. 앞서 언급했듯 학기 초, 수업을 수강하는 예비 교사들을 두고 지금 당장 수업을 한다면 가장 쉽게 수업할 수 있는 과목이 무엇이겠냐는 질문을 던지면 그들은 늘 수학이라고 대답한다. 초등학교 수학 문제 정도는 쉽게 풀 수 있다는 자신감과 '수학을 가르치는 것은 수학 문제를 풀어주는 것'이라는 인식이 결합되어 나타난 결과다. 이런 인식은 도대체 어떻게 형성된 것일까? 그리고 교직에 대한 이런 인식들은 과연 적절한 것이라 할 수 있는 것일까?

이 질문에 대한 답은 《교직 사회》라는 책에서 찾아볼 수 있다.

1970년대 미국 시카고 대학교 교수였던 책의 저자 로티는 "'누구나 가르칠 수 있다'는 통념은 어떤 어린이라도 교사의 활동을 정확하게 묘사할 수 있을 것이라는 생각에서 비롯된 것 같다"라고 했다. 무슨 뜻일까?

꽤 오래전 〈파스타〉라는 드라마가 크게 유행을 했다. 이탈리안 레스토랑이 주 배경이었고 일류 요리사를 꿈꾸는 주방 보조 요리사의 성장을 그린 드라마였는데, 당시로서는 아주 생소했던 요리사들의 세계와 군기가 꽉 잡혀 일사불란하게 돌아가는 주방의 모습을 생생하게 묘사해 크게 화제가 됐고 인기를 끌었다. 아마 시청자들은 그 드라마를 통해 요리사라는 직업과 그 직업의 세계를 조금은 파악할 수 있었을 것이다.

〈하얀 거탑〉이라는 드라마도 있었다. 야마사키 도요코의 장편소설을 원작으로 했던 그 드라마는 천재적인 실력을 가진 의사를 주인공으로 대학 병원 안에서 의사들이 벌이는 세력 다툼을 잘 묘사했는데 그로써 우리는 의사라는 직업에 대해, 그리고 병원이라는 공간에 대해 좀 더 알 수 있게 됐다. 의사들이 병원 안에서 하는 일이 진료가 전부가 아니었다는 생각을 할 수 있게 그려진 이야기였다. 하지만 우리는 여전히 요리사라는 직업과 의사라는 직업, 그들이 일하는 주방과 병원이라는 세계를 잘 알지 못한다. 아무리 열심히 보았다 해도 그 드라마만으로는 그들의 일상과 업무를 다 알 수 없기 때문이다.

이런 측면에서 본다면 교사는 정말 특이한 직업이다. 거의 모든 사람들에게 매우 긴 시간 동안 노출되어 있는 직업이기 때문이다. 일반적인 학교 교육을 받았다면 우리는 적어도 12년을 교사와 함께 하게 된다. 매일매일 그들을 만나고 어쩌면 가족들과 보내는 시간보다 훨씬 많은 시간을 그들과 함께 보낸다. 심지어 그 만남은 교실이라는 아주 작은 공간에서 직접적으로 이루어진다. 그렇기에 대부분의 사람들은 다른 어느 직업보다도 교사라는 직업을 면밀히 관찰하게 되며 가르치는 일을 익숙하게 여길 수밖에 없게 된다. 당연히 다른 직업은 몰라도 교사가 무슨 일을 하는지는 다 안다고 착각하게 되기 쉽다. 모범생이든 그렇지 않은 아이든 말이다.

학교에서 퇴학을 당하지 않고 그럭저럭 지내다가 졸업장만 덜렁 받아가는 아이에게 교사란 속임과 회유의 대상이다. 사고를 칠 때마다 눈치껏, 순발력 있게 그 상황을 빠져나가려면 교사라는 직업의 특성을 누구보다도 집중적으로 연구해야만 한다. 소위 모범생들은 교사의 신념과 가치 체계를 습득하고 이들과 좋은 관계를 가지려 노력하는 경우가 많다. 그러니 그들에게도 교사는 당연히 관찰과 주목의 대상이다. 로티는 "어떤 어린이라도 교사의 활동을 정확하게 묘사할 수 있을 것"이라고 생각한다고 했다. 그만큼 교직은 누구에게나 익숙하고 친숙한 직업이라는 의미다.

하지만 '익숙하다는 것'과 '잘 안다는 것'이 다르다는 점을 간과해서는 안 된다. 그리고 실제로 가르쳐본 경험이 있다면 아마 가르치는 일이 보기보다 쉬운 일이 아니라는 것을 누구보다 잘 알 것이다. 익숙하다고 하여, 그리고 늘 보아왔다고 하여, 잘 아는 것은 아니며 잘할 수 있는 것도 아니다. 12년, 16년 동안 수업을 들었다는 것과 실제로 수업을 한다는 것은 전혀 다른 일이다.

36년 전, 한 중학교의 초임 교사로 발령을 받고 처음으로 경험한 수업을 나는 아직도 생생하게 기억한다. 시커먼 교복을 입고 빡빡머리를 한 채 나를 쳐다보는 100개의 눈동자를 맞닥뜨렸을 때 느꼈던 막막함은 학생으로서 교사를 바라볼 때는 전혀 알 수 없었던 느낌이었다. 처음 느끼는 감정이었고 완전히 새로운 경험이었다. 그리고 사뭇 이런 의문이 들었다.

'도대체 이 아이들이 일차함수를 배우는 이유는 뭘까? 나는 왜 이들에게 이것을 가르쳐야 할까?'

어쩌면 나의 교직 생활은 첫 수업에서 가졌던 이 의문을 풀기 위한 노정이었다 하여도 틀리지 않을 것이다. 물론 아이들에게 수학을 가르친다는 것은 학문적인 지식을 그대로 전달하는 것이 아니라는 것은 시간이 한참 지난 후에야 깨달았다. '학문적 지식'을 수업을 받는 학습자의 수준에서 이해할 수 있도록, 즉 그들이 받아들일 수 있는 '학교의 지식'으로 변형하는 것이야말로 가르치는 행위의 요체임을 인식하게 되면서는 가르친다는 것이 결코 만만치 않은 행위라는 것을 확실히 깨닫게 되었다.

그런 관점에서 바라보면 가르침에 가장 큰 어려움을 겪는 사람은 대학교 강단에 서는 사람이 아니라 초등학교 교사다. 그중에서도 특히 저학년을 담당하면 더 많은 노력과 고민이 뒤따른다고 할 수 있다. 가르침은 자신이 가지고 있던 지식을 교실에서 아이들에게 그대로 쏟아놓는 것이 아니라, 가르치고자 하는 지식을 소재로 배우는 사람과 밀고 당기는 역동적인 상호작용을 하는 과정이기 때문이다. 앞에서 학원이나 인터넷 매체에서 수학 문제를 풀이해주는 것이 결코 수학 교육이 아니라고 한 것은 이를 염두에 두고 한 것이다. 수학 문제 풀이 과정을 보여주는 일을 수학을 가르치는 것과 구별하고자 했다.

학교에 처음 발령받은 신임 교사가 겪는 어려움 역시 아이들과 어떻게 상호작용을 하며 수업을 진행할 것인가에서 비롯되는 문제지 가지고 있는 지식 때문에 생기는 문제가 아니다. 그들은 바로 얼마 전까지 대학에서 학문을 공부하던 이들이다. 학문적인 용어에 익숙한 상태에서 곧장 초·중·고등학교의 교실 안으로 들어가게 되는 것이다. 이때 아이들의 언어 수준과 지적 수준을 파악하여 그들이 이해할 수 있는 방식으로 학문적인 지식을 변형해 전달하고 그들과 소통하는 것은 결코 쉬운 일이 아니다. 초등학교 경력 교사들 중에서도 몇 년간 계속해서 고학년만을 담당하다가 갑자기 저학년을 담당하면 어려움과 혼란을 겪는 이들이 있다. 그 혼란의 정체 역시 여기에 있다고 보면 된다.

신임 교사가 직면하는 어려움 중에서도 '수업을 어떻게 진행할 것인가'를 해결하는 데는 좀 더 긴 시간이 요구된다. 그런데 대단히 유감스럽게도 현재 교육대학교와 사범대학에 마련되어 있는 '아이들과 어떻게 소통할 것인가' 그리고 '실제 수업을 어떻게 진행할 것인가'를 다루는 교육 프로그램은 성공적이라고 평가하기 어렵다. 물론 교육대학교나 사범대학 관계자들은 이러한 지적에 대해 반론을 제기하며 실제 수업 진행에 관련된 수업 지도안 작성과 현장 실습이 상당히 강화되었다는 주장을 펼칠 수도 있겠지만 예전에 비해 다소 강화된 것이지, 여전히 수업 지도안은 형식적으로 작성되고 있고 현장 실습 역시 어디까지나 학생 스스로 헤쳐나가야 하는 영역으로 남아있다. 이런 한계들이 있지만 이를 여기서 자세히 논의하는 것은 적절하지 않으니 더 자세한 내용은 교육학 분야의 관련 논문을 참조하기를 바란다.

다만 앞서 언급한 《교직 사회》의 저자 로티가 이와 관련해 기술한 내용이 흥미를 자아내기에 간략하게 소개하려 한다. 그는 대부분의 교사가 자신의 수업 전개 방식을 선택하고 이를 정당화할 때 준거로 삼는 것이 자신의 학생 시절의 개인적인 경험이라 서술했다. 교사들이 "자신의 학창 시절을 돌이켜보고 잘 가르쳤다고 생각하는 선생님을 골라서 그 선생님의 방식을 모방"해 자신의 수업 방식을 선택한다는 것이다. 이때 그들이 떠올리는 선생님은 주로 초등학교나 대학교 때의 선생이 아니라 중·고등학교 시절에 만난 선생님이라고 한다. 교사들이 간혹 초등학교 고학년 아이들에게 수학을 가르칠 때 무의식적으로 중등학교의 풀이 방식을 제시하거나 중학교에서 수학을 가르치며 고등학교 교과서에 나오는 풀이 방식을 제시하는 경우는 이 때문이다. 로티는 이처럼 교사로서 일을 배워나가는 교직의 입문과정은 체계적이기보다는 개인적인 특성에 의해 결정이되기 때문에 학교교육을 개선할 때도 다른 분야에 비해 상대적으로 변화의 속도가 더딜 수밖에 없게 된다고 지적했다.

그리고 이러한 모든 일은 초임 교사 시절에 완성된다고 하며, 이때 겪는 어려움을 "물에 빠져 가라앉느냐, 아니면 헤엄쳐 나오느냐"라는 매우 재치 있는 문장으로 묘사했다. 교직에 처음 입문하는 신임교사의 상황을 수영을 배워본 적이 없어 헤엄치지 못하는 아이를 수영장에 밀어 넣는 상황에 빗대어 표현한 것이다. 다른 직업과는 다른 교직만의 독특한 상황을 매우 정확하게 포착하여 설명한 대목인데, 실제로 이제 막 발령받은 신임 교사의 첫 해는 그렇게 진행된다. 처음 출근하는 날부터 완전한 책임하에 학생들을 가르치게 되는 초임 교사에게 맡겨지는 일은 경력 25년차의 베테랑 교사가 하는 일과 크게 다르지 않다. 기술과 지식을 조금씩 쌓아갈 수 있도록 차례로 업무가 부여되는 것이 아니라 다른 경력 교사들과 똑같이 업무를 부여받고 그 업무를 수행하면서 배우는 상황에 놓인다. 수영을 할 줄 모르면서 다른 수영 선수들과 같이 출발선에 나란히 서게 되는 격이다. 그때부터 1년 동안 교사는 수없이 많은 수업을 진행하고 수없이 많은 경험을 하게 된다. 그런데 만약 그때 어떤 내용을 잘못 알게 됐고 그럼에도 그것이 잘못된 것인지 모른 채 자신의 경험을 확신하게 되면 그는 교직에서 퇴임할 때까지 그것을 잘못 가르칠 가능성이 높다. 외부로부터 수업 내용에 대한 점검을 받을 기회가 거의 없고 언제나 모든 것을 스스로 결정하고 해결해야만 하기 때문이다. 물에는 들어갔지만 수영을 제대로 배워본 적이 없기에 결국 옆사람이 어떻게 헤엄을 치며 나가는지 곁눈질하며 따라하다 허우적거리는 것과 다르지 않다.

이러한 교직의 특성은 교직의 보수성을 강화하는 요인으로 작용하기도 하며 학교 사회가 좀처럼 변화하지 않는 것처럼 보이는 배경이 되기도 한다. 따라서 앞에서 열거한 외부의 세력들이 아무리 거창한 계획을 들이대거나 요란스럽게 목소리를 높인다 하더라도, 자신들의 일을 처리하는 것만으로도 힘겹게 하루하루를 보낼 수밖에 없는 현장의 교사들에게는 그것이 그저 소음에 지나지 않게 되는 것이다. 열린교육이니 스토리텔링이니 광풍이 몰아치면 칠수록 그들은 더욱더 두터운 옷깃을 꽉 쥐어 여미고 움츠러들기만 할 것이다.

가르치는 일은 가르쳐본 사람이 가장 잘 알며 교사야말로 가르치는 일에 대해 보다 발전적인 관점을 제시해 줄 수 있는 사람이다. 하지만 가르쳐본 적 없는 대다수의 사람들이 가르치는 일을 멋대로 판단하고 정의하기에, 그저 시험 문제나 풀이해 주는 사람들을 자신들과 동일시하기에 교사들은 그저 침묵으로 일관한다. 그런데 교육 문제를 논하는 장에서 가르치는 일을 하는 교사들의 목소리를 들을 수 없다는 것이 과연 바람직할까? 미국의 문화비평가이자 비판적 교육이론가인 헨리 지루가 펴낸 책의 제목은 우리가 가르치는 일, 그리고 교사라는 직업을 어떻게 보아야 할지를 한마디로 제시해주는 듯하다. 교사는 정해진 교육 정책을 따르기만 하는 사람이 아니며 교육 전문가들이 내놓은 안을 집행하는 데 불과한 사람도 아니다. 그들은 스스로 생각하고 결정할 수 있는 능력이 있는 이들이며 우리 아이들의 교육을 십분 책임지고 있는 사람들이다.

교사는 지성인이다! Teachers as Intellectuals!

어떻게 할 것인가

비법과 비결을 모색하는 이들에게

《성공하는 사람들의 7가지 습관》이라는 책이 우리 사회에 얼마나 커다란 반향을 일으켰는지를 알아보기 위해 굳이 판매부수까지 거론할 필요는 없을 것이다. 생전 처음 보는 사람에게도 '부자 되세요'라는 민망하기 짝이 없는 인사를 서슴없이 건네는 사람이 많으니 이러한 종류의 소위 자기 계발서가 베스트셀러 자리를 지키는 것이 그리 특이한 현상이라고는 볼 수 없기 때문이다. 부자가 반드시 성공한 사람이 아니듯 성공이 속물의 전유물은 아니기에 성공의 비결 혹은 비법을 알려줄 것이라는 희망을 품고 책의 책장을 넘기는 것을 탓하는 것은 아니다. 단지 제시된 일곱 가지 습관만 따라하면 성공의 대열에 진입할 수 있다는 헛된 기대를 가지지 않을까 우려하는 것이다. 저자인 스티븐 코비도 이 점을 경계하며 책의 서두에서 집필

동기를 다음과 같이 밝혔다.

> 대부분의 자기계발서가 다른 개인이나 대중을 상대할 때 필요한 각종 테크닉을 기술하고 있는데, 이는 명백히 조작적이며 심지어는 기만적인 측면이 있다. 이 책은 이에 대한 반론을 전개하기 위한 것이다.

물론 제목에 '일곱 가지'라는 단어를 써 뭔가 요약 정리된 비법의 테크닉을 담고 있다는 암시를 했다고 볼 수도 있지만 어쨌든 저자의 의도는 그것이 아니었다. 운동은 하지 않고 단 몇 개의 알약만 꿀꺽 삼킨다고 비만이나 각종 성인병에서 벗어날 수 없듯이, 성공으로 향하는 일곱 가지로 정리된 비법은 없다는 것이다. 이 책도 다르지 않다. 생각하기 싫어하는 아이들에게 시험에 나올만한 것들만 잘 정리하여 떠 먹여준다는 암죽식 수업과 주어진 풀이법을 무작정 그대로 따라하는 내비게이션 학습을 혹세무민이라 설파하며 그 폐해를 이미 지금까지 충분히 거론하지 않았던가. 그러니 수학을 어떻게 공부할 것인가 혹은 어떻게 교육 문제를 해결할 것인가에 대하여 '이것이 길이요 진리요 생명이니 나를 따르라'는 식의 7가지 법칙 또는 10계명과 같은 요약 정리된 비법이나 비결이 있다고 주장할 수는 없지 않은가.

《성공하는 사람들의 7가지 습관》은 성공이 신화가 아니라는 사실을 보여주는 책이다. 비법이 아니라 그저 자신과 자신이 걸어온 길을 진지하게 되돌아보고 자신의 내면을 읽으면서 다른 사람을 이해하라는 메시지를 남긴 것이다. 이 책도 다르지 않다. 우리가 수학이라 알고 있는 것, 교육이라 알고 있는 것에 대해 진지하게 되돌아보고 성찰해보자는 것이다. 삶에 정답이 없듯이 가르침이나 학습에도 정답은 없다. 가르침이나 학습에 그러한 원리가 있다는 것은 인간의 삶을 자연과학의 법칙에 옭아매려는 프로메테우스의 침대를 만드는 것과 같기 때문이다.

글쎄다. 우리가 철석같이 믿고 따르던 자연과학의 법칙 또한 획기적이고 혁명적인 패러다임의 전환에 의해 계속해서 뒤집히고 있음을 토머스 쿤이 말하지 않았던가. 하물며 세계관과 삶의 역사가 각 개인마다 서로 다름에도 불구하고 모두에게 적용할 수 있는 공부 방법이 과연 존재할 수 있을까. 설혹 그런 법칙이 있다 하더라도 나는 아직 발견하지 못했으며, 나의 공부 방법 또한 그때그때마다 학습 내용에 따라 그리고 상황에 따라 다르게 적용하기 때문에 이를 다른 누구에게 말할 처지는 못 된다.

하지만 그럼에도 이제는 뭔가 결론이라 할 만한 것을 내놓을 때가 된 것 같다.

새로운 패러다임의 교육

《과학혁명의 구조》에서 토머스 쿤이 사용한 '패러다임'이라는 용어를 빌려오자. 그는 '과학의 발전은 기존의 지식에 새로운 지식이 첨가되어 점진적으로 발전하는 것'이라는 이전까지의 관점에 반기를 들기 위해 패러다임이라는 용어를 사용했다. 그에 따르면 과학은 혁명적 전환에 의해 발전한다. 기존의 전통적인 사고방식을 대체하는 획기적이고 새로운 패러다임이 등장할 때 발전이 생긴다는 것이다.

그가 사용한 이 패러다임이라는 용어는 꽤나 쓸모가 있다. 세상을 바라보는 안목의 변화, 그로써 생겨나는 인식의 전환은 과학 분야에서만 일어나는 일이 아니기 때문이다. 그러니 세상을 지각하고 이해하고 해석하는 방식을 지칭하는 이 패러다임이라는 용어를 한국의 교육, 특히 수학 교육을 논하는 여기에 사용한다 해도 토마스 쿤은 충분히 이해할 것이다.

그렇다면 한국 교육에는 어떤 패러다임의 전환이 필요할까? 지금까지 살펴본 우리 교육의 문제점들을 상기해보자. 그러면 그 속에서 교육을 소위 '근대적 관점'이라는 틀 안에서 보고 있는 사람들의 모습을 발견할 수 있을 것이다. 시간과 장소만 바뀌었을 뿐, 헤르만 헤세가 안타까워했던 한스의 모습은 바로 지금 우리 아이들의 모습과 다르지 않다. 여전히 이미 정해진 지식을 아이들의 빈 머리에 채우기 위해 전달하는 것을 가르침이라 여기고, 한 술 더 떠 누가 더 많은 지식을 채웠는가를 판별하는 것을 교육의 가장 중요한 요소라 인식하는, 근대적 관점에서 벗어나지 못하였음을 지적하는 것이다. 이제 한국 교육에도 패러다임의 전환이 필요하다. 구체적으로 어떤 방면에서 어떤 관점의 전환이 일어나야 하는지는 다음 표를 통해 확인해보기를 바란다.

	근대적 관점으로 보는 교육 (전통적 교육관)	새로운 패러다임으로 보는 교육
수학에 대한 관점	교과서에 들어 있는 지식 덩어리	패턴의 발견
학습자에 대한 관점	채워야 할 빈 그릇	능동적 탐구자
수학 학습에 대한 관점	타인의 풀이를 따라 익히는 것 (내비게이션 학습)	수학자들이 창조한 지식을 자신의 삶과 연계하여 재창조하는 것
교사에 대한 관점	암죽식 교육에 의한 수학 지식의 전달자	수학 지식의 재창조에 도움을 주는 안내자

앞서 학문관과 교육관 그리고 교사에 대한 관점에 대해서는 상세하게 논의했으니, 이제 마지막으로 학습자에 대한 관점만 조금 더 보자. 그런 후에 이 대 단원의 막을 내리려 한다.

생각하는 지적 존재들

1968년 당시 하버드대학교의 사회심리학과 교수였던 로버트 로젠탈은 레노어 제이콥슨이라는 한 초등학교 교장과 함께 아주 재미있는 실험을 했다. 미국 샌프란시스코에 있는 오크트리스쿨에서 전교생을 대상으로 지능 검사를 실시 한 후, 한 반에서 무작위로 20%씩의 학생을 뽑아 명단을 작성하고 그들의 담임 교사들에게 "이 아이들은 지능 검사에서 높은 점수를 획득했으니 지적 능력이 높고 학업 성취의 향상 가능성이 높을 것"이라 전한 것이다. 그리고 그로부터 8개월 후 다시 그 학교 학생들을 대상으로 똑같은 지능 검사를 했고 놀라운 결과를 얻어냈다. 무작위로 선발되어 명단에 들어있던 학생들의 평균 점수가 다른 학생들보다 월등히 높게 나온 것이다. 물론 그 아이들의 담임 교사가 명단에 있는 아이들에게 별도의 교육을 행하지도 특별대우를 하지도 않았음에도 말이다. 이를 어떻게 해석할 수 있을까.

오크트리스쿨의 실험 결과는 학교 교실에서 이루어지는 수업이 단순히 교사가 일방적으로 지식을 전달하는 것이 아님을 말해준다. 수업을 진행하는 동안 교사와 학생 사이에는 보이지 않는 모종의 상호작용이 이루어진다는 것이다. 교사는 수업에 참여한 각각의 학생에게 특정 행위와 성취를 기대하고 있으며, 이때 교사가 각 학생에게 갖는 서로 다른 기대는 그들을 대하는 서로 다른 태도로 나타난다. 즉 교사는 동일한 시간에 동일한 장소에서 동일한 수업을 받는 학생들을 모두 같게 대하지 않는다. 그리고 이때 각각 달리 나타나는 교사의 태도는 각각의 학생에게 기대하는 행위와 성취가 무엇인지를 암암리에 전달하게 되는데, 결국 이것이 학생의 자아 개념과 성취 동기, 그리고 포부의 수준에 영향을 미치게 되고 궁극적으로는 학습자의 학력에 반영된다. 심리학에서는 이를 그리스 신화 속에 등장하는 인물의 이름을 빌려 '피그말리온 효과'라 명명한다. 교실 속에서 나타나는 피그말리온 효과는 가르치는 교사의 영향력이 얼마나 막강한지를 드러내준다고 볼 수 있다.

그런데 우리는 여기서 이 현상을 학습자의 입장에서 재조명하고자 한다. 피그말리온 효과는 타인이 나를 존중하고 나에게 기대하는 것이 있을 때, 내가 그것을 인지하고 그 기대에 부응하는 쪽으로 변하려고 노력해 마침내 그렇게 된다는 것을 보여준다. 그러니 피그말리온 효과를 전제로 하면, 학습자를 가르치는 사람의 언행을 그대로 수용하기만 하는 수동적 존재가 아니라 그의 기대에 부응하기 위해 스스로 행동하는 능동적인 존재로 볼 수 있다. 학습자의 성취와 행위는 점점 타인의 기대나 관심에 접근하는 경향을 갖는다는 이 사실 때문에 피그말리온 효과는 자성적 예언, 또는 자기 충족적 예언이라 불리기도 한다.

물론 타인의 기대와 관심과는 반대로 행동하고, 그 결과 반대편에 있는 결과물을 성취하게 되는 경우도 있는데, 이 또한 학습자가 주어진 환경 속에서 반드시 수동적으로 행동하지만은 않기 때문에 나타나는 현상이다. 대체로 연령이 높은 학습자일수록 타인의 기대와 관심에 어느 정도 저항하거나 그를 그대로 받아들이지 않으려는 태도를 갖는다. 우리 교육의 역사 속에서도 능동적 존재로서의 학습자의 면모가 드러난 예를 찾아볼 수 있다. 일제 식민지 시대에 황국 신민 만들기 교육을 받은 이들이나 유신 체제하에서 체제에 순응하는 인간 만들기 교육을 받은 이들은 당국이 의도하고 기대한 대로 교육받고 성장하지 않았으며 그에 저항해 학생운동을 펼쳤다. 이런 모습들이 그 대표적인 사례이며 이 역시 학습자는 결코 수동적 존재가 아님을 보여주는 대목이다.

앞서 언급한 바와 같이 행동주의 심리학은 학습자를 주어진 자극을 그대로 받아들여 이에 반응만 하는 수동적인 존재로 보았다. 정범모에 의해 수입된 교육 이론들을 통해 우리 교육계도 이를 여과 없이 받아들였지만 이후 나타난 인지 심리학은 인간의 학습은 외부의 자극으로부터 비롯되는 것이 아니라, 내부에서 스스로 지식을 구성하며 이루어진다고 주장했다. 그러면서 행동주의 심리학이 더 이상 인간의 학습과정을 설명하는 데 적합한 학설이 될 수 없다는 견해를 제시했다.

하지만 그럼에도 학습자를 여전히 채워야 할 빈 그릇으로 보는 것이 우리의 현실이다. 실제 교육 현장에서도 가르치는 교사나 학생 모두 이 관점을 견지하고 있음을 확인할 수 있다.

"잘 모르겠어? 그럼 다시 한번 설명할 테니 이번에는 잘 보고 알아야 해!"

교사가 어떤 개념을 설명했음에도 아이들이 잘 이해하지 못하면 교사는 응당 이렇게 말하고 했던 말을 또 한번 되풀이한다. 다시 한번 비어있는 아이들의 머릿속에 자신이 의도하는 지식을 담겠다는 의지를 표명하는 발언이다. 이와 같은 교사의 발언은 아이들을 수동적인 존재로 보는 행동주의 심리학의 관점을 대변한다. 만약 아이들을 능동적인 존재로 보는 교사라면 틀림없이 같은 설명을 되풀이하기보다 자신이 한 설명을 되돌아보고 이를 수정하려는 노력을 먼저 했을 것이다. 그리고 학습자가 무엇 때문에 자신의 설명을 어려워했는지 알아차려 더 쉬운 문제로 아이들을 이해시키거나 더 친근한 사례로 다시 한번 설명했을 것이다. 물론 이는 학습자의 머릿속에 어떤 인지 과정이 흐르는지에 대한 예민한 포착이 함께 이루어져야만 가능한 작업이다. 브라질의 교육학자 프레이리는 학습자를 '채워야 할 빈 그릇'으로 여기는 관행을 지적하며 이때 실시되는 교육을 "은행 예금식 교육"이라 기술했다.

그런데 우리는 여기서 매우 괴이한 점을 발견할 수가 있다. 그러니까 가르칠 때는 학습자를 백지 상태의 수동적 존재로 규정하지만, 가르치고 난 후 성취도를 평가하는 순간에는 다시 학습자를 스스로의 행동에 책임을 져야 하는 존재로 보는 것이다. 좋지 않은 성적을 받은 학생을 두고 잘못 가르친 교사 탓을 하는 경우는 잘 없다. 늘 '네 탓이야. 열심히 하지 않은 네 탓'이라며 모든 책임을 학습자의 몫으로 부과한다. 해마다 입시가 마무리될 즈음이면 우리 대중매체는 놀라운 모범생 신화를 만들어내 널리 유포한다. 그런데 그 유형은 늘 대동소이하다. 부모 세대의 낮은 생활 수준에도 불구하고 또는 지방 농어촌 지역 출신임에도 불구하고 서울대학교에 입학한 입지전적인 청소년을 발굴해 소개하며, 21세기인 지금도 여전히 우리는 신화의 나라임을 다시 한번 확인시켜주는 것이다. 그 신화가 전해주는 메시지는 이렇다.

'자, 이제 봤지. 노력하면 되는 거야. 가난해서 또는 학원에 못 가서 공부 못했다는 것은 순전히 핑계일 뿐이라고!'

따라서 한국의 학생들은 정작 공부할 때에는 자기 결정권을 빼앗긴 채 그저 유입되는 지식을 계속 받아 머리를 채워나가도록 강요당하지만, 공부를 마치고 난 후에는 그 결과에 대한 책임을 온전히 스스로 감당해야만 하는 존재로 전락한다.

사실 이 책의 전반적인 내용은 이러한 관점에 이의를 제기하고 반박하고자 하려는 의도를 담고 있다. 즉 인간은 원래부터 지적 호기심을 가진 존재고 스스로 지식을 구성하는 능동적 존재라는 것이다. 그리고 학습의 과정은 외부 세상과의 상호작용을 통해 이루어지는 것이므로 그 성취 결과 역시 오로지 학습자의 탓으로만 돌려서는 안 된다. 그래서 패러다임의 전환이 필요하다고 했던 것이다.

새로운 패러다임으로 바라본 학습자, 특히 수학 공부를 하는 아이들을 탁월하게 표현한 사람이 있다. 지금은 은퇴했지만 스위스에서 일본인 외교관의 딸로 태어나 미국에서 활동했던 유아교육학자 콘스탄스 카미다.

아이가 오답을 하는 것은, 그가 생각하고 있다는 증거이며 지적인 존재임을 말하는 것이다.

그녀가 남긴 이 명언은 수학을 가르친다는 것이 무엇을 말하는지, 그리고 학습자가 어떤 존재인지를 아주 강력하게 시사한다.

세상 사람들은 대부분 실증 가능한 진실 따위는 원하지 않아.
(…) 사람들이 필요로 하는 건 자신의 존재를 조금이라도 의미
있게 느끼게 해주는 아름답고 기분 좋은 이야기야. 그러니 종교
가 성립되는 거지.　　　　　 — 무라카미 하루키,《1Q84》중에서

　　이 책을 처음 기획할 무렵 몇몇 출판 관계자들과의 사적인 모임
에서 책의 제목과 내용을 털어 놓았더니 대부분이 고개를 저었다.
너무나 부정적인 느낌을 주어서 독자들이 외면할 것이라며 제목만
이라도 긍정적으로 변경하라는 친절한(?) 권유도 해주었다. 아마도
그들은 이 책을 '이렇게 하면 수학을 잘 할 수 있다'거나 '한국 교육
문제, 이렇게 해결하자'는 식의 처방을 제시하는 책이라 여겼던 것
같다. 물론 나는 이를 따르지 않았다. 아니 따를 수 없었다. 책을 펴
낸 도서출판 동녘에서는 내 뜻을 십분 이해해주었으니 그 고마움을
이렇게 책의 마지막 부분에서나마 표하려 한다.
　　학창 시절에 나름 수학을 잘했다고 자평하는 독자들은 이 책을
읽으며 불편함을 느꼈을 수도 있다. 살아오며 쌓아온 그나마 자랑

할 수 있는 성과에 의심의 눈초리를 보냈으니 말이다. 이제껏 받아온 높은 수학 시험 점수와 나름대로 자신 있다고 생각했던 수학이 사실 진짜 수학의 본질과는 거리가 멀다고 말하는 1부, 수학에 관한 이야기를 읽으며 조금은 언짢았을 수 있다.

그리고 2부, 우리 수학 교육의 현실에 대한 이야기는 수학을 잘했던 이들만이 아니라 훨씬 더 많은 이들에게 동의하기 힘든 이야기였을 것이다. 사람들은 대개 무엇이 진실인가보다는 사람들이 무엇을 진실이라 하는가, 혹은 무엇을 진실이라 믿고 싶어 하는가를 더 귀 기울여 듣고 믿는 경향이 있기 때문이다. 하지만 그럼에도 정작 가르치고 배울 지식은 소홀히 다루고 그저 시험에 나올 부분들만 다루고 강요하는 일을 수학 교육이라 칭하는 것을 묵인할 수는 없었다. 무엇을 배웠는지 평가하는 것이 아닌 누군가를 탈락시키는 것을 목적으로 하는 시험이 건재하는 한, 아무리 교육 과정이 개편되어도 바뀌는 것이 없을 거라는 말도 하지 않을 수 없었다. 암울하지만 현재 우리 상황을 보건대 이 상황은 수학이라는 과목에만 한정된 것이 아니며, 누군가 지적하지 않는다면 앞으로도 계속, 더 널리 지속될 것이기 때문이다.

3부 역시 대책을 급조하여 위안을 주려는 의도로 쓴 글이 아니다. 이 모든 현상, 즉 교육이라는 이름으로 아이들에게 행해지는 숱한 폭력들이 누군가에 의해 자행된 것이며, 아이러니하게도 '해결책'이라고 제시되는 것들 역시 그들로부터 비롯된 것임을 밝히고 알리기 위해 쓴 글이다. 스스로도 중립적 입장을 견지하지 못하면서 오직 현장의 교사들에게만 중립을 강요하는 교육부의 행태를 신랄하게 지적했고, 그들이 하고 있는 일은 사실 교육에 문외한인 국민들을 상대로 겉으로만 번지르르하게 포장된 허술한 정책을 남발해 교육 현장을 훼손하고 있는 일이라는 것을 이야기했다. 이에 편승하여 '기지촌 지식인'◆이라는 오명을 들으면서도 어쩔 수 없이 외국 교육학 이론을 수입하기에 급급한 소위 교육 전문가들의 행태도 들추어냈고, 이해조차 제대로 하지 않고 미숙아 상태로 수입해온 교육 이론들이 이 땅의 교육 현장에 내던져져 어떻게 흉측한 기형아로 크는지도 설명했다. 아울러 교육을 논하는 것 같지만 자세히 보면 다른 이야기들만 늘어놓는 다른 여러 세력들의 이야기도 함께 다루었다.

정말 암울한 현실이 아닐 수 없다. 하지만 이것이 바로 우리 교육의 현실이다. 불행 중 다행으로 대안이 없는 것은 아니지만 슬프게도 그 대안을 풀어나가기에는 우리 사회의 벽이 너무나 두텁고 높다. 그렇지만 나는 그 벽이 얼마나 높은지 한번 올라가보자, 얼마나 견고한지 한번 두드려나 보자는 심정으로 이 책을 집필했으며 그 과정에서 공감대를 형성하고 있는 현장의 몇몇 교사들을 만났다. 그들과 나는 이제껏 물밑에서 이 현실의 문제점을 극복하기 위한 노력을 계속해왔고 앞으로도 계속해나갈 것이다. 하지만 우리가 해 온 일련의 노력들을 세상 밖으로 드러내 놓기는 아직 망설여진다. 진정한 패러다임의 전환이 도래하지 않는 한 사람들은 어차피 그 노력의 결과물들을 자신들의 근대적 교육관으로만 바라볼 터이니 말이다.

마지막으로 하루키가 《1Q84》를 쓰며 인용한 체호프의 명언을

◆ 김영민이 《탈식민성과 우리 인문학의 글쓰기》에서 사용한 용어다.

재인용한다.

> 소설가는 문제를 해결하는 사람이 아니다. 문제를 제기하는 사람일 뿐이다.

이 책은 소설이 아니며 나 역시 소설가는 아니지만 이 명언은 이 책을 쓴 나에게도 충분히 적용되는 이야기다. 나는 이 책을 통해 그저 우리 교육 현장에서 일어나는 현상들을 제대로 들여다보고자 했다. 이 책에 제시된 나의 견해의 상당수가 편견과 오류에 찌들어있기를 바라 마지않고, 그렇기에 집필을 마무리하는 이 순간, 앞으로 쏟아질 수많은 반론과 제기될 이의, 무차별 비난까지도 모두 감당할 마음의 준비를 다시 하고 있다.

My mind is open as is my brain!

참고문헌

단행본

가토 슈이치·마루야마 마사오 지음, 임성모 옮김,《번역과 일본의 근대》, 이산, 2000.

고다이라 구니히코 지음, 김성숙·김형보 옮김,《수학이 살아야 나라가 산다》, 경문사, 1999.

고드프레이 해럴드 하디 지음, 정회성 옮김,《어느 수학자의 변명》, 세시, 2011.

그레고리 헨더슨 지음, 이종삼·박행웅 옮김,《소용돌이의 한국정치》, 한울, 2013.

김민형 외 지음, 장 프랑수아 다르스 외 엮음, 권지현 옮김,《수학자들》, 궁리, 2014.

김영민 지음,《탈식민성과 우리 인문학의 글쓰기》, 민음사, 1996.

다치바나 다카시 지음, 이언숙 옮김,《나는 이런 책을 읽어 왔다》, 청어람미디어, 2001.

댄 C. 로티 지음, 진동섭 옮김,《교직사회》, 양서원, 1996.

랠프 타일러 지음, 진영은 옮김,《타일러의 교육과정과 수업지도의 기본원리》, 양서원, 1996.

로빈 S. 로젠버그·스티븐 M. 코슬린 지음, 이순묵 외 옮김,《심리학개론》, 피어슨에듀케이션코리아, 2012.

리나 자스키스 지음, 박경은·조호윤 옮김,《스토리텔링으로 수학 가르치기》, 경문사, 2013.

마이클 모스 지음, 최가영 옮김,《배신의 식탁》, 명진출판사, 2013.

무라카미 하루키 지음, 양윤옥 옮김,《1Q84 2》, 문학동네, 2009.

브루스 쉐흐터 지음, 박영훈 옮김,《화성에서 온 수학자》, 지호, 1999.

송성문 지음,《성문종합영어》, 성문출판사.

스티븐 코비 지음, 김경섭 옮김,《성공하는 사람들의 7가지 습관》, 김영사, 2003.

앤서니 드 멜로 지음,《일분 지혜》, 분도출판사, 1996.

앨런 H. 손필드 지음, 이경화 옮김, 《수학수업, 설명을 만나다》, 경문사, 2013.

여불위 지음, 김근 옮김, 《여씨춘추》, 글항아리, 2012.

우정호 지음, 《수학 학습》, 서울대학교출판부, 2011.

이사벨라 버드 비숍 지음, 이인화 옮김, 《한국과 그 이웃 나라들》, 살림, 1994.

이상옥 지음, 《예기》, 명문당, 2003.

이홍섭 지음, 《개념원리》, 개념원리수학연구소.

정범모 지음, 《교육과정》, 풍국학원, 1956.

최인훈 지음, 《화두》, 문학과지성사, 2008.

케이스 데블린 지음, 전대호 옮김, 《수학의 언어》, 해나무, 2003.

토머스 새뮤얼 쿤 지음, 김명자 옮김, 《과학혁명의 구조》, 까치글방, 2002.

패트릭 스미스 지음, 노시내 옮김, 《일본의 재구성》, 마티, 2008.

페트르 베크만 지음, 박영훈 옮김, 《π의 역사》, 경문사, 2002.

프레드릭 테일러 지음, 방영호·오정석 옮김, 《과학적 관리법》, 21세기북스, 2010.

피터 L. 버거 지음, 이상률 옮김, 《사회학에의 초대》, 문예출판사, 1995.

헤르만 헤세 지음, 김이섭 옮김, 《수레바퀴 아래서》, 민음사, 1997.

헨리 지루 지음, 이경숙 옮김, 《교사는 지성인이다》, 아침이슬, 2001.

홍성대 지음, 《수학의 정석》, 성지출판.

佐藤 秀夫 외 지음, 《日本の近·現代史と歷史敎育》, 築地書館, 1996.

チャート研究所 지음, 《チャート式 解法と演習 数学1+A》, 数研出版, 2008.

Francois Lasserre 지음, 《The Birth of Mathematics in the Age of Plato》, American
　　Research Council, 1964.

논문

류방란, 〈한국근대교육의 등장과 발달〉, 서울대학교, 1995.
이인효, 〈인문계 고등학교 교직문화 연구〉, 서울대학교, 1990.

江藤裕之, 〈C. T. Onions's Undiminished Influence on English Language Education
　　in Japan〉, NAAHoLS Newsletter. 2002.
John D. Bransford and Marcia K. Johnson, 〈Contextual Prerequisites for
　　Understanding: Some Investigations of Comprehension and Recall〉, State
　　University of New York, Stony Brook, New York. 1972